湛庐CHEERS

与最聪明的人共同进化

HERE COMES EVERYBODY

主编
陈　玮
副主编
李宏锴

科创大时代

来自未来的声音
系列丛书

THE GREAT ERA OF INNOVATIVE ENTREPRENEURSHIP

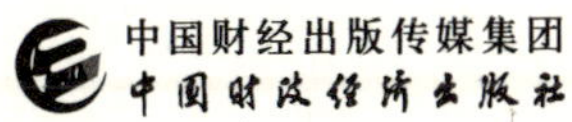

创新创业为未来注入新动能

海　闻
北京大学汇丰商学院创院院长

本书是北京大学汇丰商学院创新创业中心举办的“北大汇丰商学院创讲堂”的首本演讲集。从 2018 年 9 月开讲至今，创讲堂已成功举办 50 多场演讲，累计到场观众超过 2 万人次，累计线上点击量超过 100 万次，单次最高线下参与人数超过 4800 人。

本书精选和整理了其中 18 位嘉宾的演讲内容。这些嘉宾既有功成名就的老一辈企业家，也有仍在披荆斩棘的新兴力量；既有独具慧眼的商业翘楚，也有学富五车的学术名家。他们在创讲堂的讲台上分享经历、交流体会，既对行业发展做出了分析与探讨，又讲述了企业管理的方法与哲理。

北大汇丰商学院成立创新创业中心的初衷，是我们很早就意识到时代的巨变已然来临：经过 40 余年的改革开放，中国经济发展进入了一个新阶段，人民对生活质量的追求将创造很多新的产业机会。面对新需求，拥有新技术和新模式的“新经济企业”将引领未来 10 ～ 20 年中国经济的持续增长。

近年来，国际政治经济关系的变化和2020年以来新冠肺炎疫情的全球大流行，在某种程度上加速了时代和经济发展趋势，即传统产业加速转型，新兴产业加速崛起，产业结构加速调整。新情景、新需求、新技术、新模式、新方法“跑步”进入我们的视野。我们前所未有地感受到并期待着创新创业为我们的未来注入新动能。

粤港澳大湾区经济发达，各城市间科研、法律、金融、制造业优势互补，整合优势明显，市场潜力巨大，具有培养“新经济企业”的良好条件。作为坐落在这一最具创新活力地区的商学院，北大汇丰商学院充分利用粤港澳大湾区的地理优势，对标全球一流创新创业中心，推动创新创业教育的改革和发展，培养具有全球视野和未来远见的创新创业型人才。北大汇丰商学院举办的创讲堂通过定期邀请拥有独到见解的成功创业者、投资人和企业高管等创新创业领军人物来院演讲，为大众提供难得的近距离的学习机会。通过这些演讲，创新创业中心不断凝聚起优秀的创业公司、投资人和专业人士，努力为粤港澳大湾区的创新生态系统注入充满活力的新生力量。

实际上，北大汇丰商学院从建院之初就确立了“创”的精神，这才有了今天的发展成就。所谓“创”，不仅指创业、创新、创造，还指创见、创优、创举。“创”需要勇气，要有敢于打破窠臼、敢想敢试、不断解放思想、不墨守成规的勇气。任何“创”，都会遇到阻力，甚至风险。只有树立了崇高的理想和远大的目标，才会有“创”的勇气。“创”需要智慧，要有能够审时度势、运筹帷幄、化解各种阻力、善于取得成功的智慧。这种智慧，来自远见，来自知识，需要不断学习、不断磨炼。

本书汇集了创讲堂18位嘉宾的演讲，字里行间都展现了创新创业人的勇气与智慧。

“创”，源于信念，成于执着。本书第一部分的主题为“新需求，创造源于发现”。万科集团创始人王石，真格基金联合创始人、新东方教育科技集团联合创始人王强，知名作家冯唐，北大汇丰商学院教授陈玮分别分享了各自的创业故事，以及对创新、创业的理解。

“创”，需要思考，讲究方法。在本书的第二部分中，新锐创业者刘自鸿分享了自己从 0 到 N+ 创立柔宇科技的过程与体会；光峰科技前合伙人、CEO 薄连明分享了从深圳航空公司到 TCL 集团，以及从华星光电再到光峰科技多年实践的企业方法论；天图资本 CEO 冯卫东结合自己 10 余年的投资经验与定位理论，分享了自己对于消费领域创业的观点与心得；北大汇丰商学院教授魏炜分享了疫情之下企业应如何通过数字化转型来实现自救和逆势增长。这一部分的主题我们总结为“新模式，增长基于方法”。

“创”，放眼世界，引领未来。第三部分的主题为“新技术，科技赋能行业”，驭势科技联合创始人吴甘沙、云天励飞董事长兼 CEO 陈宁、优客工场创始人毛大庆、世联行创始人陈劲松、雅昌文化集团董事长万捷、知名人文财经观察家秦朔分别分享了他们对交通行业、人工智能应用、未来办公空间、城市发展、文化产业及中国制造业的分析与预判。

作为由北大汇丰商学院发起的创新创业讲堂，创讲堂尽得近水楼台之便利：不但有创新创业者的经验分享，还有创新创业的理论研究和前沿探索。本书第四部分汇集了北大汇丰商学院多位教授对新冠肺炎疫情后的投资、全球治理以及如何应对重大灾难等话题的分析和展望。这部分的主题我们归纳为“新探索，洞察开启未来”。

本书将多位商界精英、创业领袖、知名学者的分享与观点整合于一处，读者不仅可以跟随演讲者身临那些披荆斩棘和波澜壮阔的动人创业场景，也可以从生动的细节中共情他们穿越至暗和深渊涅槃时的独特心境；不仅可以收获这些成功创业者提炼升华的珍贵经验和独特方法，还可以与北大汇丰商学院的教授们一起多维思考和反求诸己。最重要的是，我们希望读者通过阅读本书，可以掩卷反思，以人为师，重新发现自己，找到创新创业的勇气与智慧。

“创”！永不停歇，“创”！永无止境。

创讲堂，连接心灵、智慧和能量

陈 玮
北京大学汇丰商学院管理实践教授、创新创业中心主任

“那是最好的年月，那是最坏的年月，那是智慧的年代，那是愚蠢的年代，那是信仰的新纪元，那是怀疑的新纪元，那是光明的季节，那是黑暗的季节，那是希望的春天，那是绝望的冬天……”狄更斯的这段话，放在任何时代都有用，但没有比用它来形容当前的世界更加贴切的了！

新冠肺炎疫情反复纠缠、中美贸易摩擦、全球环境问题持续恶化、部分地区安全状况堪忧、全球化退潮……未来会变好吗？我们是否真的进入了过去20年里最坏的阶段、未来20年里最好的时光？在一个所谓易变（Volatility）、不确定（Uncertainty）、复杂（Complexity）和模糊（Ambiguity）的乌卡（VUCA）时代，我们最需要什么？我们应该怎样面对？

有人会说，我们需要多一点明确性和方向感，降低一点模糊性和复杂性；增加一点安全感，减少一点焦虑感；多一点智慧和希望，少一点迷茫和无助……其实没人拥有水晶球，可以预测未来、指点迷津。每个人都需要自己感知变化、分

析形势、解读当下，然后做出自己的判断，明确自己未来的方向和策略。在每个人审时度势的过程中，与智者同行，与认真和锐利的观察者切磋，对于我们把握当下、展望未来极有帮助。

几十位各行各业的意见领袖在创讲堂的分享，也许可以给我们带来能量、智慧、希望，甚至温暖。从2018年9月5日开始，在北大汇丰商学院创院院长海闻教授的支持和领导下，我们启动了创讲堂项目。到现在，创讲堂共举办了50多场演讲，累计到场观众超过2万人次，累计报名观众超过3万人次，累计报名浏览量超过72万次，累计线上点击量超过100万次。最让我们兴奋和感动的是，每月都有两三个晚上，至少有几百人下班后顾不上吃晚饭，就相聚在北大汇丰商学院的教室、报告厅，参加创讲堂的活动。他们贪婪地听讲，大胆、踊跃地提问和发言，结束后也常常围着嘉宾交流，久久不肯散去！

这就是大湾区精神！大湾区人对新知识、新观点、新创新创业故事的渴望，让我这个还算爱学习的上海人叹为观止！他们对新知识的渴望、对思想碰撞的追求、对创新创业的冲动，不就预示着大湾区的光明未来吗？未来已来，只是分布不均而已。未来是什么？未来有什么？未来靠什么？

未来需要我们持续创业！

创讲堂最受欢迎的分享者之一王石，在渐渐淡出万科集团之后，创建了一支公益交响乐团——深圳鹏爱交响乐团，并成为600多年来第一次在故宫演出的民间交响乐团。王石从万科集团退休之后，还与延安大学合作，支持建立了乡村发展研究院、乡镇农业技术开发学院，专门研究中国贫困地区的经济发展问题。此外，王石还创立了深潜公司，聚焦运动领导力，帮助企业家提升体力、脑力和心力。他还发起了大运河文化的推广项目，期望可以从文化、教育、生态、大健康等维度再造运河城市……很多人都拥有创业的点子和想法，但真正能够发动大家去做，所谓just do it（说干就干）的人，可以说是少之又少。

毛大庆是创讲堂邀请的第一位重量级嘉宾！他来演讲时，会场座无虚席、盛况空前！毛大庆作为地产行业达人、著名的行业“老司机”，毅然决然放弃万科集团的一切，投身到共享空间的创业中。他在演讲中不仅分享了他的创业家精神，还分享了对未来办公、未来工作和未来生活形态的真知灼见。中国改革开放40余年，行业“老司机”何其多，有创业激情和想法的人不在少数，最后能够躬身入局、勇敢跳入的人又有多少？

像很多博士生一样，柔宇科技的创始人刘自鸿也曾经躺在斯坦福大学的草坪上，做过科技成果转化的梦。但刘自鸿行动了，创业了，选择了 just do it！所以他超越了99%做过创业梦的博士生！未来永远在创业、创造、创新的路上。当我们每天都身处创业、创造、创新的大潮中时，还有时间因为不确定性而焦虑、恐惧吗？未来已来，未来靠我们自己去创造！

未来需要我们学会保持能量！

在乌卡时代，人的内心如何安住、安定、安宁极为重要，也更具挑战。创讲堂的另一位极受欢迎的演讲者冯唐提出了九字诀：“不着急、不害怕、不要脸。”冯唐非常接地气的九字诀，让我们学会淡定地应对时间、结果与舆论等人生和事业中的重重压力。

对很多人来说，压力大、焦虑感强，可能会有一种“被掏空”的感觉。如何淡定地生活，解决在职场和家庭生活中感到倦怠这一心理问题，是我们大家需要时刻面对的。一个人如果无法处理好压力和焦虑，能量就会持续下降甚至消耗殆尽。事实上，能量保持是个大问题。如果能量损耗过大，个人与组织都将衰败！在本书中，我提出了“提高自我觉察、实施五项精进”的方法论，期望能帮助个人与组织保持并提升能量。

未来需要我们基于实践创造新模型！

乌卡时代，动荡、复杂、模糊又无常，你怎么办？我怎么办？我们怎么办？

薄连明曾任 TCL 科技集团总裁、华星光电 CEO，一向以足智多谋著称，江湖人称“薄师傅”。“薄师傅”应对乌卡时代的办法就是创立自己的思维和管理模型。他基于大量企业实践和见解而创立的“全景管理钻石模型”，曾帮助他在多个领域和多家企业中获得成功。

思维和管理模型最大的益处之一，就是降低复杂性、模糊性和不确定性，将本来不确定的事情变得相对容易把握。企业和组织管理涉及多个复杂系统，薄连明的“全景管理钻石模型”充分考虑了组织中复杂的政治、经济和文化要素，创造了厘清企业管理因果链的战略方程式，为复杂的企业经营活动提供了独特的方法论。

著名战略学者和投资人冯卫东将定位理论和经济学相结合，提出了“升级定位”理论，见解满满，对企业构思战略和投资决策都有很大帮助。企业的战略、投资决策向来是生死攸关的大事，冯卫东用他的“升级定位”理论大大降低了思考和决策的难度，对企业是一种很好的指引。

“魏朱商业模式”的创建者、北大汇丰商学院魏炜教授也提出了重要的模型，对风起云涌、方兴未艾的数字化转型进行了解构和阐释。他提出的模型高度抽象化地把物理世界、精神世界、符号世界、数据和信息以及知识有机地整合起来，并为企业的数字化转型提供了业务数字化、管理信息化、决策智能化的路径规划，以帮助人们摸索自己的数字化转型路径。

未来科技前途光明、道路曲折！

科技型企业创始人吴甘沙、陈宁分享了科技创新，特别是 AI 技术给人类未来带来的无限想象力。不管是无人驾驶、计算机视觉，还是自然语言处理等领域的未来发展和突破，都将给人类的生活和社会发展带来长远而又深刻的影响。

科技发展的前途一片光明，但道路一定是曲折的。芯片等被“卡脖子”的一系列技术难题的突破，安全、伦理、隐私、法律等问题的破局，以及应用场景的真正落地等，都预示着未来科技一定会经历一个盛夏与寒冬不断交替，持续波浪式前进、螺旋式上升的过程。

决胜未来取决于敏捷学习和跨界创新！

终身学习、持续成长成为社会共识，重要的是人们如何终身学习和持续成长。在著名投资人王强的分享中，我看到了关于未来持续成长的洞见和方法论，那就是敏捷学习和跨界创新。王强的经历最好地体现了敏捷学习和跨界创新。在北京大学“天天研究莎士比亚、柏拉图、甲骨文”的王强，没修过一门数学课和计算机课，但他竟然经过两年努力在美国拿到了计算机硕士学位，然后回国创业，做投资人，后来又成为创业者的教练。

跨越自己的舒适区，大胆而又不纠结地向新的知识领域发起攻击，并突破自己的认知边界，解决从未遇到过的问题的能力就是敏捷学习的能力，这也许是决胜未来最为重要的能力。王强从大学文科老师转型成为软件工程师，再到企业的联合创始人，然后再度转型成为投资人，一路走来，他不断解决从未解决过的问题，其成功的关键是拥有敏捷学习的能力以及“洞穿本质的能力”。

未雨绸缪，应对下一次危机！

每一次危机都是个体和组织学习进化、亡羊补牢、夯实基础、脱胎换骨、脱颖而出的好机会，绝不应该轻易放过！新冠肺炎疫情绝不可能是人类遭遇的最后一次危机！面对未来可能会产生各种危机，我们如何未雨绸缪？

王鹏飞、何帆、欧阳良宜、肖耿教授跨越时空维度，通过跨国比较、重大灾难复盘、数据分析和趋势判断等方式，引导我们理解重大灾难、提升风险意识、抓住危机中蕴含的巨大机会、提升个体和组织的敏捷性与适应性，为下一次到来的危机和灾难做好心理上和精神上的准备。何帆老师通过对历史上大灾难的复盘，告诉我们不要过度相信经验，永远要有备选方案，永远要知道自己的止损点。

事实上，如果拉长时间维度，“倒霉”的事情是一定会到来的。人类有些大问题、大挑战亟待应对：人类在地球上的生存问题、大国博弈和地区冲突对和平的挑战、一波未平一波又起的公共卫生灾难、技术变迁对人的工作和生命状态的冲击……在大势面前，个体虽然显得渺小和脆弱，但我们仍然可以保持谨慎乐观，持续提升风险警觉，提高复原力、敏捷性和适应性；不断敏捷学习，自我精进，尽最大努力提升体力、脑力和心力；时刻准备好备选方案，永远保持底线思维，以应对不确定的未来。

你了解未来的商业创新吗

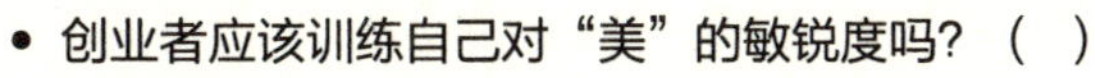

- 创业者应该训练自己对“美”的敏锐度吗？（ ）

  A. 应该

  B. 无所谓

扫码鉴别正版图书
获取您的专属福利

- 做管理要“大处着眼，小处着手”，就是做战略一定要看长线，执行要把握细节，对吗？（ ）

  A. 对

  B. 错

扫码获得全部测试题及答案，
看看你是否了解未来的商业创新

- 在无人驾驶领域，谷歌的系统成熟度居全球第一，绝不可能被超越，这是对的吗？（ ）

  A. 对

  B. 错

扫描左侧二维码查看本书更多测试题

The Great Era of Innovative Entrepreneurship

目 录

第三部分
新技术，科技赋能行业

第一部分

新需求，
创造源于发现

你的初心决定你能走多久

王　石
万科集团创始人，万科公益基金会理事长

从做房地产，到登顶珠峰；从创造滑翔伞高度纪录，到去哈佛大学、牛津大学、剑桥大学游学；从活跃的公益倡导者，到亚洲赛艇联合会终身荣誉主席；从创立万科集团，到成为两家上市公司的联席董事长……王石先生的每一次转型都让人惊喜，他每一次也都能完成冒险并收获喝彩。

2018 年 10 月 29 日，王石先生做客北大汇丰商学院创讲堂，分享了他的深圳故事，讲述了他退休后在做什么，身边正在发生哪些事，以及下一个 40 年，他的计划又是什么。

我不能打着石膏见市长

我第一次来北大汇丰商学院，是受海闻院长的邀请，我和海闻的初识是在 2000 年的亚布力中国企业家论坛会议上。

我记得当时参会的有海闻、知名经济学家张维迎、中国人民银行行长易纲，还有时任中欧国际工商学院教授梁能。会议休息期间，有一天我们一起滑雪，滑得人仰马翻，回来后一个个苦不堪言。那次滑雪令我印象非常深刻，因为我出了点小事故，刚滑了 20 分钟就摔了一跤，手脱臼了，还有局部粉碎性骨折。我心想，才滑 20 分钟就不滑了？于是就没管伤势，继续滑了几个小时。后来我到医务室检查，医生告知我，粉碎性骨折必须回哈尔滨处理，但脱臼需要尽快处理，以免留下后遗症。他摸摸这儿、摸摸那儿。我只觉得脱臼处“吧嗒”一震，我疼得叫了一声，跪到了地上，但脱臼问题解决了。

那天下午我还有个演讲，心想不能现在就走了，要演讲完再走。由于当时没有夹板，医生只能临时在我手上绑了一个勺子。于是我就这样缠着绷带上台演讲了。当时一起滑雪的几个教授都很疲惫，我说，你们不行啊，我这还张牙舞爪的呢。

到哈尔滨后，我去医院拍了片子，打上石膏。第二天，我坐车到长春见市长，快到市委市政府大楼时，突然想，这样打着石膏见市长有些不对，我是万科集团董事长，要体面一些。于是，我拿出剪子把绳子剪了，等见完市长又到医院把石膏打上了。

这次我和海闻的见面，让我回忆起这段往事。实际上，我今天能来这里做演讲，就是因为这种非常要强的性格。为了某种追求、愿望，可以不顾个人形象，其他方面也可以暂时不在乎。

比能力更重要的，是人品

到乡村去做公益

成功的企业家应该考虑如何做公益、做慈善。海闻原本是北京大学中国经济研究中心（现为北京大学国家发展研究院）发起人、教授，后来到深圳发起并成立了北大汇丰商学院，又接受郁亮的邀请，成为万科董事会的独立董事。得知海闻退休后，我第一时间打电话联系他，说我正准备支持建立两个学院，想请他来当院长。

海闻当时在国外，他在电话里什么也没问，即刻就答应了，还分文不收。这两个学院，一个是乡村发展研究院，一个是乡镇农业技术开发学院，都是受北京大学国家发展研究院启发，计划和延安大学合作成立的学院。2019 年 9 月 15 日，乡村发展研究院在延安大学正式挂牌成立，专门研究中国贫困地区的经济发展问题。因为我们现在意识到了必须要解决城乡差别、城市化进程中的农村衰落和衰退问题。我们作为中国经济发达地区的城里人，也算有些力量，下一步就应该考虑如何为乡村做公益、做慈善。

退休后出来创业

比能力更重要的，是人品。

在我退休前，冯楠一直协助我处理国际事务。我退休后出来创业，他成了我公司事务的负责人。

最初聘用冯楠时，我正在哈佛大学游学。除了学习，我也做公益活动，在世界自然基金会等组织里工作。他当时刚从加拿大国际救援署辞职，英文很好，并且在国际事务、人际关系的处理上非常成熟，甚至可以说是游刃有余。他母亲因为身体不好，所以不愿意到加拿大居住。为了照顾母亲，他就辞职了，并和定居在加拿大正在读书的妻子一起带着女儿回到国内。他在国内就职的第一家公司就是万科。

后来我问他，你有这么好的工作和学习背景，为什么要到万科来工作？他讲得很简单，只想有安稳的生活，能照顾母亲就可以。我出来创业后，虽然和冯楠合作得非常好，但他挺吃力的，因为他在做一件自己不大熟悉的事：生意。我重新创业之后，想把我的助理团队变成经营团队，那么大家就要学会做生意。但冯楠做起生意来总是太老实、太本分。所以，很多人都用很遗憾的语气告诉我，你要做生意就得换人。

我当时坚决不换。我不是十分认同“要把合适的人用到合适的地方”这句话。在我看来，一个人合适与否是相对的，尤其现在更多讲求团队协作、补短板。面对未来，比智慧和能力更重要的一点是心地善良。很多人为了野心、事业，什么都不顾，什么都可以牺牲。但对我来说，在能力和人品上，我会首选人品。人品好的人，我只需要告诉他如何做生意就可以了，而不需要教他当更多的诱惑和风险来临时，应该如何抵抗和化解。

我的理想是做教育

聊完我的国际业务助理，不妨介绍一下洛克菲勒夫妇。由于我有一些国际身份，所以在国际上相对活跃，但我不大善于和人打交道，尤其是在面对一些知名人物时，我羞于表达，往往打完招呼就走了，不会深聊。我之前曾去过洛克菲勒夫妇在纽约的庄园，礼节性地吃完一顿饭后就走了。直到我下次去伦敦，洛克菲勒夫妇又邀请我去他们的庄园后，我才与他们逐渐熟络起来。

很多中国人可能不知道洛克菲勒家族做了哪些事。其实北京协和医学院、北京协和医院都是洛克菲勒基金会捐赠的。美国的洛克菲勒大学、芝加哥大学，也是他们家族捐赠的。这个家族在全世界支持了很多公益事业，而重点显然在教育。我的理想也是做教育。我们看到，为了中国的未来，现在很多有志之士都投入精力、资源去协助国家做好教育，我觉得这是中国未来的希望。

和小提琴演奏家学做生意

说到深圳的故事，我得从 1980 年开始讲起。当时我在广州，是广东省对外经济贸易委员会的一名科员。我平时生活很规律，一直有一个习惯，就是周末去看电影或者去听音乐会。

我第一次听音乐会是在 1980 年，音乐会中有香港演奏家刘元生先生和广州交响乐团合作的小提琴协奏曲《梁山伯与祝英台》。1979 年，邓丽君的歌曲刚在广东流行，受此影响，我接触了音乐，所以当我听完他们的演奏后特别激动，跑到后台找刘元生先生表达感受，谈了一会儿，他送了我一个卡带。我们就这样认识了。

1983 年，我到深圳创业，当时两眼一抹黑，完全不懂怎么做生意。我知道刘元生先生少年时虽然受过非常好的音乐训练，但因为家里不让他读音乐学院，所以他只能去做生意。如此一来，他不但在小提琴演奏上拥有极高造诣，而且对做生意也非常精通。我想，我和这位演奏家不是因为音乐结缘的嘛，我就开始跟他学着做生意，他算是我第一位商业上的老师。

20 世纪 80 年代，深圳正处于发展初期，在资金非常短缺的情况下，市委市政府还是成立了深圳交响乐团。作为一个听众，我有机会和他们交流，因此和他们结下了不解之缘。我把刘元生先生给我的《莫扎特》录像带拿到深圳交响乐团，和深圳交响乐团当时的团长姚关荣以及其他演奏家一起谈论《莫扎特》。

刘元生先生在古典交响乐方面给了我很多启示。我记得很清楚，他曾向我隆重介绍马勒。但是到今天，我都不怎么听得懂马勒，更何况是在 80 年代了。刘元生先生曾经是香港交响乐团的首席小提琴家。1999 年，他又创建了香港爱乐交响乐团，自己兼任团长和首席小提琴家，为各种公益基金、慈善基金演出和筹款。他当时表示，要把马勒的交响乐全部演奏一遍。我问姚关荣等人，刘元生先生能做到吗？他们说，这绝无可能。演奏马勒的交响乐需要上千人的阵容。但刘元生先生真的做到了，他一年一部、一年一部，最终将马勒的曲子全部演奏了一遍。可见，刘元生先生既是一位专业能力很强的音乐爱好者，又是一位非常诚信和成功的商人。

这些对我的影响是什么？3 年前，我在深圳成立了一支公益交响乐团——深圳鹏爱交响乐团，“鹏”即鹏城（深圳的别称）之意。乐团的首演在哈尔滨，与中国第一支交响乐团——哈尔滨交响乐团合作演出，当然，我们首次正式的官方演出是在北京的故宫，深圳鹏爱交响乐团成为 600 多年来第一支在故宫演出的民间交响乐团。随后我们的交响乐团也开始在其他城市，如昆明、扬州等地，进行慈善公益演出，每场演出都精彩绝伦。现在这支乐团里，有深圳乃至中国最好的首席演奏家，而且演奏家的数量还在不断增加，越来越多的年轻的音乐爱好者，包括白领、学生，加入这支乐团。

通过这件事，我想表达的是，你的初心决定了你能坚持多久。我很自豪地说，我组建深圳鹏爱交响乐团的初衷是希望通过音乐让更多沉浸在创业和财富追求中的人，能够放慢脚步看看生活，感受创造美的自己和他人，看到我们生活的世界有多少被忽略之处。我相信，音乐和文化会跟人性、灵魂结合起来，因为这些都是人类最美好的表达形式，而且不分群体层次，这是属于民族和国家的财富，而我们愿意为此付出所有努力。

第二个 40 年，运河文化呼之欲出

2018 年是改革开放第 40 年，我们在第一个 40 年是摸着石头过河，有时候摸不好，就容易摔倒。我想，第二个 40 年，我们不能还摸着石头过河，有必要计划并确定下一步的方向。

我在不同场合接受采访的时候，表示我计划的抓手就是运河。我为什么不说

大运河，而是运河呢？中国文化在世界上有两个很知名的符号，一个是长城，一个是运河，当然，长城的名气比运河大。

长城是防御工事，用于军事，秦始皇修建长城的同时，罗马在修大道，称“条条大道通罗马”。而我们不爱战争，所以筑起墙来，只要你不惹我，我就不惹你，长城有这样的象征。因此，长城和罗马的大道相比，是两种完全不同的符号。

而运河不一样，中华民族发展建设成一个庞大的国家，运河在此过程中扮演着非常重要的角色，因为在某种程度上，运河推进并保持着民族统一。实际上，历史上最初开通的运河和现在保存下来的运河不是一条线。隋朝大运河是以洛阳为中心的，其实运河也有军事功能——运兵，当然，运河更多的是进行物资运输或便于经济与文化往来。从某种角度来说，运河对中国南北、东西的融合作用比长城大得多。京杭大运河的修筑时间和罗马大道相差不到两三百年，秦始皇把一段段长城连接起来之后，到了隋炀帝时期中国就开凿了隋唐大运河。

但是这两个符号完全不一样。运河既是华夏民族的一种文化，也是一种世界现象。在修建铁路之前，世界上主要的运输渠道就是水路，运河是那时的“高速公路”。

中国大运河和世界的其他运河相比长度要长得多。中国的地形西高东低，在地球引力的作用下，河流都是从西向东流，只有大运河是南北走向。它把5条东西走向的江河贯穿起来，形成了一个网状的地理格局。当然，我们知道，进入工业文明后，运河的重要性在下降，尤其是中国的运河。漕运在海运出现之后衰落了，在铁路出现之后进一步衰落，再加上工业污水对环境的破坏，运河变得一塌糊涂。现在到了后工业文明时代，人类再这样贪婪地对大自然进行索取，大自然就承受不了了，我们的生活也会出现问题。显然，这个时候如何改变我们对大自然的态度，改变我们已经废弃的运河，就值得我们重新思考。

中国改革开放的第二个 40 年，运河文化呼之欲出，如何做好运河环境和自然环境的保护呢？我作为世界自然基金会（World Wide Fund for Nature）的中国区主席，正策划在扬州建立一个保护江豚的基地。同时，这显然也是对运河城市再造、更新的好机会。简单地说，我们可以从历史、考古、文化、教育、生态、大健康等维度重新再造城市。大运河已经申遗成功，成为联合国的保护遗产。为了申遗，扬州举办了 10 届世界运河城市论坛。为了大范围振兴运河文化，我已经提议在法国里昂举办世界运河城市论坛。

第二个 40 年，我的创业目标和计划就是对运河文化进行推广。未来的商业机会在哪里？也许就在大运河和大健康上。在推广运河文化的过程中，我也能将在改革开放第一个 40 年中积累的经验、资源、人脉综合起来，打造第二个品牌。

我要去希伯来大学

我曾在哈佛大学、剑桥大学、牛津大学游学，2019 年 11 月 5 日启程去希伯来大学，开始两年的希伯来大学访学生活。我在希伯来大学研究的课题是“犹太人在东亚的迁徙史”，现在，我已经在自学希伯来语。

2018 年我第二次去以色列时，苏珊安排我去了特拉维夫大学，我在特拉维夫大学图书馆看到一个关于“犹太人潜意识”的展览。2017 年，中国三所大学合作成立了希伯来文化研究中心，牵头的是北京大学外国语学院，另外两所是黑龙江社科院和武汉一所民营大学。这个研究中心有利于我们和以色列进一步建立友好关系，同时，有针对性的史料研究也能让我们客观地了解犹太文化。我相信，在改革开放的第二个 40 年中，我们会从犹太民族身上吸收很多有启示性的内容。

精彩问答

Q： 请教王石主席，我们在创业的过程中或多或少地会有焦虑情绪，当时您是怎么度过的，做了哪些事？您对创业者有没有一些这方面的建议？谢谢。

A： 如何克服或度过创业中的焦虑？其实只要是一个认真的正常人，在他想做成某件事情时，就会经常处于焦虑状态。

我想这样的焦虑是很正常的，给大家讲讲我在20世纪80年代是如何处理焦虑的，那时我们公司正处在创业到上市的过程，我每年都会得一次胃出血，动不动就发高烧，所谓"中年透支"，描述的大概就是我当时的状态。那时候我的焦虑不是关于个人的事业前途如何，或者公司下个礼拜将会如何，而是我们可能连明天都熬不过去。

在这种情况下，我用两点来安慰自己。一是，这是我自己的选择，我在32岁前做的很多事情都是社会选择我来做的，而不是我自己选择去做的，被选择去做就很容易生出怨气和不甘心，但来深圳是我主动选择的。二是，我们一定要相信明天过得去，太阳会出来，先回去睡一觉，凡事等第二天太阳出来了再说。我们只有休息得好，明天才有可能解决问题。这两点都能给我一些安慰，当然如何度过焦虑还是因人而异。

我是60岁才去哈佛大学学习的，但我完全不后悔，因为对我来说，在这个年纪有这么好的机会去学习太可贵了。去了哈佛大学之后，我根本听不懂英文，晚上还要做作业，当时经常在不知不觉中听到了鸟叫，我还纳闷半夜哪儿来的鸟叫？一看表已经早上5点了，一会儿还得上早课，那时候是真的想放弃。其实如果放弃，表面上也没什么损失，因为我不是去拿学位的，我去图书馆看两本书，写点心得，在那里混个半年一年完全没问题。但我将来会不会后悔？我相信人生就一次，得珍惜这一世，最后咬牙坚持了下来。

登山也是一样，我在登山的途中经常想放弃，因为缺氧，每走一步都气喘吁吁。但只要记住一句话，“再坚持一下”。其实人是有惯性的，如果第一次就想放弃，第二次你就非常容易继续放弃，所以第一次的选择很重要。我们在登山的时候坚持一下，不知不觉就登顶了。同理，在创业困难时期，我们也要更多地想一想，如果放弃会后悔，就不要轻易放弃。

Q： 我是今年的应届毕业生，马上就要走出校园，在找工作的过程中经常感觉迷茫，如果去大公司里做一颗螺丝钉，怎样才能发挥出自己最大的价值呢？请问您对我们这样没有走上过社会的“小菜鸟”有什么建议吗？

A： 你的苦恼在于你的不甘心。

其实我的经历中也一直有不甘心，比如我原来当兵想做军官，但进入部队后发现我不习惯军营，就想赶紧复员。复员后当工人更不甘心，后来有机会做工农兵学员，我就去了大学工程兵学院，但也一直不甘心。1983年我到深圳创业后，又觉得不甘心只当个企业家，一直不甘心到50岁。

我的建议是你不要被不甘心所困扰，我当兵时虽然想早早复员，但当兵时我就是优秀的士兵。我当工人，咬着牙干体力活，虽然你看我的样子不像干体力活的，但干了我就一定干到最好。我不甘心当个商人，因为我觉得中国传统文化根本看不起商人，但我没有其他选择，而且这个社会中，商人是能够最快出人头地的。所以尽管不甘心，我也一直做生意做到了50岁，因为知道自己不能再换其他行业了。我做房地产也是认认真真去做的，结果在认真做事的过程中，我的心态很容易就从不甘心过渡到了甘心。

人生没有那么多顺心的事情，不管是去大公司当螺丝钉，还是自主创业都各有利弊，一般来说，年轻人在创业前能去大公司工作几年是非常好的，大公司资源多，在大公司建立人脉关系要比自己创业时容易得多。在还没有想清楚如何创业之前，我建议你们去大公司摸索几年。

我在华大基因当联席主席时，华大基因董事长汪健的女儿高中毕业了，没想好要读什么大学。她父亲就让她先休息一年，她跟着我一起花了一年时间登山。一年后她说自己想好了，要去杜克大学读书，毕业后找工作去麦肯锡面试，面试官问她的业余爱好是什么，她说起了高中毕业休学一年去登山的经历，面试官就很感兴趣，跟她继续聊，后来她面试通过了。

有时候你们也不要想太多，既然你们都受过良好的大学教育，又这么年轻，适当地停下来去倾听内心真正的呼唤是非常必要的。

本文根据作者2018年10月29日在北大汇丰商学院创讲堂的演讲整理而成，经作者审阅并授权发布。

主编伴读

持续创造的驱动力

毋庸置疑，王石是一位成功的企业家，“持续创造”是我从他的故事中看到的重要特点之一。万科所创造的持续辉煌自不用说，王石退休后又组建深圳鹏爱交响乐团，支持创立乡村发展研究院等不同类型的组织，他在为世界持续创造新的价值。他内心有一种自然的涌动，那是一种创业的冲动，这些组织的建立就是他创业冲动的体现。

是什么驱动他孜孜不倦地持续创造、不断前行呢？我认为是他的价值观底座和持续的好奇心。

对人类文明的真切关注

王石的价值观底座是什么，慈善？文明的发展与提升？地球环境保护？可以说这些都是，不然他也不会去扬州策划建立保护长江江豚的基地、关注运河城市再造等。这些工作有的正在启动，有的在开展的初期，可能不是每一项都顺利，但我们可以从中看到王石的价值观底座是什么，他真正关心的东西是多维的、有格局的。

持续的好奇心是王石一路走来重要的驱动力之一，我想不会有太多人对“犹太人在东亚的迁徙史”这样冷僻的历史感兴趣，但王石愿意花时间把它当作一个课题去研究，他的好奇心是广博且深邃的。我觉得王石对人类文明的真切关注，是他身上所体现出的最底层的动力。

积极的自我暗示和乐观精神

在现场演讲时，王石回答年轻创业者如何应对焦虑，他的方法其实是一种典型的认知行为疗法。首先是要在认知上给予自己积极的行为暗示。他对自己说，这是他自己选择的，而非被选择的。再比如他去哈佛大学读书的时候，因为课程太难，他很焦虑，那时候他是怎么克服畏难情绪的呢？他跟自己对话，问自己如果放弃，将来会不会后悔？是不是应该走一条不一样的路？再比如他讲登山的例子，大家都知道王石非常喜欢登山，他说在高山缺氧时每走一步都异常艰难，这时候他不断对自己说“再坚持一下”，靠着这一句句“再坚持一下”，不知不觉就登顶了。从他讲的这些故事里面，我们可以看到他会在逆境中不断用话语、信念来做积极的自我暗示，这是值得我们所有人去学习的。

除此之外，王石还有一种天然的乐观主义精神，他说我们一定要相信明天过得去，先回去睡一觉，凡事等第二天太阳出来了再说。这句话听起来很容易，但并非每个人都能做到。保持乐观也是所有创业者需要共勉的。

以美为棋步，把握创造的本质

王　强
真格基金联合创始人，新东方教育科技集团联合创始人

新东方的“三驾马车”创造的商业传奇，背后有着怎样的创业故事？从创业者到投资人，如何完成漂亮的转身？人人都说读书好，为什么他经常提醒大家“不要被读书毁掉”？2019 年 3 月 19 日，王强先生做客北大汇丰商学院创讲堂，为我们带来一场融合了哲学、逻辑学、美学的思想盛宴。

从燕园到纽约

1980 年，我从内蒙古包头考到了北京大学，就读西方语言文学系的英国语言文学专业。1984 年，我从北大本科毕业时，英语系从西语系独立出来成为一个系，当时硕士、博士还没来得及培养出来，本科毕业第一志愿可以留校，我就留在了北大英语系任教。

我在北大英语系当了 6 年老师，从助教一直做到讲师。在北大校园待了 10 年以后，我开始想要改变人生。当时唯一可行的路是出国，所以我就去了美国。虽然我在北大课堂上分享英美文学，可之前我也没出过国，我想这次要在美国待很久，一个很直接的诉求就是我需要一份工作，但我之前在人文领域的研究对我在美国找工作并没有太大用处，我需要掌握某种技能。20 世纪 90 年代，美国计算机行业刚刚起步，计算机科学专业十分热门。英语里出现了一个词叫“金领阶层”，指的就是信息技术行业毕业生。在 20 世纪 90 年代初，计算机科学本科毕业生的年薪起薪是 5 万美元左右，博士的年薪应该能有十几万美元。所以我为了在美国留下来，让自己的技能和市场匹配，就必须学习计算机知识。

我第一次到华盛顿时曾去参观美联储的造币局，当时游客可以按照既定的路线，从上到下俯瞰一吨纸被运进来裁剪上色之后印、切、烘干，最后变成美钞推出去的整个过程。游客能看见美钞，但是隔着防弹玻璃摸不到。车间后墙上挂着一幅标语，这是迄今为止让我觉得最直达人心、最符合现场环境，既有道德震慑力又非常亲切，且带有哲学味道的标语，上面写的是：“你从来没有离它这样近过，然而又从来没有离它这样远过。”虽然你离它（钱）如此之近，但要告诉你的是，别想歪了，再近它也不属于你。

这个标语所表达的很像我当时的状况：有时候我认为自己离目标很近，但其实非常遥远；有时候我认为自己离目标很远，但其实又非常接近。这是一种非常有意思的人生哲学。有时候你感到绝望，但可能你就要见到曙光了；有时候你踌躇满志，但可能离目标遥不可及。对当时的我来讲，计算机科学从逻辑上离我很近，但是我反观自身又离它很远，因为我在北大天天研究莎士比亚、柏拉图等人文类的东西，没研究过计算机科学。我对语言学有激情，曾经像个老中医一样拿着放大镜辨认了数百个甲骨文文字，但是这些对我去学计算机科学没有直接的用处。这时候我想到了我到北大后第一学期选的一门课。当时北大选课非常自由，我选择的这门课叫作“形式逻辑”，看起来跟我的专业没有一点关系，但就是这门无关的课，后来却对我非常有用。逻辑学是一门推理的科学，推理意味着当你的人生遇到困境和难点，急需得出结论时，如果你没有时间和精力从原因推导出结果，那么就可以使用“推理”这种人类积攒了千百年的智慧，迅速得出结论。这就是逻辑学的魅力。你们将来在人生中很可能都会遇到这种急需得出结论的、短暂的推理过程，而逻辑学能够支撑起这个过程。我到美国后希望学习计算机科学专业，怎么通过推理实现呢？

计算机科学本科学习需要读 4 年，我很难筹到那么多学费。而我一点基础都没有，根本读不了博士。但读硕士只要交两年学费，这种性价比高的方式对我很有吸引力。如果能拿计算机科学硕士学位，我到求职市场上就有竞争力了。所以我经过短暂推理后就决定去读计算机科学硕士。

但是我确实是零基础，在北大我们没有个人计算机，计算机系的同学可以用主机。北大当时有一台主机，造价昂贵，计算机系的同学每次上机前必须去洗澡消毒，还要穿特殊的衣服和袜子，避免病毒传染损坏这台价值几百万元的设备，我们其他系的同学都觉得计算机系的学生是天之骄子。那我有没有可能学会它？这时候我用上了形式逻辑三段论的推理，大前提是，计算机是人发明的；小前提是，凡是人就应该理解人发明的东西；结论是，王强是人，他可以学会计算机科学。

这样一想我就坚定了想法，于是我来到纽约州立大学数学系，当时这所大学的计算机系还没有独立，只是数学系中的一个专业。我找到他们的系主任去推销自己，希望自己可以被录取。但对方一看我没有任何学科背景，虽然在北大成绩不错，但没有学过一门数学课或者计算机课，觉得我不太行。我从三个方面去“辩解”：一，我在北大 10 年的训练都集中在一个领域——语言，我学了英语、法语，甚至汉语里的甲骨文，计算机编程其实就是将语义变成指令的一套语言，我会比他们所有本科生对语言的本质有更深刻的理解。二，计算机科学的核心是逻辑，也就是非常清晰地看清事物的本质，然后把它清晰地构架出来。我在北大教了 6 年书，通过跟同学们分享课程、思想、概念和推理，我对洞察事物的本质训练有素。三，我将来也许能够成为一位不错的科学家，因为我有极强的抽象能力，我在北大经历的 10 年熏陶都在美学领域，美学就是教人从复杂的系统中看出本质来。如果我在人文领域训练有素的话，对事物的本质、对复杂的系统就会有非常敏锐的洞察力，能够迅速把握住它。所以这三点加起来，足够支撑我学习计算机科学。

纽约州立大学数学系主任听完我的话，说："我现在觉得你非常优秀，因为我从来没有听过谁能够把计算机科学和人文学这么清晰地连接到一起，你被录取了。"我说："既然您觉得我优秀，那我再推荐一个更优秀的人。"于是我就把我太太的简历拿出来了。系主任看都没看直接说："都来吧，我相信优秀的人推荐的人会更优秀。"这就是美国人的思维。

然而两个月后，我开始在纽约州立大学上课的第一个月就绝望了。我有一门课是微积分，老师是印度籍，他的印度式英语听得我接近崩溃。上课时老师写了三个方程式，他说看看今天的 20 个学生有谁能解出来，解出来的才有资格继续学。就这三个方程式，我看着等号就知道应该挪过来，但是怎么挪呢，我不知道具体该怎么解，真交了白卷。老师看我这样的底子就想劝退我，说："你省省几千美元的学费吧。"但我对他说："老师，反正这钱是我的，您就让我待在这里把课听完吧。"这门课是必修课，后来我花了半年时间，恶补了计算机科学本科必修的几门课程，这几门课我拿了 GPA 4 分的成绩。我又花了两年时间拿到了计算机科学硕士学位，并且非常荣幸地成为我们班里包括所有美国人在内，第一个找到专业工作的。

毕业后我去新泽西的贝尔传讯研究所做了软件工程师。工作一年半后，也就是 1995 年年底，我的大学同班同学俞敏洪来美国看我，这一看，改变了我的人生轨迹。

“回来我们一起做新东方”

回国的决定

1993 年，我工作第一年年薪是 5.7 万美元，第二年大概是 7 万多美元，到我离开美国的时候年薪已经达到 8 万美元了。当时俞敏洪来找我，我问他，他在北京做什么，他说在办学校，每年把几千人送出国，这所学校就是新东方。其实当时我也有了想法，在美国待的这几年，我特别想回国。我不像其他人爱打高尔夫球、游泳、开车兜风，一成不变的生活让我年轻的心灵受不了，总觉得灵魂缺了点儿什么，我怀念在北大讲台上教书的感觉。俞敏洪劝我要慎重，说我在美国生活条件这么好，回去后万一做砸了，他会觉得对不起我。我说：“老俞你放心，我早已过了 18 岁，对自己的行为负全责。”

当时美元兑人民币的汇率是 1∶10。1995 年要在北京一年挣 80 万元人民币，是件不容易的事，所以我做回国决定也花了一年时间。考虑到我能去俞敏洪那里共同创业，不必另起炉灶，而且在加拿大的徐小平也决定要回国了，所以我就下定了决心。但这时候俞敏洪开始犹豫了。因为那时候新东方完全是老俞家的家族企业，几年后才改制，我面对俞敏洪的时候常常是当年大学班长的范儿，如果去新东方后我天天批评他，那他作为老板，能不能接受我这样的人？而且他的家人也劝他“千万不要把王班长叫回来，不然你把他放在什么位置”？

俞敏洪从美国回国的时候，我送他到机场，我说：“你马上要登机了，回去后的沟通就要用长途公共电话了，为了提高沟通效率，你就直接告诉我，你欢不欢迎、要不要我回来跟你一起做，其他的都不用谈。”看他还在犹豫，我说：“老俞，我知道你在犹豫，但是我已经决定回北京了，我现在只要你给我一个简单的回答，yes or no，如果你的答案是 no，你做好准备，半年后新东方的对面将有一所学校叫新西方，这所学校的校长叫王强，我的人生只有这个选择。”俞敏洪一听我决心这么大，就说：“算了，你不要另起炉灶了，回来我们一起做新东方。”

1996年10月，我辞职从美国回来了。新东方当时的规模并不算大，不过，截止到2019年3月，它的市值在纽交所已经达到了120亿美元，当时的我们并没有想到以后的新东方能有上百亿美元的市值。新东方是纽交所中国区挂牌的第14家企业，在2006年9月7日上市的时候，它是在纽交所上市的第二家中国民营企业，第一家无锡尚德已经在2013年退市了。

新东方的股份制改革

进入新东方后，我们做了什么呢？

首先是股份制改革，1996年到1999年，新东方是家族制企业，新东方属于老俞家。那时候我们懵懵懂懂，直到做得稍微有点起色的时候，我们才开始追问俞敏洪这家企业属于什么性质？使我们进入股份制探讨的另一个契机是那时我们正“三分天下”，俞敏洪做传统的出国留学业务，徐小平做非英语的出国咨询业务，除了他们负责的两块业务之外的其他业务归我负责。新东方的股权制改革非常简单，在咨询公司的建议和我们的共识之下，只讨论了5分钟老俞就宣布改制了，他拿出了将近一半的股权分给大家，这是一个非常慷慨的举动，也使新东方瞬息之间从一家家族企业变成了一家股份制企业。但股权分完后，新东方又花了3年时间才让股份制落地，我们按照游戏规则把企业做大做实。

新东方为什么在2004年准备上市呢？这根源于我们创业团队的格局和对未来的愿景。股份制改革后所有股东对权益知情权有了正当的诉求，财务公开是第一步。董事会扔出一个石破天惊的建议，要聘请世界五大会计师事务所之一来做财务账。那时候我们的利润并不多，花掉一大部分资金给会计师事务所也有些担心。

俞敏洪分股权的真诚显示了他的胸怀，于是我们找到了德勤来为我们做财务报表，对股东们展示企业治理是透明的。德勤花了几个月时间给我们做出来18

页的财务报表，我们交了 450 万元费用，拿到这个报表后我们又花了 450 万元请普华永道做审计，这次的审计报告一共只有 3 页，加上之前的 18 页，我们一共花了近 1000 万元，只换来了 21 页报告，这是我见过的最贵的纸页。虽然花了这么多钱，但是我们群情激昂，这个审计报告验证了财务报表的真实性，大家可以毫无负担地把以前“分封割据”的东西抛到脑后。这激发了我们所有人的生产力，公司的净利润不断增加。

2004 年，老虎基金的掌门人陈小红注意到我们，要看我们的财务数据，我们把这 21 页报告发给他们团队，他们都很惊讶这是由德勤和普华永道做的。后来他们给我们估值 2 亿美元，为我们投资了 2000 万美元。陈小红建议我们到海外去上市，因为美国投资人愿意投资教育领域，所以我们开始筹划上市，第一步就是要全球招聘首席财务官（CFO）。当时我们的 CFO 是从加拿大一家上市公司聘请回来的，但他只有在上市公司管理财务的经验，没有把一家非上市公司做到上市公司的经验，但毕竟这个人是俞敏洪辛苦请回来的，我们费了一番功夫才让俞敏洪同意换掉他。最后我们通过全球著名的人力资源公司帮忙筛选了十几个候选人，才找到了后来帮助新东方上市的 CFO，他本人后来成为中概股领域的知名 CFO 之一。

新东方上市

新东方去纽交所上市时我不在现场，“三驾马车”缺了一驾。因为当时我在河南郑州大学给 3000 多名学生做讲座，他们为了等我的讲座准备了半年。当时俞敏洪和徐小平都叫我换个时间再去讲，我想算了，实在没办法拒绝这 3000 多名学生的热情，就拜托他俩帮我重重地敲一下钟，也许我这一辈子也不会知道纽交所长什么样了，但我不能放弃作为老师的那个本分。

2006 年 9 月 6 日晚上，我讲到 9 点多的时候，俞敏洪突然给我发短信，说如果不出现像恐怖袭击或电子技术问题等意外，我们将在一个小时以后上市。讲座结束后，我给同学们分享了这个好消息，说再过一个小时，不出意外，新东方将成为中国民办教育领域第一家在纽交所挂牌、第二家在纽交所上市的民营企业。学生们起立给了我 10 分钟的掌声。在新东方经营企业的历练其实是一个国际化的历练，当我经历过这些之后再回过头来看其他创业企业的发展历程时，真就有了一种“一览众山小”的感觉。

成立中国第一家天使投资机构

在新东方待了 10 年后，我和徐小平就开始做投资。其实当时我们也不知道这叫天使投资，只是有很多我们新东方的学生，当他们想做点什么事情时，就来找我和徐小平，说他们想做某件事情，问我们能不能给他们投资。当时我们还是老师的心态，学生一问我们还真得给。于是我们就陆陆续续开始投资，在 2006 年到 2010 年间投了很多在之后上市的公司，比如世纪佳缘、聚美优品等。

到了 2010 年，徐小平说咱们与其这样以个人名义分散地做投资，不如合在一起成立一家投资机构，我们应该做中国第一家天使投资机构。早期风险投资机构比较多，也有一些人投资者在做天使投资，但天使投资机构中似乎还没有。

2011 年我们成立了真格基金，当时徐小平跟我说我们不能这么早退休，年轻人需要我们。其实我们设想过做很多的事，唯一没想的就是再做一家类似新东方的学校，因为这对我们的“二次创业”来说，意义不大。在权衡了各种设想之后，我们意识到自己的长项在于“看人”。我们希望有朝一日真格基金能成为“世界上最大的小基金”,“最大”指的是我们对创业者包容和支持的胸怀与真诚最大，最“小”指的是我们在量和规模上永远都不会变成巨大的天使基金。为什么叫真格基金呢？“真格”表达的并不是汉语中大家熟悉的“玩真格的”意思，也不只是指诚信。“真”作为一种价值换成“格”,“格”既是格物致知的方式，也是一种资格。“真格”是指把真实、真诚、真信作为对企业家的最高要求和投资的一种标准，把它变成“衡量的资格”。**这是我们真格基金起步的初心，要为建立能**

和世界文明对话的中国新一代商业文明做出一点贡献。

我和徐小平都不是专业的投资者出身，运营这个机构还需要一位行家来帮助我们，于是我们找到了红杉资本全球执行合伙人沈南鹏。我们跟他一拍即合，沈南鹏不仅觉得我俩做天使投资靠谱，还愿意出资加入，所以真格基金一开始是红杉资本出资一半，我们两人出资一半成立的。2019 年我们已经掌管了 10 亿美元资金，投出 700 多家公司，其中 15% 失败了，但是我们投到了 15 家独角兽公司。2018 年中国出了 58 家独角兽公司，我们荣幸地投到了其中 15 家，这样的成绩目前来说我很满意，真格基金连续 4 年被评为“中国天使基金第一名”。

取得这样的成绩源于我们对人性的理解，我们对早期创业者在出发时的状态判断比较准确。坦率地讲，我们很难判断一家早期创业公司给出的数据是否可信。但是如果创业者可信，那么将来不管他们做什么，都是可信的。举例来说，我们并没有“布局”投 AI 公司，但是我吃惊地从一个第三方榜单里发现，真格基金是 2016 年全球投 AI 公司最活跃的十大基金之一，这十大基金中包括 8 家美国的基金公司，2 家中国的基金公司。其中一家中国基金公司是周凯旋的维港基金，投了大量以色列的 AI 公司，另一家就是真格基金。其实我们从 2012 年就开始投 AI 公司，比如依图科技、格灵深瞳等，但我们当时根本没想着要“布局”AI 领域，只是觉得他们的创始人太厉害了，必须投。他们比我们聪明那么多倍，不管他们将来能干什么，都是我们干不了的。就是类似于这样的对人的本质的判断，让真格基金在成立 8 年以后，拥有了这样的成绩。在这个过程中，我们不断训练自己对人性的把握。**任何一家进入商业领域的创业公司，即便有再好的技术，如果没有完整的团队去落地，都是很难成功的。**

创业者的修行，洞穿本质的能力

我们从创业者身上寻找的是强大的学习能力，缺乏这项能力的话，创业者将很难面对市场上的千变万化。另外，创业者的眼界有多远多宽，他们对股权的释放、期权的设置，公司的愿景和里程碑，都是我们要从早期的创业团队中发掘的。至于他们做的具体的东西是不是足够“性感”，这不重要。

究竟是什么在支撑一家企业从 0 到 1，从 1 到 100 的发展？我认为对领军者 CEO 来说，他们必须有足够的拨开迷雾、洞穿本质、看到未来的能力。创业者需要在历练中获得跨界的创造力，而审美必不可少。不要把审美仅仅当作与生活有距离的纯属于艺术领域的事，亚历山大·柯瓦雷（Alexandre Koyré）有一本书叫《从封闭世界到无限宇宙》（*From the Closed World to the Infinite Universe*）推荐大家去读一下，凝聚力可以让我们从封闭世界看到无限状态，书里有一句话说道：“从某种最深层次的意义上，正是我们决定了我们所受的影响，我们的思想先驱绝非直接给定，而是由我们自由选择的，至少在很大程度上是这样。”这说明创业者的知识习得是自由选择的。另外再推荐一部山口周的作品《美感的力量》，这本书中讲我们现在的时代，创业和竞争的存在是一场理性过剩、美感不足的全球危机。大家误认为这个世界是逻辑世界，是科学思维、技术思维、商业思维世界，但是如果大家在技术层次、逻辑层次，即概念层次、推理层次，以致在科学层次达成共识时，这一“共识”的价值就减弱了。因为当“你知道、我知道、他也知道”的某种模式出现时，思考便缺乏独特性和差异化，而竞争意味着要真正地发现“某种模式”之外的东西。所以，理性过剩、美感不足是当下全球商业思维的危机。

《美感的力量》这本书中谈到，理性与感性、逻辑与直觉在商业决策中的均衡是创业者引领企业不断成功的秘诀。以前的科学决策是在封闭的缓慢演化的世界之中做出的，但互联网的到来使世界呈现出齐格蒙特·鲍曼（Zygmunt Bauman）的著作《流动的现代性》（*Liquid Modernity*）所描绘的特点，社会的本质从固态变成了液态，事物呈现出瞬息万变的状态。液态时代内化改变了当下消费者社会般审美意识，即人们不再从道德层面来衡量生产的东西是否对自己有用，人们在意的是某一时间内的欲望能不能尽快得到满足，产品本身甚至不再是人们的欲望目标，也许人们的欲望只对下一个欲望负责。举例来说，以前我不理解美颜相机为什么如此畅销，如果是生产者时代的话，创业者要提供实用性的产品，照的相片应该越像本人越好，对不对？但是美颜相机提供的相片就是越不像本人越好。有一次我去牛津大学参观，有一位负责讲解的女学生给我说了一个小故事。她是北京人，出去读书后好多年没跟她爸爸见过面，她每次把照片发给她爸爸时都没得到什么回应。后来有一次她爸爸终于忍无可忍了，说："你修修修，你是我生的，我还不知道你长什么样，你现在拍的这些照片让我认也认不出你了。"这个例子就印证了齐格蒙特·鲍曼讲的液态时代里，消费者越来越从外在的客观性追求转向内心的主观性向往了。这也许是当下"自恋文化"的根基。

什么是用户体验？体验不在于产品本身，而是产品能不能满足用户当下的期待。我们不用再去追求功能性的迭代，给用户好的东西对方不一定买账，比如很多女性不断去做美容，这是从欲望到欲望，而非从欲望到目标，我想让我的这一刻与上一刻不一样，我讨厌过去那一刹那的我，要在新刹那中重塑自己，这是女性美容的用户体验追求，也是液态的转换。美容产业会成为越来越庞大的产业，不仅女孩子会美容，男孩子也会美容，我们从生产者时代转到消费者时代后，人的心流和欲望支流是液态的，对下一个产品的期待就是要满足人们内心的欲望，这就是用户体验。

现在很流行说乌卡时代，这是美国陆军常用的一个术语，用来形容现在我们面对的消费者世界的本质。其实和齐格蒙特·鲍曼所讲的一样，我们置身于一个流沙式的社会，感觉不到脚下有磐石，传统的记忆、经验和规则不复坚实。因为现在的社会从客观变成了主观，消费者从对外的期待转变成了、对自己的期待。就好比网上购物，我们希望快递即时送达，实际上我们收到包裹后可能放在那里好几天才会打开它，但满足下单那一刹那的欲望非常重要。当我想要购买的欲望兴起时，你能不能满足我这个欲望？所以在当下，如果针对封闭的空间做逻辑理性的分析，效果会大打折扣，我们每个人都要去理解消费者社会和消费者欲望的"流动性"。

为什么我会强调创业者对审美的训练？我们训练创业者的美感敏锐度，才能够使创业者在商业竞争中迅速走进当下消费者的心里，去捕捉、引导和满足消费者的欲望。审美和艺术没有必然的联系。康德最重要的“哲学三部曲”中，第一批判是“纯粹理性”批判，涉及逻辑理性；第二批判是“实践理性”批判，探究一个人真正的自由意志，即道德律；第三批判是“判断力”批判，康德认为人的判断能力是打通可知世界（知识领域）和不可知世界（道德领域）的唯一桥梁。所以在理性过剩的时代里，只有对“美的意识”的培养、对“判断力”的培养，才能打通理性与感性。“审美”是对敏锐的感受力的历练，极其重要，也是商业创造力思维的重要来源。

“敏锐度”从何而来

以美为棋步

如何培养自己的敏锐度？雕塑大师罗丹有句话：所谓大师，就是那些能在别人司空见惯的东西上发现出美的人。这句话的深意不在于你能不能发现别人没发现的东西，而是在别人都看得司空见惯的时候，你再多看一眼，你看出的和别人看出的不一样的时候，你就成了大师。无论是做企业还是做投资，这都是非常重要的智慧。一旦你有了这种审美意识，在别人看不出新意的地方，你能够看出新意来，“新的东西”就诞生了，这是跨越逻辑过程的，被我们称作“直觉的敏锐度”。直觉是在完整性的理解之上产生的跨越过程，是对全过程的直接体悟。当一个人的平常训练能在逻辑与非逻辑、可见可知与不可见不可知的世界之间不断来回跳跃时，敏锐度才能提高起来，通过训练有素的“肉眼”洞穿事物的本质。

日本将棋大师羽生善治写了一本书叫《决断力》，他在书中分析他下棋取胜的决策过程时说：“我认为以下出美丽的棋步为目标是成功最快的捷径。”其实他这句话没有炫耀的意思。百战百胜的重要原因是以“美”（总体 / 终局）为目标，如果只按眼前一时的正确与否来落子，下着下着就会偏，终局时没有企及美的状态（最佳结果），根本没有把可知可见同不可知不可见的世界连接在一起，也就缺失了大师超人的敏锐度。

给生命留白

在喧嚣的社会里，给自己的生命留白，留一些独处的时间，是培养创造力、训练敏锐度的重要方式。也许我们可以一个人待段时间，潜下心读一读康德级别的思想家的著作，这是我的肺腑之言。

我非常欣赏的法国结构主义大师克洛德·列维－斯特劳斯（Claude Lévi-Strauss）在《神话与意义》（*Myth and Meaning*）这本书里讲到，现代世界除了理性过剩，还有一个重要的问题是创造力锐减，大家坠入到无意义的同质化中。资讯发达导致人们“交流过度”，而人们只有在“缺乏交流”的条件下才能去创造，为什么艺术家的创造力高于常人？因为他们往往是孤单的，像罗丹一样独自思考。而普通人常常缺乏耐性，难以忍受孤单。

佛教修行讲“戒定慧”，扩展来讲，先要戒，我们必须强有力地告诉自己在什么东西上不应该花时间，什么不该做，这是“持戒”。如果别人做什么我们也做什么，就犯了戒，无法进入下一个“定”的阶段。有所取舍才能专注，也就是“定”，专注的结果是我们的眼界和别人不一样了，这就达成了“慧”。

回到创业的情境下，敏锐度的训练也是要跨越“过度交流”和“不过度交流”的，如果你是创业公司的一把手，你不能忘记竞争对手，但是如果你的时间主要花在研究竞争对手上，你也不可能成功。你可以对标一个强有力的竞争对手，但是他推出什么产品，你的一定要和他的不一样，这样才能有胜算。

专注的耐心

直觉意味着能够迅速掌握事物最简单的本质，在生活中有一些人虽然书读得不多，但是洞察能力非常强。通过察言观色去把握变化和创造变化，我们才能够真正解决问题。推荐大家读 20 世纪 20 年代日本著名的文艺批评家小林秀雄的作品《求美之心》——看物不是说话，语言对眼睛来说是干扰。假如你漫步在原野上，看到一朵美丽的花在盛开。再一看，原来那是堇菜花。在思考“那是什么花，是堇菜花吗？”的瞬间，你已停止对花的形状和颜色的观察了吧！因为你在自己的心中说话了。如果“堇菜花”这个词语进入你的心中，那你的眼睛就会封闭。所谓默然看物（忘我看物），是很难的事。没有语言的干扰，在心中保持着花的美感，持续专心致志地看花，花才会向你展示从来未曾展示过的无限之美，画家都是这样看花的。另外，画家看花不是出于好奇心，而是对花的爱。如果出于好奇心，就算是去看毕加索的画展，也会毫无收获。

这句话非常深刻，隐含着创造力或创新需要专注的耐心。一旦给予你足够的时间来思考你所关注的对象，你的思考就会变得有深度。我们正处于快、多、浅的时代，很少有人能做到慢、少、深。光有好奇心是不行的，要把好奇心不断延长变成专注力，专注之后你就会爱上自己所专注的东西。就好比创业者在创业的时候天天被各种事情折磨，感觉自己根本不爱创业，但他还有责任感，要养活团队，当他决定对团队和用户的欲望负责，坚持做下来后会发现，创业还是有意义的。

当你有了敏锐度，有了静思的状态，知道该做什么不该做什么，你就有了几个方面的独特创造力。比如说你对任何目标、现象、挑战，都有流畅、独特、灵活的回应，对新经验抱有开放而不是排斥的态度，有栩栩如生的想象力，有审美的敏锐度，有标新立异的趣味，有自信的好奇……这些东西加在一起就构造了你的创造力。这种创造力既适用于人们创造的艺术，也适用于创建的企业，还适用于人们从事的科学研究。所有伟大的一流科学家基本上也和我们做企业的一样，成功需要独特的创造力。在牛顿、哥白尼的前期著作中字里行间充满了诗意，不亚于莎士比亚的美丽描述，对于宇宙、美丽的星空，他们用数学、推理来推导宇宙最终的和谐，才有了他们新的发现。

爱因斯坦在庆祝德国物理学家普朗克70岁生日时，说渴望看到先定的和谐，因为这种和谐是无穷的毅力和耐心的源泉。爱因斯坦在描述普朗克的精神状态时用的词是“激情”，是诗意的文学和谐，终极的美是完整无缺。

最后推荐一篇文章，叫作《无用知识的有用性》（*The Usefulness of Useless Knowledge*），作者是普林斯顿大学高等研究院的创院者之一亚伯拉罕·弗莱克斯纳（Abraham Flexner）。他在文中说到，我们建立了一所大数学家、大物理学家汇集的高等研究院，但我们不要求他们承诺一定创造出些什么，我们创立这一机构的目的是希望学者们可以在这里天马行空地去追寻毫无用处的知识，让他们随心所欲地想干什么就干什么。对学者们而言，高等研究院就是他们的天堂。正是因为能够这样随心所欲，学者们才会在未来做出非同一般的成就，最终对人类做出贡献。这是一种多么深远的“价值投资”理念啊。我希望我们做企业的人也这样面对人类的终极目标去奋进，在这个过程中，我们的人生也完成了辉煌的历练，企及美的终局。

本文根据作者2019年3月19日在北大汇丰商学院创讲堂的演讲整理而成，经作者审阅并授权发布。

主编伴读

看清事物的本质，创造性就是美，以美为本质

与商业世界里典型的投资人或创业者相比，王强身上有一种特殊的迷人气质，游走于结构化的理性逻辑与审美的哲理思考之间。他博览群书，赞赏独处，享受生命的“留白”。他演讲时提到齐格蒙特·鲍曼的《流动的现代性》、文艺批评家小林秀雄的《求美之心》，以及亚历山大·柯瓦雷的科学史名著《从封闭世界到无限宇宙》，都让我们看到王强习惯并且享受做复杂且深度的思考，他跟这些思想深邃的图书产生真正的深度连接与互动的同时，也是在与人类最伟大的思想相伴，不断探索人类精神世界的边界。

作为投资人，王强认为创业者应该训练对“美”的敏锐度，不断强调“审美”的重要性，因为美是一种敏锐的感受，美感敏锐度越强，创业者越能够在商业竞争中走进消费者的心里，去捕捉、引导和满足他们的欲望。这是一种高级的感知力。在审美信念的推动下不断进行对本质的探索，是创业者应有的执着。

The Great Era of
Innovative
Entrepreneurship

第 3 章

成功不可复制，成事可以修行

冯　唐

作家，中信资本前董事总经理、健康产业负责人，
麦肯锡前全球董事合伙人

从医学博士到麦肯锡合伙人，从商业管理到著名作家，冯唐是个跨界奇人。他读了 30 年的《曾文正公嘉言钞》，在一个全民创业、全民追逐成功的时代，他说："成功不可复制，成事可以修行。" 2019 年 9 月 19 日，著名作家、投资人冯唐做客北大汇丰商学院创讲堂，与陈玮教授面对面交流关于管理的心得。

陈玮：虽然以前你的书都是文学向的，但你在管理方面也有颇多思考，请问你在管理上的思想是如何不断进化和成熟的？

冯唐：大家好！我很开心今天有这么多人来北大汇丰商学院创讲堂听这场讲座，尤其是没想到还有这么多男生来现场。我经常来深圳和香港，这边也算是我的第二故乡，之前在这两个地方待了 10 多年，2015 年才回北京。陈玮教授是我

的老朋友，我们在华润集团工作时打过交道，之后在滴滴出行等公司又有交集，感谢陈玮教授今天给我机会，能见到这么多的新朋友。今天这种对话的形式也是我们商量出来的，以前可能是我一个人站在讲台上讲，但我想今天用这种聊天的形式可能会讲得更透、更开心一些。之后我们也会留一些时间让大家提问，希望能让大家有一些收获。

大多数好作家的倾诉欲和表达欲都很强，但跟一般人不同的是，作家更喜欢表达在书面上，而不是当众讲出来，我也见过可以一边写一边说的作家，可惜我不是这样的，我尽量避免当众讲话，因为这是一件耗能量的事情。由于我是从事管理工作的，有些话我想尽量避免反反复复地说，这些话往往都是在商业环境下告诉我所带的团队、企业如何做事的，是工作过程中要经常教给别人的，不是“现金流报表怎么制作”这种 MBA 课堂上要教的内容，而是我做事的原则，展开讲就是“如何管理自己？如何管理团队？如何管理项目？”。在这三个问题里，我有些共识、方法论和价值观分享给大家。

我在管理上的思考主要有三类信息来源，第一类信息来源是以曾国藩为代表的中国历史管理智慧。我从 10 岁开始读古汉语文学，直到初二、初三的时候才读得比较通，之后一直有阅读历史图书的习惯。其实不少历史图书里都写过如何在中国这样的环境下把事情做成功，但我为什么选择读曾国藩呢？有这么几个理由：一是他做了一件跟自己的专业反差很大的事情，他本来是一个文职官员，是道光年间最年轻的副部级官员；二是他所处的环境非常差，那时候的吏治、司法效率都非常低，做事面临各种各样的困难；三是他们处于一种巨大的困难境地，当时太平天国占领了大半个中国，曾国藩他在一个支持系统非常差的环境下把事情做成了。基于这几个原因，我选择了读曾国藩，毕竟我们很少有人能像他跨界跨得那么大，或者面临像和太平天国斗争那么差的局势，再或者是吏治败坏到支持系统如此差的地步。

第二类信息来源是麦肯锡的方法论。我 2000 年进入麦肯锡工作。从统计的角度看，麦肯锡作为一家管理咨询机构，甚至创造了 MBA 这个学科，世界 500 强企业里的高管最多的共同经历就是在麦肯锡工作过。虽然现在网上经常有人嘲笑麦肯锡，当然也有很多人嘲笑我，但根据我在麦肯锡待了近 10 年积累的经验，我觉得麦肯锡的有些方法论还是很可取的，而且有趣的是，它的方法论和我从曾国藩相关的书里读到的思想是很契合的。

第三类信息来源是我过去小 20 年在中国的一线企业做咨询，以及加入华润医疗、中信资本后看到的活生生的例子，我们在中国快速发展的实践中应该怎么做。

陈玮：我想知道你还是个 10 岁的小孩子的时候，人家都在玩游戏，你为什么会对古文感兴趣？

冯唐：我 10 岁的时候是 1981 年，那时候真的没什么玩的，想娱乐的话找一盘录像带都很难。其实中国的古代汉语是非常优美的，你读着唐诗睡着，跟你看着抖音睡着，我相信效果是不一样的。我跟同事开玩笑，说如果每个人都能背 100 首唐诗，那这个世界会美好得多。我非常建议大家读一读《曾文正公嘉言钞》的原文，曾国藩的原文平实、有效，没有太多花花绕，不像汉赋那样华丽，非常朴实，读原文应该对大家有帮助。

《论语》没有结构，随便从哪一篇拿起来都可以读。梁启超辑录的《曾文正公嘉言钞》，是从曾国藩的 2000 多万字语录里选出了 200 多则，也是没有结构的。后来我想，管理的事情其实可能就是没有结构的，涉及上上下下、方方面面，管理者都得顾及。

陈玮：你背过多少首诗？

冯唐：虽然中华书局出版的绿皮版《全唐诗》我读过一大半，但是很难整首背下来，比如《长恨歌》那么长，只有其中几句我可以背下来，其他的强求背也很难。所以我后来就是一遍遍地看，如果能记得住就记，作为一个年近半百之人，记不住就算了。

陈玮：你也写诗，写过多少首诗？

冯唐：中国文艺界对我的诗人身份的看法有异常鲜明的两派，一派认为我不是诗人，这派人占99.99%，剩下的一派认为我是诗人，包括我自己也这么认为。我出过两本诗集，一本叫《冯唐诗百首》，这是近20年来中国卖得最好的诗集之一。另一本是人民文学出版社出版的《不三》，每首诗都只有3句，是中国第一本非偶数诗集，这本诗集融合了我跟日本诗人学习的一些形式上的东西。这本诗集是致敬《诗经》的，我交给出版社305首，出版了268首。我作为超简诗派创始人，到现在为止写了小400首诗。

陈玮：我记得看过你写对女生找男朋友的建议，大概意思是，要找一个能够陪你背诗、给你抄诗，同时也可以给你买包包的男人。如果他不能买包包，至少也要能陪你背诗、给你抄诗。能不能给大家解释下你为什么给她们这样的建议？

冯唐：诗是被严重低估了的好东西。我之前读蒋介石的传记，他不会写诗，但是他烦的时候就会去读诗、抄诗。我之前接了一个活，在唐诗里面挑选一些优美的情诗，当时我有个比较年轻的同事要去追女孩子，我建议他每天抄点情诗送给心仪的女孩，他坚持了3个月，两个人就在一起了。

陈玮：你说管理没有所谓的结构，那你有没有什么战略管理上的“秘诀”？

冯唐：首先大家对我有很多误解，比如说我写一些敏感题材的小说，那其实只占了我10%～15%的时间。我有一个隐藏的身份，就是中国顶尖的战略管理专家，之前我做过华润集团战略部总经理。我去华润集团工作时，他们有20多个一级利润中心，华润集团的宋林总经理要求我给他们讲一讲什么是战略，怎么做 3 年、5 年战略规划，以及如何把这个规划转化成战略基地，列出十几、二十个具体的战略目标，然后设计相应的激励机制。

虽然我当时已经在麦肯锡工作了 9 年，也帮助过不少企业制定战略，但这件事情究竟怎么做？其实在麦肯锡内部也没有一个具体的方法论，当时我就想起《曾文正公嘉言钞》里的一句话，把它作为整个培训最核心的中心思想，这句话就 8 个字“大处着眼，小处着手”。也就是说，做战略一定要抬眼看路，而且要看 5 年、10 年的长线，“小处着手”就是一定不要眼高手低，将你的核心战略交给团队后，一定要非常清楚今年干什么，明年干什么，每一个月干什么，达到什么目标，以及为什么这么做。这也是第一点秘诀。这 8 个字合在一起才是战略的中心思想。大家好好想想，日常生活中我们做事不顺的原因，排除掉人的因素，要么是你没有抬头看路，要么是你没有抓住细节。

第二点秘诀是曾国藩反反复复强调的“居家以不晏起为本”，就是不要睡懒觉。我有个哥哥每天睡到下午才起来，洗洗澡出门时就已经很晚了，基本上什么事情也干不了了。

第三点秘诀就是“屡战屡败，屡败屡战”，失败没关系，但要坚持。我自己的出版经历就很好地印证了这点，我第一次去上海签售时只来了 4 个人，而且其中只有两个是真正的读者。当时我心里就憋着一股劲，觉得自己的书写得这么好，读者怎么不买账呢？我接着写，下一本书效果就好一些，后来就这样坚持下来，现在写到了第 16 本。

陈玮：“大处着眼，小处着手”听起来很有道理，但做起来很难，“大处着眼”最大的挑战是什么？

冯唐：“大处着眼”最应该避免的是流于表面。我们经常会听到一些套话，在麦肯锡里面有一句话叫“不可能错的话就等于废话”，比如“我们面临着 ××× 机遇，也面临着 ××× 挑战”，这种都是纯粹的废话，麦肯锡要你屏除这些，逼着自己去找到底什么是真知灼见。我会教好多刚开始工作的人去开一个两小时的会，从中找出 3 个最重要的点，不需要太多。或者去看一篇文章、一本书，总结出 3 点。你慢慢地养成这个习惯之后，就会变强。

陈玮：“小处着手”的难点是什么？

冯唐：很多人不愿意放下身段，事就做不成。“小处着手”就是自己要设身处地地去想每一步应该怎么做，从事情开始到结束，时间、地点、人物，每一步会发生的事情都要想清楚。另外，不养成习惯也很难做成事。比如我们以前在华润集团卖雪花啤酒，当时没有智能手机，我们被要求每天在一个特定的时间，比如晚上 9 点前，把啤酒销售的品类、数量等编成短信发给某一个人，由他在电脑上用 Excel 汇总后发给领导。其实这非常简单，但如果你不布置下去，不让大家养成习惯是很难做到的。实际上，华润集团用了很多非一流人才，但是做出了超一流的成绩，这就是“小处着手”发挥的作用。

陈玮：谢谢，这让我很有收获和启发。我对曾国藩没有很多研究，感觉他好像不是一个非常聪明的人，据说比较“愚钝”，他是靠勤奋努力起家的吗？

冯唐：你可能对曾国藩有些误解，其实曾国藩做官的生涯分为 3 个阶段：30 ～ 40 岁时，曾国藩在京城做官，他是当时最早做到相当于现在副部级官员的年轻人；40 ～ 50 岁，他平定了太平天国运动；50 ～ 60 岁，他是洋务运动的先驱，建工厂、鼓励留学、修铁路等，对后世有很大影响。其实他没有大家想象得那么笨，在封建官僚体系中，凡是能做到两江总督、钦差大臣的，没一个笨的，曾国藩能笨到哪里去呢？而且他做事容易成功。无论是平定太平天国运动那么难的事，还是送当时的小孩子去英国留学，他都能做成，这说明他很聪明。这是一种大聪明，他能看到最关键的点和最重要的事。一个聪明人下笨工夫，一定能成功。

陈玮：你刚才讲到“屡败屡战”，曾国藩确实打过很多败仗，不是一个常胜将军，我记得有一次他战败后打算投江，这是真的吗？他的革命意志好像不是很坚定。

冯唐：据说他跳了好几次江，都被人拦住了。我能体会到他那种心情，当他辛辛苦苦把“高楼”建起来，突然间，楼全塌了，有句古话说“运来天地皆同力，运去英雄不自由”，本来他有雄才大略，但兵没了，楼也塌了，这时候是很容易万念俱灰的，也是很容易想放弃的。就像项羽，哪怕他再聪明，其实也很难成就霸业，因为成就霸业的人往往要经历一些极惨的境地，李清照写“至今思项羽，不肯过江东”，如果他去了江东，有可能可以成为一位更伟大的英雄。

陈玮：谢谢冯唐，那给我们讲一件你自己觉得最自豪的事情吧？

冯唐：挑一件还挺难。有一件事是 2014 年 7 月 20 日，我加入华润集团后整整 5 年，我在那天辞职离开，之后就跑到美国游手好闲了 6 个月，我终于有时间可以全身心投入地写东西，但突然发现我写不出来，心态还没有调整过来。我在美国租了一栋大房子，里面有位老太太种了很多西方香料，我经常看着院子发呆，后来我想练练手吧，就决定翻译泰戈尔的《飞鸟集》。出版社提出给我所谓当时翻译界最高的稿酬标准——一个字 10 元钱、全书一共只有 8000 字，我翻译 3 个月，每天翻译三四首，翻译前总需要喝点酒，其实这稿酬还不够供我喝酒呢，但是我是很认真地在翻译，一年之后我翻译的《飞鸟集》出版。但是书出版之后，我突然被当时主要的纸媒生生骂了一圈。出版社的人告诉我，诸多老翻译要联名写信投诉我。这件事刚发生时我有点消沉，后来我的一位朋友给我发微信说：“自君翻译，举国谩骂，人生荣耀，莫过于此。”我就开心了，大家想想，在我的认知范围内，没有一个人因为翻译诗被骂成这样，所以我觉得还挺有成就感的。

陈玮：你在全球最好的战略咨询公司做得很成功，在其他公司做高管也很成功，现在做投资人也挺成功，这些工作是非常需要科学思维、严谨的理性思维的。但你又是作家和诗人，这两种迥异的身份你是如何融合的呢？在兼容的过程中你有没有挣扎、纠结、矛盾的地方？

冯唐：我测过基因，有一个结果说我出现精神分裂的可能性是常人的140多倍。当年学医时，关于精神病这一块我学得特别粗糙，所以我就去请教我们的教授，他说我已经40岁了，发病的可能性不大，我已经成功地把自己"摁住"了。所以我可能是有些精神分裂的基因，但是转回来想，第一，形成一个习惯之后，两个极端的东西可以共存。我当时在给两本杂志写专栏，在周末我能用半天时间写完四五千字，这也不是很难，比如平时我跟别人讲话时提到的一些点，我积累下来写到专栏里，3年就能凑成2本书。我通常在春节写长篇小说，会拿出比较完整的10天时间写四五万字，所以我大概花3个春节的时间就可以写一部长篇小说，或者短篇小说集。这样算下来，我基本上每3年可以出3本书，这个节奏让我可以和自己和平相处。

第二，文学和商业之间的关系是可以互相支持的。商业中最难搞的是人，包括控制自己、与别人沟通协调。带千军万马的时候，一把手最常干的工作就是听吐槽，像一个"情绪垃圾桶"。我以前不理解为什么军队里除了司令还有一个政委，其实政委就是这个"情绪垃圾桶"，以前上班来我办公室的人，都是来各种吐槽的。如果你用一种相对冷静和抽离的态度来看人性，就会觉得这些"垃圾"都是素材，写下来都能变成钱，心情就会好一些。另外，随着我在写作方面的名气越来越大，这也有助于我在商业上获得帮助。所以我跟外国朋友说，如果要去了解某一个市场，不能光看招股说明书和报表，去读读小说挺有用的，能帮助你更好地了解那个领域的人。大家被吐槽的时候，经常听到"这个人怎么这样呢？"，你不要去质问，而是反过来想：为什么人会这样？你想明白了心情就好了。

陈玮：对，这是一个非常重要的思维方式，外国人把这叫作"reframing"

（重构）。我以前在从事管理工作的时候经常跟同事说，你在听到吐槽时不要觉得烦，跳出这个框架去观察这件事情其实是非常有意思的。对了，你为什么不考虑放弃全职工作呢？

冯唐：在过去 10 年，我经常面临这样的诱惑，想说算了，多花点时间写作吧。但我隐隐约约有一种想法，大家为什么愿意读我的书，并且想持续地读我的书？除了我妙笔生花外（开个玩笑），其实有两个原因：第一是我的确文字表达能力比较好，像写《金银岛》（*Treasure Land*）的罗伯特·路易斯·史蒂文森（Robert Louis Stevenson），他可能没有太深刻的思想，但他笔下描写的世界实在太漂亮了，读起来就很舒服。第二个更重要的原因是，作者其实比读者见识更高、更有智慧。但是智慧从哪里来呢？如果不读书，不干事，特别是不辛苦地干事甚至成事的话，我的见识就是假见识。为什么我的读者越来越多？因为我的见识越来越广。

陈玮：谢谢，刚才冯唐讲的这一段，对我们北大汇丰商学院的学生是很有启发的。你说管理者要读些小说，如果有时间的话，以后也想邀请你来给我们 EMBA 的同学上一门从小说中看人性的课程，应该会非常有意思。我们刚刚谈了很多成事的事情，你也给了一个漂亮的框架。我想转换一下话题，你对女性很有研究，本身就曾经是妇产科的大夫，对女性心理有深刻的把握。能不能说一说你对女性朋友的观察有哪些，并给她们一些建议？

冯唐：我需要更正一下，我其实特别不了解女性。正是因为不了解，我才学习了妇科。我只说一个从实践中来的、可能对大家有帮助的建议，我主攻的是妇科肿瘤，更细一点来说是卵巢癌的发生学。卵巢在身体里处于比较深的位置，往往出血被发现的时候，患者都已经患有了卵巢癌三期了，太晚了。当然一直都有检查指标，但是这些指标的特异性都不好，我当时在北京协和医学院妇科肿瘤实验室，经常会接触卵巢癌晚期的患者，后来隐隐约约具备了某种能力，一看到某个女生就能大概知道她是否得了卵巢癌。这些患者多数有一些共同的特点，当然有这些特点的可能不局限于卵巢癌，还有宫颈癌、乳腺癌等女性疾病，这些共同特点有：她们往往是通常意义上的好人，很善良很内向，隐忍贤惠，不愿意抱怨，心里存着事。我妈的性格跟这些特点是相反的，她要有点不高兴就去骂别人，骂完后自己就高兴了，像我妈这样的人是不容易得这类病的。我之前有个九字箴言“不着急、不害怕、不要脸”，就是跟这种癌症心态反着来的——癌症患者是真的有某种心态的，如果他们心里老是存着事，憋着，就会影响激素分泌、免疫能力，更容易得病。

这九字箴言对女性绝对适用，你该打就打，该骂就骂，该释放的情绪就释放出来，千万别憋在心里，否则轻则容易引起炎症，重则生病。虽然这没有绝对的因果关系，但一定有大概率定律可循。

另外，我觉得女性朋友喜欢看我的书，也不一定是因为我写得多好，更多的是因为我坦诚地表达了一个男生是怎么想的，她们从我的书里可以看到男生是怎么想的。

陈玮：能不能再多讲一点九字箴言？

冯唐：“不着急”是给自己、给事情、给团队足够的时间。大家做事情的时候容易着急，好多事情没做好，给自己压力也是因为太着急了，我们经常说要做时间的朋友，这并不是因为自己不勤奋，而是应该给自己足够的时间。

“不着急”是说时间的，“不害怕”是说结果的。我在麦肯锡做咨询时，客户把棘手的问题交给我——战略怎么做？交易怎么做？我常常面临的压力是，我是不是拿到了正确的答案？我是不是把问题想透了？我的答案有没有足够的证据支持？我经常被这些问题困扰。我原来在北京协和医学院也是“如临深渊，如履薄冰”，这其实是北京协和医学院的校训，比如说一场平常的感冒，也是可能会致死的，一次简单的出血，也许有上千种可能的原因。但是你想，如果我整天如临深渊，如履薄冰，这叫什么日子？后来我想了一个办法给自己减压，我就对我的团队说，咱们只要尽人力，把小组的力气、智慧都使光了，那结果就跟我们没什么关系了。尽力之后就不担心结果，反正你也做不了再多的了。其实在我们尽力了之后，结果都还挺不错的，所以“不害怕”将要面对的结果。

“不要脸”针对的是别人对你的评价，毁誉随人。一个成年人，做事总会被挑出毛病。随着你做的事情越来越多，位置越来越高，看到你的人越来越多，哪怕对你不喜欢的人的比例是恒定的，但绝对数也会越来越大。如果你总是想满足所有人的想法，希望所有人都夸你，就进入了深深的误区。心理学上说，有一百个人夸你，你可能不会记得，有一个人骂你，你会记很长时间。所以，对我们认真做事的人来说，你越不要脸，越不在意别人对你的评价，你成事的概率就越大。过去也有类似的话叫“毁誉听之于人，成败听之于天”，真不要在意别人怎么说你，特别是咱们北大汇丰商学院创新创业中心的人，当你开始做一件创新的事情时，批评的声音往往大于支持的声音，这时候一定要“不要脸”，虽然这比前两个“不着急”“不害怕”更难做到。

陈玮：这给我们很多启发，大家一起鼓掌谢谢冯唐。今天的最后一个问题是我自己提的，我做哪些事情应该可以避免成为一个油腻中年男呢？

冯唐：讲实话，我觉得你一点都不油腻，尤其是这么腼腆地微笑时。我认真地回答一下这个问题，有一条非常重要，对大家有百利而无一害，就是保持身材。中国人的身体容易向心型肥胖，肚子大两边细，随着年龄增加，到 40 岁以上新陈代谢下降很多，吃同样的东西转成体重的可能性大很多，超重跟慢性病和精神状态有很大的联系。其实光运动是减不了体重的，有可能只是从一个僵硬的胖子变成一个灵活的胖子而已。跟大家交流一个我自己的秘诀，就是周末两天连续轻断食，早饭中饭不吃，晚饭可以放开吃。其实人三餐都要吃饱这件事的历史并不长，100 年前多数人饥一顿饱一顿是常态，如果你三餐都吃饱吃好，其实是在跟你的基因做对抗，会产生很多多余的能量。另外，你需要比较长时间的饥饿，给身体信号——“饥荒可能来了”，这样才能调动身体的机制去燃烧脂肪，这是有科学依据的。你可能会问，不吃早餐会不会诱发胆结石？我问过几位专家，他们都说没有明确的证据支持这个结论。所以我希望周末两天早饭中饭不吃的方式，能够帮助在座的一些朋友。

The Great Era of Innovative Entrepreneurship

精彩问答

Q： 今时今日国有企业在承担繁荣香港的职责中，应该怎么去成事？

A： 我在华润集团待了5年，如果没记错的话，2010年华润集团在世界500强企业中排名第359位，2019年排第80位，是世界500强企业里进步最快的。2010年时有一些公司管理层说，要是华润集团进了榜单再掉出来多丢脸啊？但是经过我们具体测算，华润集团很有可能进入前100名。简单地说，我觉得无论是在我国香港还是内地，国有企业作为国之重器，都要承担一些对社会特别重要的职能，不能像一些中小企业那样短视和逐利。如果国有企业内部有足够的资源的话，不能光求名求利，还要做一些对社会有益的事情。这也是当时华润集团做医疗的初衷，从收益上说做医疗比做房地产慢很多，但这个世界不光有房地产，还必须有人来关注生老病死这些事。

Q： 作为妇科医生、作家、投资人的跨界奇人，您是怎么在这么多身份中自由切换的？

A： 第一点是务实，这个世界上喜欢走捷径、欺世盗名的人特别多。有一些人觉得我比较浮夸，但其实我是实事求是的人。有一次我去一个做英语诗翻译的创业项目组工作，带了梁实秋编的《远东英汉大辞典》，有什么词不确定我就翻开查，那本辞典被我翻得破破烂烂的。当时对方创始人看到后非常诧异，对我说，冯老师您还真的背过辞典？我说我在文章里写过这事的，他说我还以为您是吹牛呢。其实我是真背过，刚开始看英文小说时，经常遇到生词，我就在辞典里一个个查，后来背下来，就很流畅了，有的死功夫需要下，能够让你在未来很长时间内受益。

第二点，所谓跨界的前提是你要选择一行，然后相对比较深地扎进去。我们当时做卵巢癌研究需要把所有文章都看一遍，这要花很大的工夫。你如果在一门功课或者手艺上花 10 年的功夫扎进去，再跨到其他领域去就会相对容易一些。我相信不同行业的见识和智慧是有相通之处的，这也是为什么中国过去有些官吏让他治水也行，让他做京官也行，让他写字画画还行，中国的传统教育有很强的通才教育成分在里面。

第三点是要有一颗贪玩的心。跨界时，胆子要大一点，把戒律规则想得少一些。我有一句话叫“关你屁事，关我屁事”，比如说我虽然不是翻译家，但我翻译一本书，关你什么事？有人爱看，有人不愿意看，不爱看你就别买嘛！所以不要有太大的界限感，觉得我不是专业的，不能做这件事。有些人说非专业的不要抢专业的饭碗，这当然是要看领域的，比如盖楼修桥确实得需要专业人才，但我翻译诗，中文也可以，英文也可以，怎么就不能了呢？这跟专业有什么关系呢？所以真的要有敢于“破戒”的心态。

Q：我感觉曾国藩这个人不可爱，没有个性，跟同时代的张之洞、袁世凯比起来，没有什么人格魅力，我们在努力成为完人的过程中，往往会丧失一些个性和人生乐趣，您怎么看？

A：谢谢，你的问题问得特别好，我也是同意的。其实曾国藩61岁就去世了，算去世比较早。我现在面临一些问题时的处理方式，会有些受他去世较早的影响——在座的各位都比较年轻，前半生我们要把一些事情拿起，后半生要把一些事情放下。"拿起"和"放下"听上去挺简单，但做起来不易。之所以要后半生要学会放下，是因为你前半生赖以生存、成功的东西，对你后半生的发展可能有阻碍。这是我最近亲身体会到的，比如我不会睡懒觉，如果连续三天晃悠不干正事，我内心会有巨大的内疚和负罪感。如果过了大半生不混的日子，再让我混一混是很难的。我已经很久没有享受过假期了，幸好我还有跑步可以调剂。转回来回答你的问题，我们说"成功不可复制，成事可以修行"，在修行的过程中养成的习惯，有可能有副作用。所以你刚才问的问题我是同意的，但也没有好的解决方式，那就只能先拿起，再放下，每个阶段都有每个阶段的痛苦和快乐。有人老说我没吃过苦，其实我吃的那种苦换成别人来吃，他们可能都坚持不了两个月。很多事情不是只有好处的，好和坏都得在里面，自己选择如何过这一生吧，好坏是一个整体，没法只要好的丢掉坏的。

本文根据作者2019年9月19日在北大汇丰商学院创讲堂的演讲整理而成，经作者审阅并授权发布。

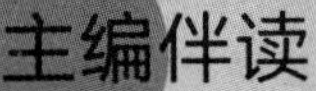

主编伴读

“管理者要多读一些小说和诗歌”

受过8年专业的科研训练，在以结构化思维闻名的顶级战略咨询公司工作近10年的冯唐，却以畅销书作家的身份被大众所熟知。他能够将科学理性的思维跟浪漫形象的艺术思维有机地融合，给人留下非常深刻的印象。

冯唐说“管理者要多读一些小说和诗歌”，乍一听，这个建议好像有点无厘头。现在管理者和领导者日理万机，不少人根本没太多时间读书。就算想读，也应该多读商业、管理和科技方面的书籍才是。要读商业模式、战略管理、互联网金融、人工智能等，为什么要读小说呀？

中国有一大批中高层管理人员，都是学科技和工程出身，从小到大，学硬科技和工程的东西偏多，更有甚者，很多人为了走好高考这一座独木桥，偏科相当严重，人文、艺术类书籍涉猎严重不够。这些人大学毕业之后，做得更多的也是硬邦邦的工程和技术工作，对人柔软的内心触摸和洞察都非常欠缺。

从这个意义上来说，企业自上而下，一起来读点小说和唐诗宋词，学着触摸一下柔软的人心、多体会一点人性的多样和复杂、培养更多的人文气质、激发更多的艺术跟形象思维，对组织的进化似乎相当有帮助。相信这个建议不只对企业管理人员有价值，对于工程技术人员和理性科学思维非常强的人，都有非常大的价值。

冯唐的跨界破局

在过去 20 多年，冯唐不仅写了近 20 本绝大多数很畅销的书，还做了北京协和医学院妇产科医生、麦肯锡全球合伙人、华润集团战略部一把手、华润医疗集团 CEO、中信资本著名投资人，他将跨界玩得如此欢畅，内心如此灵动，除了因为他将科学思维和艺术思维自由融合起来了之外，还有一个重要的原因是他非常非常地勤奋。

冯唐的很多书都是在春节完成的，当我们在欢度春节、胡吃海喝、各国旅游的时候，冯唐20年如一日，闭门苦读，没日没夜地挥汗写作，这实在不是一般人可以做到的。这正好也印证了他自己在《成事》中讲的“聪明人下笨工夫，一定能成事”。这也让我们看到了一位值得学习的榜样。

曾国藩的成功之道

冯唐总结曾国藩的成功之道有三点“大处着眼，小处着手；不睡懒觉（勤奋）；屡败屡战”。

“大处着眼、小处着手”这 8 个字，估计很多中国人都学过，也知道，但做起来相当不容易！怎么“大处着眼”呢？要登高望远，审时度势，抬头看路，这都需要眼光，需要高度，需要境界。这时冯唐说，最重要的是透过表面看到本质，产生真知灼见！每件事都总结出个一二三来！

“小处着手”也不容易。坐而论道的人多，指手画脚的人也不少；真正肯弯下腰、蹲下身子、趴在地上把握细节，并把细节融会贯通的人真不多见。另外，上天似乎很公平，如果我们无法在大处产生洞见，又不能在小处把握细节，就一定会被挡在成功的大门之外！

“屡败屡战”是冯唐总结曾国藩成事的第三点。这好像与丘吉尔所说的遥相呼应。丘吉尔曾经说过，失败并不是致命的，让我们永远、永远、永远不要放弃！

这三点成功之道不仅是冯唐的座右铭，也必将给很多奋斗中的人带来启示和鼓舞。

破除焦虑，持续探索个人和组织的重塑

陈 玮
北京大学汇丰商学院管理实践教授、创新创业中心主任

中年危机与年龄无关！当你遭遇关系困境、成长停滞、产出下降的时候，当你感到被卡住了，而且被卡住一段时间走不出来的时候，就意味着你的中年危机已经到来了！你可以做什么、你的组织可以做什么，才能帮助你破局?

我们从 2018 年 9 月创立了北大汇丰商学院创讲堂之后，到 2020 年一共做了几十场线下跟线上的直播，累计 2 万多人到现场参加创讲堂的线下活动，大概有 100 多万人参与过创讲堂的线上活动。很多老师讲了这个世界正在发生什么事情，有什么趋势，这非常重要。我们说现在是乌卡时代，世界变得越来越动荡，越来越不确定，高度复杂又非常模糊。来创讲堂演讲的老师们会帮我们“格物致知”，搞清楚这个世界在发生什么。当然，我们需要看看“治国平天下”的道理，但我要跟大家分享的可能是个小题目，这个小题目是关于我们自己的，因

为我们不仅要“格物致知”，还要“修身齐家”，然后才能“治国平天下”。

中年危机是人生的一种瓶颈

我想问大家，你们的中年危机提前到来了吗？大家一看到“中年危机”这个词，可能会先入为主地认为这是中年人会遭遇的问题，其实所谓的中年危机与年龄无关。现在很多 30 ～ 35 岁的人都在讨论中年危机的事情了。我为什么有热情想来讲这个题目？这跟我的背景有关。我学心理学出身，长期从事管理顾问工作，所以认识了很多人，接触过很多公司，又在和衣食住行相关的四大行业工作过，我曾经在可口可乐、耐克公司工作过，后来在滴滴出行和万科做过人力资源一把手。我常常看到一些很聪明能干的朋友，在工作中很纠结、很不开心。其实每个人都有不同的纠结，会遭遇不同的瓶颈。中年危机是人生的一种瓶颈，常常是一种自我想象、自己创造出来的瓶颈。

“中年危机”这个词很早就有了，是埃里奥特·杰奎斯（Elliott Jaques）在 1965 年的一本杂志上发表的文章中提出的。当然，他说中年危机通常会发生在 40 岁左右，但是绝对不只是 40 岁。40 岁左跟右的时间跨度可以达到 20 年，经历中年危机的人的表现就是对现状不满、厌倦生活，对生命的意义开始有怀疑。

中年危机是指人在工作和生活方面遭遇巨大的挑战，并且觉得自己走不出来的一种状态，这不是一天两天就可以解决的问题。中年危机有很多表现，比如你觉得目标变得越来越遥远了，甚至高不可攀；原来很有能量立志要去攀登很高的山峰，现在觉得好像上不去、走不动了！也有一些人看起来好像选择很多，但实际上无所适从，不知道怎么选择，要到哪里去。这会给人带来极大的焦虑感和迷茫感，让人感到深深的孤独。周围看起来有很多人，你的员工、同事、家人等，但是可能你经常感到内心很孤独，而且没办法跟别人说。孤独是非常个人化的、深刻的情感体验。这些都是非常严重的问题。

有时候我们觉得一切都好像很沉重，很多东西我们都推不动，有点“小马拉大车”的感觉。有时候我们觉得自己正在拉的东西本来就已经很重了，但好像还有人同时在我们的反方向拉。确实有人会抱怨为什么自己跑东跑西却好像总会遇到一个跟自己作对的冤家，“不是冤家不聚头”。

我不知道你有没有经历过类似的情况，很多人的生活压力都很大。讲到中年危机，有一个词叫“burnout”，就是职业倦怠。其实这个词不一定翻译得精准，它是赫伯特·弗罗伊登伯格（Herbert Freudenberger）在 1974 年提出来的，意思是说你的动力缺失了，你没有动力和能量去做很多事情，这很要命。其实“burnout”这个词在英文中的表意是很生动的，“burn”意味着燃烧，“out”意味着烧光了，“burnout”意味着你的燃料烧光了，子弹打完了，用中国人的话讲就是“被掏空”了。

盖洛普是一家很靠谱的全球性调研公司，他们调研发现了一个重要数据，有 23% 的员工经常或者总是觉得自己“被掏空”，有 44% 的员工偶尔会感觉自己“被掏空”。跟一般的员工相比，陷入职场倦怠的员工更有可能请病假或积极寻找另外一份工作。尽管我知道周围一些人很纠结，有无力感，感觉缺乏能量，但是没有想到这个数据有这么惊人。还有其他一些数据，比如世界卫生组织 2017 年发布报告称：全球抑郁症患者人数已经达到 3.22 亿，这是一个惊人的数字。2005—2015 年，10 年间全球抑郁症患者总人数增加了 18.4%。中国抑郁症患者所占的比重应该也很高，更不要说很多人其实有抑郁症，但是自己不知道或者根本没有去看医生。在世界卫生组织提供的另外一个数据中讲到了相比其他国家，中国人的心理跟精神类疾病对健康、寿命的影响在全世界排名第一。我们可以看出中国人心理跟精神类疾病的失调已经到了比较严重的地步。

对这些数据我们不能听之任之，这是重大问题。改革开放 40 余年了，我们从相对安逸的生活中走出来，现在不断地“996”式加班，有的人甚至是“007”式加班，基本上所有时间都在工作，回到家里也在工作。有些老板期望员工在家里或者周末的时候，手机和微信也永远在线，永远要秒回信息。这并不是好的现象。

还有人常常晚上睡不好，一旦晚上休息不好，白天只能时不时地来个“葛优躺”。当人陷入这种困境时，要处理的事情非常多，但会不知道抓哪一件好，甚至不知道哪里是自己安身立命的地方，在晚上仰望星空的时候不知道路在何方。中国普通人群的睡眠障碍检出率为 15%。我们和周围很多朋友、同事、家人，都可能有睡眠障碍的问题。2013—2018 年，人们的平均睡眠时间从 8.83 小时降到了 6.5 小时，减少了 35%。这个数据是中国医师协会睡眠医学专业委员会统计的（知萌咨询:《2018 中国睡眠指数报告》）。短短五六年时间，中国人的睡眠时间减少了这么多。我相信有些人是没有时间睡觉，而有些人则是躺在床上睡不着，我觉得未来有门生意会有很大前途，那就是怎么样帮助中国人睡好觉。

婚姻关系是我们人生中非常重要的关系。我国离婚率从 2002 年到 2020 年连续多年上涨，2018 年数据显示 400 多万对夫妇离婚，这个数据是很惊人的。一旦离婚，不只是这些夫妇，包括他们的父母和孩子，在心理上、情绪上，都可能因此产生巨大的波动。而且通常来说离婚不可能是一两天、一两周就做出的决定，他们需要挣扎一段时间。所以在相当长的时间里，这几百万对夫妇都需要经历心理折磨和情绪波动。加上双方父母，人数至少乘以 4，如果再算上他们的朋友、亲人、同事和其他相关利益者，这种情绪波动会波及多少人？而且年年如此，持续经年。这是一件非常要命的事情，给我们造成了巨大的压力。

此外，亲情关系也可能出现重大问题。比如不需要等到七年之痒，你跟你的配偶之间就出现了情感裂缝，现在离婚率居高不下。甚至你发现对你最爱的孩子，也会时不时地勃然大怒、破口大骂。一位管理者曾经很愧疚地跟我说，他在家的时间不多，有次周末，他 10 岁的儿子看他在家就很开心，跑过来要跟他玩。但是他那天正好心情不好，就对着 10 岁的儿子吼道：“你给我滚！”这是一件多么可怕的事情，我们个人内心巨大的不开心会影响孩子的成长，在孩子幼小的心灵中留下很多伤痕。

以上这些数据和我刚才所描述的现象，意味着我们在人生当中应对着巨大的全方位挑战。那怎么避免这种被掏空的极限状态？怎么从所谓的中年危机、职业倦怠、被掏空的状态中走出来呢？

我有两点建议，分别是提高自我觉察、实施五项精进。我们逐项来讲。

提高自我觉察，激活能量状态

第一点是提高自我觉察，这是发现问题和改变现状的基础。职业倦怠、中年危机和被掏空的感觉都不是突然到来的，这是一个缓慢的过程。对很多人来说可能是几个月，也可能是几年才会逐渐发生的事情。提高自我觉察的具体方法包括记情绪日记、定期自测等。

记情绪日记

首先是记情绪日记。我不知道大家有没有记日记的习惯，我在较长时间里都有记日记的习惯。记日记的好处之一是，当时你不一定有很大感觉的事情，但当你回过头去看当时的日记时，会为你提供一些证据，看到你过去的生活和心理活动大概是怎样的，可以在自己经历过的事情里面找到规律性的东西。比如你常常因为什么而发火，因为什么而开心等。据说一个人每天会产生几万个念头，很多念头都可能引起我们大大小小的情绪地震，有些我们感受到了，有些震级太低没有被我们捕捉到。我们要练的一种能力就是捕捉那些难以觉察的情绪地震。

我举几个例子，比如你被老板骂了，或者跟老婆吵架了，你发了火；或是你觉得很对不起父母，因为你不能够常常回家去看他们而有很大的内疚感。当你把这些事情记录下来的时候，可能就会发现你在因为什么而纠结，又在因为什么而兴奋，在什么情况下特别容易产生情绪波动等，这样做其实很有意义，可以帮助你去识别自己产生情绪波动的规律，这对认识自我非常重要。

人不仅需要知道自己讨厌做什么，也需要知道自己喜欢做什么。比如你发现自己特别喜欢做和数据处理相关的事情，当你一个人安静地处理数据，并从数据中发现规律、得出结论时，你会感觉特别爽，或者你发现自己在给一群同事介绍你的新想法和新点子时最开心。通过记录和回顾日记，你知道自己喜欢什么。这样我们就可以合理安排自己的时间并进行任务分配，尽量使自己在能量高的时候做那些讨厌但不得不做的事情，同时一定要分配时间做一些能够让自己觉得爽的事情，这样可以确保自己保持较高能量，来应对倦怠的情绪。

定期自测

其次是定期自测，用自测的方法时不时探索一下你的能量水平和痛苦指数到底是怎样的。著名精神病学家大卫·R. 霍金斯（David R. Hawkins），通过大量临床经验和研究编制了人的能量表，这个能量表可以帮助我们自测能量。在他的能量表中 200 分是一个分界线，200 分以上都是比较正的能量，比如勇气或者淡定。达到这种能量水平的人内心拥有相当的自信和安全感，也有相当的能量去面对人生中很多不如意的事情。他们有勇气走出一步，改变周围的世界和自己。

200 分以下常常代表人的内心有一些负能量的东西。比如 20 分代表极度自卑，这种人会觉得自己一无是处，没什么用，大卫·R. 霍金斯认为很多处在自杀边缘的人都有极度的羞耻和自卑心理。根据心理学家阿尔弗雷德·阿德勒（Alfred Adler）的说法，每个人多少都有点自卑。当然很多人也多少都有点自恋、傲慢，觉得自己了不起，这都很正常。但是如果你陷入自恋和自卑之间的剧烈震荡，就可能是一种病态了。

有人冷淡，觉得做什么都提不起精神，以前很喜欢做的事情，现在都不愿意做了。每天起床的时候都不觉得上班有什么意思，不认为做这件工作有什么意义，甚至逛街都没劲，以前跟闺密还很谈得来，现在跟闺密见面都觉得没什么意思，一切都好像没有希望。

我们让很多人以这种能量表的维度作为指引，去思考、盘点自己的工作和生活中的情绪和能量状态。有人有内疚心理，觉得对不起周围的人。有点内疚心理没问题，但深度的难以自拔的内疚会使人能量很低。很多管理者告诉我们，他们常常感到内疚。觉得对不起孩子，对不起老公、老婆，工作太忙没有时间陪他们，也很少有时间陪父母等。中国人现在似乎拥有集体的内疚，如果这是一个非常严重的社会问题，影响了我们的家庭关系、下一代的成长，也影响了很多人的生活质量和生命质量。

还有不少人经常在生活中感到愤怒。为什么会愤怒呢？现在老师要求家长教孩子学习，有的老师甚至还让家长把教孩子的过程拍下来，传给他们看，以证明家长真的教了。但很多人没有这种耐心和能力，他们工作已经很累了，没有多余的能量去教孩子，所以他们会对孩子愤怒、发火。我们在工作中也经常觉得愤怒，比如我们认为工作中存在“猪一样的队友”，但我们并没有反求诸己，从自身找原因，而是怪同事不给力等。

我们也有恐惧情绪，其实有很多组织会用恐惧作为管理手段。在组织中用排名、末位淘汰等高压手段来刺激绩效增长。现在很多人觉得没有安全感，在新冠肺炎疫情期间安全感更差了。我们都知道未来的日子可能不好过，裁员和重组可能难以避免……企业家有企业家的恐惧，打工人有打工人的恐惧。这种恐惧笼罩在很多人的内心。

我们要常常拿能量表自测一下，看自己是正能量多还是负能量多，反思自己为什么有这些负能量，负能量对生活意味着什么，需要做些什么去改善。

尚贤进邦咨询公司曾对3000名中国管理者进行了调查，发现满意度低的管理者大概占49%，也就是说有差不多一半的管理者是不太开心的。还有29%的人总体感觉一般，其实也就每天这样，算不上好，也算不上坏，大概只有22%的人觉得满意度还不错。这个数据是很可怕的，在一定程度上反映了我们内心的现状。另外，他们还发现大部分31～35岁和51岁以上的管理者剩余能量是最低的，好像他们的“子弹”快打光了。我以前面试过不少人，很多人来自大公司，才40岁出头，能力其实都不错，但是我发现他们的能量有问题，“子弹”真的差不多打光了，这是一个非常严重的问题。

实施五项精进，全方位自我滋养

我们知道中国人均GDP已经达到1万美元以上，未来更多的是需要靠苦干加创新来维持增长，而不能只靠奋斗者苦干！我们在精神方面的诉求将越来越大。各个行业都要重新调整，产业也要升级，所以我们真的要重塑自己。那么有什么应对的方法？我提供的解决方案是实施五项精进：从身体、认知、情绪、社交、精神方面的全方位的自我滋养计划。这也是我想讲的应对中年危机的第二点建议。

身体上的持续精进

第一项也是最重要的，是身体上的持续精进！我在做演讲或者上课的时候几乎每次都会问大家，有多少人有健身习惯？答案是基本上只有10%～15%的人有健身习惯，而这些人基本上都是高知、中高层以上的管理者，这一数据让我很吃惊。我一直跟他们说，没有运动习惯，你是走不远的！我相信新冠肺炎疫情之后，很多人都开始运动了，练瑜伽、跑步，或者去健身房。我们想想，钟南山院士都80多岁了，还这么能干，如果他过去不坚持运动，到了80多岁还有可能持续发光发热吗？但我们很多人刚30多岁“子弹”就好像打光了！因此健康管理很重要。一定要养成锻炼身体的习惯，从现在开始真正突破自己的舒适圈。

我曾经看到过美国心脏病协会的一个调研，医生告诉7个有严重心血管问题的病人，如果他们不改变生活方式，很快就会死掉。结果7个人里面只有一个人真正去改变了，有些人在生死面前都不愿意改变，可见人的惯性力量有多么强大。

认知上的持续精进

第二项是认知上的持续精进。有一个例子是关于万科创始人王石主席的。王石在60岁的时候去哈佛大学学习，后来又去剑桥大学、牛津大学、以色列的希伯来大学和特拉维夫大学游学，他一直保持着认知上的好奇心。他从哈佛大学、剑桥大学回国的时候，我心里想他60岁开始练英文，口语能好到哪里去。但有一次我跟王石一起接待了纽约大学的校长，我们3个人一起谈了一下午，才发现王石可以相当自如地运用英文谈工作。英语口语技能大大扩展了王石的战略空间，让他能够在国际舞台上扮演不一样的角色，发挥不一样的作用！

所以持续修炼一些新东西，产生新认知，保持好奇心，解决新问题，对我们很重要。其实这就是所谓的敏捷学习。敏捷学习是面向未来的元能力，未来世界的弄潮儿都将是卓越的敏捷学习者。他们敢冒风险，勇于进入陌生的领域去解决从未涉猎过的新问题，从中获得成长！敏捷学习的简单做法就是尝试学习新东西，冒险从事新工作，勇于解决新问题，不怕跟新朋友交往和合作等。

丹尼尔·卡尼曼①教授是诺贝尔经济学奖获得者，他在《思考，快与慢》一书中提出人有系统I和系统II两种思考模式，系统I是原始的、自动的、直觉的思考，优点是快、消耗能量少，但很容易因为路径依赖而把自己带到沟里去。系

① “行为经济学之文”丹尼尔·卡尼曼酝酿10年，联合奥利维耶·西博尼和卡斯·R.桑斯坦推出全新力作《噪声》，直击人类决策的“黑洞”。本书简体中文版已由湛庐策划，由浙江教育出版社于2021年出版。——编者注

统 II 是深度思考、刻意思考，类似棋手用的“长考”。一个人其实需要交替使用“短考”和“长考”，即系统 I 思考和系统 II 思考。我们要想在认知上持续精进，就需要交替运用不同系统的思考方式，然后去探索新的问题。

据麦肯锡前主席介绍，很多世界级的卓越人士都有这样的习惯，每周做 2 次、每次 2 小时的深度反省和思考，这种根植于“吾日三省吾身”概念的做法，有助于我们增加见解、提升认知。

情绪上的持续精进

第三项是情绪上的持续精进。情绪管理对我们的健康状况、能量管理、关系建设、绩效提升和幸福感都有重大影响。情绪、情感精进有几个要点。

其一是管控“杏仁核劫持”。我前文中讲到，家长对着 10 岁的孩子吼，孩子只是希望爸爸花一点时间陪他一起玩，一起打游戏。但爸爸可能自己不爽，然后突然失控，就对着孩子大吼，叫孩子滚出去。当事人通常在事发后会感到非常后悔。从理智上来说，他肯定觉得这样做是不对的，但他的理智被情绪控制了，理智中枢被情绪中枢（俗称“杏仁核”）超越了，这就是我们平常说的失去理智了。这种情感超越理智而失控的情况，就是“杏仁核劫持”。

当人陷入“杏仁核劫持”状态时，不只会产生愤怒，也可能会让人突然陷入深度恐惧、重度沮丧等情绪。这些情绪体验将消耗大量能量，也会打击我们的免疫系统。我介绍一个简单的方法来减少“杏仁核劫持”，那就是深呼吸。深呼吸会帮助我们平静下来，我们看到有人在上台演讲之前会深呼吸几下，这是一个非常实用的方法。另外一个我常分享的方法是自我暗示，我们可以对自己念念有词地说“世界如此美好，我却如此暴躁，不好、不好”，这样连续说三遍或者五遍，我们可能就平静下来了。还有一位朋友跟我说，遇到“杏仁核劫持”的情况时，他会给当事人写一条很长的微信。当他写到一半的时候，基本上气就消了，发泄掉了。每个人都需要找到自己的方法来管控“杏仁核劫持”。

其二是自我鼓舞。我们每天、每时、每刻都在跟自己说话。但我们到底是怎么跟自己说话的，跟自己说些什么，在很大程度上定义了我们的人生。我们可以鼓舞一下自己，也可以打击一下自己，甚至可以折磨一下自己。我看每天都在折磨自己、跟自己过不去的人还挺多的！还有一个方法是米哈里·希斯赞特米哈伊（Mihaly Csikszentmihalyi）博士[①]提出的心流，即人进入全神贯注、忘我的状态。我们要学会主动寻找心流，学会创造兴奋感。兴奋感会使我们分泌多巴胺，比如我们跑步跑很远的时候就可能分泌多巴胺。同时我们还要常常给自己来点“小确幸”、小得意，这些都需要我们自己去寻找。在心流体验中，我们会觉得时间过得很快，沉浸其中达到了忘我的、兴奋的境界。这种体验极好，可以提升我们的幸福感，让我们更好地享受工作和生活。

其三，还有一种有效的情绪滋养的方式就是正念。正念是指关注当下，是一种对关注力的练习，也是一种呼吸练习，大家可以在智能手机的应用商店找一下正念或冥想的相关应用，然后试着练一下，坚持可能就会有效果。正念练习可以帮助我们更好地关注当下、觉察自我。麻省理工学院的一位科学家乔·卡巴金（Jon Kabat-Zinn）教授多年前发起了一个运动，叫“去宗教化的正念减压”，几十年过去了，这个运动风靡世界。因为压力大的人群平均寿命会减少 10 年，而正念会帮助我们提高端粒酶活性，这对长寿是有帮助的。全世界很多公司（如谷歌）都会采用正念的模式，很多人都会练习正念。

社交上的持续精进

第四项精进是社交上的持续精进，这里指广义的社会交往。我们人生中最重

① 米哈里·希斯赞特米哈伊是积极心理学奠基人，心理学大师，他的著作包括《创造力》《心流》，其中《创造力》已由湛庐策划、浙江人民出版社 2015 年出版。——编者注

要的关系可能围绕着“三老一小”——父母、伴侣、孩子，这些关系如果搞不定，我们的人生是不会很舒服的，内心也不会宁静。我们绝大多数的痛苦，都是因为关系管理没做好。我们与父母、伴侣、孩子的关系，在很大程度上影响了我们的健康和寿命，决定了我们未来医疗费用的多少。怎么处理我们与父母、伴侣、孩子之间的关系，这是人生的重大课题。

台湾漫画家八耐舜子的漫画很有意思。他有一部漫画讲的是一对夫妻吵架，老公气呼呼地走了，留下一张纸条说“世界那么大，我要去看看”。老婆也很有意思，给老公发了一条短信“男人那么多，我都想试试”。她发完不到 3 分钟，老公就回来了。漫画的结尾说“问世间情为何物，只能说一物克一物”。

其实要改变一个人是很难的，我们的父母、伴侣、孩子都是上天派来修我们、渡我们的人，我们最好能像八耐舜子漫画中刻画的这个老婆一样，有这样的智慧，就什么都搞定了。孩子也是一样，时而让我们感受到很大的快乐，时而也让我们觉得生活充满挑战。八耐舜子的另一部漫画是这样的：一个小孩子回家时拿了很差的成绩单，然后对老爸说我尽力了。老爸就说你这个笨鸟。孩子回复老爸，世界上的笨鸟有三种，第一种是会飞的，第二种嫌累不飞的……老爸就问第三种呢？孩子说第三种是最讨厌的，自己飞不起来，还要下一代使劲飞。这个老爸当时就没话说了。对小孩子讲太多常常用处不大，最重要可能还是要言传身教。

另外还有一点，是要相信自己有一个好孩子。最近有一名学员在课间跑过来跟我说她觉得很烦恼。我问她有什么烦恼？她说她 10 岁的儿子整天打游戏，闲书看得很多很快，还整天跟同学一起出去玩，上课写作业却从来不放在心上。我就说你这个小孩子很厉害、很好啊。你看现在很多小孩子都没有阅读习惯，他有阅读的习惯你还不满意？而且现在哪个人不打游戏？我采访过很多成功的 CEO，他们年轻的时候都很喜欢打游戏，只要不太上瘾、不太过分就好了。还有很多小孩宅在家里，其实我们都怕小孩宅在家里，而你的小孩喜欢出去跟别的小孩玩。

要相信你有一个很好的小孩，给他成长的空间、呼吸的空间。

接着我讲一下“如何管理好你的老板”。很多时候我们的不开心、沮丧、挫折感，都是由于我们与老板的关系没有处理好造成的。麦肯锡的研究发现，有70% 的员工认为，在一周当中，他们与老板待在一起的时候，是感觉压力最大的时候。

老板千人千面，各式各样。我遇到过好的老板，也遇到过差的老板，这些都是人生的体验，不会白过。第一类老板只告诉我们做什么，不解释为什么做、怎么做。有时候老板还喜欢用批评、威胁的方法对付我们。有些老板喜欢用创造恐惧来打击我们的安全感或自尊心。第二类老板可能整天“忽悠”你，当然这说明他很有愿景，就像马云、任正非一样，任正非创业早期就说我要打败爱立信、打败摩托罗拉。那个时候谁相信他的话？但是他自己相信。马云也是这样。这样的老板很能鼓舞你，让你相信自己有潜力能干得更好。第三类老板喜欢跟群众打成一片，非常在意员工的感受，关心员工的感受超过关心员工的绩效。有人会说这样的老板很好啊！是的，这种老板看起来很不错。但当你是个高绩效员工，看到老板过于容忍、姑息其他低绩效员工的时候，你就不会那么开心了！第四类是自己没主意的老板。他看起来很喜欢集思广益、群策群力，好像是一个很民主的老板。其实是因为他自己没有主意，老是喜欢问你怎么样，“元芳你怎么看”，有时候你也不太喜欢这样的老板，因为你觉得老板就应该告诉你怎么做。第五类老板你很讨厌，因为他们事事都要插手，精力旺盛得不得了，他们是鞠躬尽瘁死而后已型的老板。所有事情都不放心别人做，他们时时处处都会来告诉你要怎么做，他们自己可能觉得很有存在感、成就感，但剥夺了你的存在感和成就感。第六类是提携你、辅导你、拉你一把的老板。如果你一辈子都没遇到过这样的老板，那人生也够惨的。我们需要多一点这样的老板，甚至愿意降薪去追随这样的老板。

由此可见，老板是形形色色、各种各样的，那你怎么管理好你的老板呢？

第一点，你最好能够了解老板的痛点。有多少人知道你的老板当前三个重要的、优先的目标？任何时间你都要想一想，自己知不知道老板现在的痛点是什么，什么事情让他睡不好，这一点非常重要。了解他喜欢什么，不喜欢什么，也是非常非常关键的。

第二点，通用电气前董事长杰克·韦尔奇（Jack Welch）说下级要让老板变得更加聪明。每一次跟老板开完会后都要想想，你有没有通过这个会议让你的老板聪明了一点点，你提供的信息和建议有没有帮助老板看到他自己没有看到的东西，你要从根本上帮助老板成功。

第三点，斯坦福大学的一位教授说过，你怎么管理好你的老板？用一句话说就是拍老板马屁，你每天都要告诉他，他怎么怎么厉害，表扬老板做得好。如果你是发自内心地告诉他什么地方做得好，你就是在鼓舞他、激励他。

所以综上所述，第一点是了解你老板的痛点，了解他的优先级次序和目标；第二点是让你的老板变得更加聪明；第三点是鼓舞你的老板。当然老板期望的事情要执行到位，这是底线。

关系管理可以拓展我们人生的边界。但我们很可能存在关系管理障碍，比如过于内向，在交往中非常被动，或者过于简单粗暴，或者害怕冲突，凡事都说“好好好”，会错失升华重要关系的机会。

精神上的持续精进

第五项是精神上的持续精进。建议大家看看《活出生命的意义》（*Man's Search for Meaning*）。这本书的作者是维克多·弗兰克尔（Viktor Frakl），纳粹集中营的幸存者，奥地利著名精神病学家，也是人生意义学的创立者。维克多·弗兰克尔的家人基本上都在纳粹集中营死掉了，他是幸存者，活到90多岁才去世，他为人类做出了新的贡献。我们一定要去琢磨人生意义这个问题。陶行知先生曾经说，人生是为一件大事而来。你可能要问这件大事是什么？李白说天生我材必有用，你的天赋要用在什么地方？这是一个非常重要的问题，你要想出来，并把它写下来。

2020 年 1 月 27 日去世的颠覆式创新理论的提出者克莱顿·克里斯坦森写了《你要如何衡量你的人生》。他在这本书里提出了三个非常重要的问题：你怎么在工作中持续得到快乐？你怎么从和家人相处中持续得到快乐？你怎么确保自己不坐牢？第三个问题是底线问题，而第一个和第二个问题值得我们反省：我们从工作和家庭中获得的正能量大大超过负能量了吗？如果没有，我们应该积极地做些什么？

我跟大家分享一下我在 2017 年写的人生下一场的使命和目的，最重要的是围绕一个词"重塑"，为什么是重塑？以色列学者尤瓦尔·诺亚·赫拉利，写了《人类简史》等三部曲。他说到 2050 年，我们都不知道自己会干什么，那时人工智能高度发达，人类甚至实现了永生等。但是，我们知道从现在到 2050 年，我们一定要多次地再造自己、重塑自己。个人和组织都需要重塑，而重塑是很困难的，需要不断重装、升级我们的操作系统。

我希望自己能做一个"个人与组织重塑的持续探索者"。这是我人生下半场的使命跟目的，我也在课堂上跟同学们说，要把自己的使命写下来，写下来的好处是能逼自己一下。我们为什么需要精神上的精进？知道自己人生使命的人与不知道自己人生使命的人有何差别？最重要的是来自精神层面的能量，来自灵魂深处的能量将激发、激励、鼓舞我们向前进。

我觉得人生有三种值得追求的境界，第一种境界是每天起床的时候都充满期待，说自己今天要去做一件有意义的事情。第二种境界是像查理·芒格跟沃伦·巴菲特那样，我觉得他们值得羡慕的地方不在于有钱，而在于他们 90 多岁了还可以连续坐 6 个小时，在股东会上风趣、幽默、头脑清晰地回答问题，他们享受自己一辈子做的事情。第三种境界我相信就是王阳明临死前所说的“此心光明，亦复何言”，当一个人离开世界的时候，他的内心充满光明，没有什么遗憾，这是怎样的人生？！

当然重要的是，我们不仅需要身体、认知、情绪、社交、精神方面的五大精进，这是独善其身，我们还要兼济天下。

对个人的精进来说，我希望引用台湾著名的漫画家八耐舜子所说的话：“据说在迪士尼乐园的小孩，跌倒了也不会哭，因为玩都来不及了。如果把人生也看成游乐园，那么跌倒了也不会哭。”我们在人生当中不管遇到什么困难，只需要 keep going 就好了！

组织的精进

组织要不要承担中年危机、职业倦怠、普遍性焦虑、安全感缺失的责任？当然要！至少要承担部分责任。组织是每个人的生活环境。因此建设“美好组织”“健康组织”，是提升人的生活、生命质量的关键！简单来说，组织可以在以下几个方面下功夫。

- 全面升级对员工的“生命状态和质量”的关注和管理。
- 打造“全员运动”文化。
- 矫正负能量“领导行为”。
- 塑造持续精进的组织文化。

首先，未来那些靠谱的组织要把员工的“生命状态和质量”变成管理重点，以便建设“美好组织”“健康组织”。新冠肺炎疫情之后，全世界的组织都需要重新思考，并且积极回应人类对于“生命状态和质量”的高度关注。长远来看，那些更加关注员工“生命状态和质量”的组织将会胜出。有些大型组织可以考虑设立首席生命状态和质量官（Chief Wellbeing Officer，CWO），全面负责全员甚至重要商业伙伴的生命状态和质量持续提升的问题，同时将提升各级员工的生命状态和质量变成各级干部的考核指标。

其次，各家组织要推动“全员运动”的文化。运动习惯对于改善人的免疫系统、认知能力和情绪管理都有好处，换句话说就是对提升人的体力、脑力、心力都有好处！在这方面，做得最好的就是万科，它被戏称为“万科运动员公司”。在万科，领导者带头运动，好几个集团高管都是马拉松跑者；公司在所有办公场地都配备健身设备；每年进行体能测试，团队体能下降的领导将会被罚奖金；在全国发起“城市乐跑”赛，带动商业伙伴、客户一起来运动……万科的运动文化已成气候，对全员的精气神、人才吸引和员工绩效带来了积极影响。

再次，要有效矫正、管控负能量“领导行为”。前面讲到，麦肯锡的研究发现，大概有 70% 的员工说，他们与老板待在一起的时候，是他们一周中感觉压力最大的时候。压力是好东西，使我们进入一种兴奋的身心状态，有可能提升我们的绩效，但压力也是坏东西，长期处于过度的压力下，容易使我们焦虑、失眠、免疫系统受到打击。

在过去的观察、研究和实践中，我们发现员工特别不喜欢的领导行为如下：

- 只提要求，不管死活：老板把员工当工具用、当牲口用，员工体会不到来自老板的关心。
- 嘴上一套，行动一套：老板的言行不一，让员工难以相信。
- 喜怒无常，难以捉摸：员工捉摸不透老板的脾气，只能小心翼翼，说不定老板哪天就“炸”了。
- 稍有不慎，破口大骂：老板喜欢骂人，而且出口很重。

- 当众批评，不给面子：老板批评人不看场合，不知道照顾下属面子。
- 只有批评，从不鼓励：员工很难得到来自老板的鼓励，即使到了最需要被鼓励的时候。
- 亲力亲为，不肯放手：老板什么事情都一把抓，还与下属争夺存在感，下属感觉没有发展空间。
- 层层加码，永不满意：老板高标准严要求也就算了，但永远一副无法满意、无法被讨好的嘴脸，实在令人受不了。
- 亲疏有别，拉帮结派：老板关注自己的权力超过关注组织绩效。
- 不懂装懂，胡乱指挥：老板对业务不熟，但不懂装懂瞎指挥。
- 刚愎自用，独断专行：老板常常一意孤行，不听人劝。

以上这些领导行为，造成下属的压力感、焦虑感和挫折感，直接影响员工的满足感和幸福感，同时增加高绩效员工的流失率，因此组织需要通过优化选拔、晋升、培养来升级领导行为，为员工创造可以持续产生高绩效的微环境！

最后，建设刻意发展人的文化和组织（Deliberately Developmental Organization，DDO），推动员工持续精进。哈佛大学著名心理学家罗伯特·凯根（Robert Kegan）提出了“DDO 组织”的概念。在提到成长性文化和组织时，他使用了这样的句子：“每个人、每一天，都在致力于发展自己、培养他人、提升组织，以实现突破性绩效，并成为更好的自己。”员工为什么会遭遇中年危机、职业倦怠，说到底还是员工的成长受阻了、停滞了。

成年人在一生中，可能会遭遇几次成长的平原期或停滞期。如何创造内外部环境，跨越成长鸿沟，持续重塑自己，是摆在所有组织甚至每个人面前的重大课题。就像在企业经营中需要不断拉出几条“S”曲线一样，人生也需要不断突破自己，拉出几条“S”曲线来。

罗伯物·凯根认为，成年人的成长所必然经历的平原期或停滞期，不仅不容易突破，也无法保证一定会突破。彼得定律说的也是这回事，人会一直晋升到自己无法胜任的岗位。人的工作岗位到一定程度就上不去了，看起来是职位上不去了，但实质是成长与进化受阻了，被一些东西卡住了，甚至连现有的角色也无法胜任了。

DDO 组织有不同的底层假设和管理实践。DDO 组织相信成长思维，坚信成年人是可以被培养、被发展的。DDO 把人的持续成长与组织的发展紧密联系在一起。他们提出了这样的口号：

Better Me+Better You = Better Us
（更好的我 + 更好的你 = 更好的我们）

他们的文化不断强调，公司要变得更好，关键是每个员工要下功夫把自己变得更好，并且帮助别人变得更好！这样企业才会变得更好。DDO 组织还非常重视运用技术来促进员工互相学习、互相反馈和塑造文化。以下介绍 DDO 组织的几个管理实践。

“即时反馈”App：美国桥水公司做了一个“即时反馈”App，每个人都可以随时随地给人反馈，在手机 App 上就能非常方便地完成。比如在参与会议的过程中，你发现会议的组织者或某个参与者的表现很好或不太好，你就可以在手机 App 上点“赞”或“踩”的按钮，然后写出具体的评语，这些评语都比较直接。

问题日志（issue log）：美国桥水公司还创造了记录问题和失败的日志。在美国桥水公司，犯错被认为是可以预期、可以接受的；公开问题、反思根源被认为是工作的要求。在这种问题日志中，个人一定要明确并坦诚地记录个人的责任，以及当事人的优势和弱点。跟我们常说的“对事不对人”不同，桥水公司是“对事又对人”。

对话伙伴（talking partners）：在下一跳（Next Jump）公司，员工每一天的工作，都是从与自己的对话伙伴交流开始的。每天早晨公司都请员工吃早餐，然后要求他们在公司里面找到固定的对话伙伴，大家聊 20 分钟左右。在这 20 分钟的时间里大家互相吐槽、打气，把工作中的不顺利、家里的不顺利通过这样的方式宣泄掉，而且大家互相辅导，互相帮助。这是非常好的同伴教练（peer coaching）的方法。

情景研讨会（situational workshop）：下一跳公司每周再把 4 组这样的对话伙伴连接起来，一起通过引导者来沟通分享他们在这一周里面有什么痛苦、挑战、新的见解。引导者通常由一位更有经验的内部员工来做，他引导大家对一周的经历进行反思、总结，并且在与别人的分享、互动中，特别是相互挑战中得到启发。

人类进入了新时代，不管是个人还是组织，都要承担起责任，让每个人都运动起来，成长起来，工作起来，快乐起来！

本文根据作者 2020 年 3 月 13 日在北大汇丰商学院创讲堂的演讲整理而成，经作者审阅并授权发布。

第二部分

新模式，增长基于方法

从 0 到 N+，解决问题是创造价值的根本方式

刘自鸿
柔宇科技创始人、董事长兼 CEO

在纽约 IBM 研发总部工作 3 年后，刘自鸿和创始团队于 2012 年在美国硅谷、中国香港和深圳同步创立柔宇科技（以下简称“柔宇”）。他常将自己的产品比喻成“在豆腐上盖大厦”，2014 年率团队首发 0.01 毫米全球最薄柔性显示屏，将手机带入折叠屏时代。仅仅用了 5 年时间，柔宇成为全球成长最快的独角兽科技公司之一。2018 年 11 月 28 日，刘自鸿在北大汇丰商学院创讲堂上，以“柔”为主题做了精彩分享。

我希望能够结合过去几年创办柔宇的经历，与大家分享一些创新和创业的真实感悟和理解，还有我们所面临过的问题和困难。正是因为这些问题和困难，柔宇才可以走到今天。“永远不要害怕有问题”，这是我们有勇气和信心走向明天的最重要的基础。

创业之路从来都不是一帆风顺的。解决问题是创造价值的根本方式，这一点对所有想要投身于创新创业的人来说都非常重要。

我们公司叫作柔宇科技，核心在“柔”字。让柔性电子技术遍布全“宇”宙，是我们的目标和使命。我们希望柔性电子技术将来无处不在。所以柔宇的核心是两个字——感知，我们希望在生活中感知世界的能力变得更强。

斯坦福草坪上天马行空的构想

2006 年，我从清华大学毕业，后来到斯坦福大学深造。在到斯坦福大学后的前几个月里，我还在苦苦寻觅自己发自肺腑地喜爱，并有激情去研究的课题。那时加州的阳光正好，有段时间，我每天下课就躺在学校的草坪上，天马行空地想很多事情。躺了将近一个月之后，我终于找到了人生中最重要的事情，也就是我将来想要投身的事业。

如果一个事物要在世界上恒久存在，那必然会跟人的本能有关。在人类历史发展的过程中，人们一直有了解世界、感知世界、获取信息的需求，而我们获取信息最重要的方式是靠五官。在五官中，视觉感官是非常重要的一部分。如果我们能在视觉感官领域里找到一项突破性的技术，或许会很有价值。

从显示技术的历史发展来看，在古代没有信息显示技术的背景下，原始的显示方式有什么？有阳光照明这种天然的显示方式，能告诉我们时间；有竹简写书，可以传递文字信息。到了近代，电影、电视、手机、电脑出现了。我们回溯历史，可以发现显示技术一直在演变，而且其中有规律可循，这代表着人类本能需求的发展。

本能需求一：便携性。我们期待“顺手可来”“捎手可带”，人们本能地“变懒”，期待便携性产品的诞生。在过去的 10 年中，智能手机影响了我们的生活方式，它能在任何地方提供人们所需要的各种各样的信息，这是便携性的体现，人们对便携性的追求是根深蒂固的。

本能需求二：愉悦感。人们总希望看到清晰、靓丽和美的东西。但在视觉领域，对愉悦感和便携性的追求时常存在矛盾。比如，电视机的便携性比较差，但屏幕很大，看起来令人愉悦；手机的便携性强，但屏幕很小，看起来就不那么舒服。

这些矛盾是当时的技术无法解决的，所以当我想到这个问题的时候，我非常兴奋，觉得在这个问题上可能存在着巨大的机会。后来我又天马行空地想了很多事情，比如，为什么显示器都要做得方方正正的？其实没有人规定显示器要做得方正，只不过是以前的技术限制了它的形状。如果我们今天的技术可以将显示器做得像纸一样，能够卷曲、折叠，那人们追求便携性和愉悦感的矛盾就能得到有效解决。

后来我把想法告诉了学校刚刚分配给我的学术导师，他觉得有点意思，但是这个项目之前没有人做过，太新，做起来可能不容易。当时我努力说服他用自己的行业经验来支持这个创新的项目。后来导师说："要不你回去用一页纸把这个想法写出来，不要太多，一页纸就够。"我骑着自行车回到宿舍，写了一些大概的想法交给他。导师看了以后跟他的一位朋友说："虽然没有人研究过这个领域，但这个计划值得一试。"这就是我进入柔性电子技术领域的开始。

从0到1，到N，到N+

从0到1的蛰伏

开始研究后，我就发现当今工业界和学术界在这方面的成果寥寥无几。因为很多技术基础尚不存在，于是我花了几年时间做基础研究，但都远远达不到可以产品化的程度。2009 年，我博士毕业后，去了纽约的 IBM 工作，但我始终没有放弃对这个项目的兴趣和追求，内心深处依然想把当初的想法变成现实。直到 2012 年，我与两位校友一起决定将柔性电子技术产业化，于是我们创立了柔宇。

很多人以为我从美国回来，又是斯坦福大学的毕业生，起点会很高。但其实我刚回国创业的时候，是在深圳市龙岗区留学生创业园里一个约 36 平方米的小屋子起步的，之后我们搬到南山创业大厦，办公场所也不到 100 平方米。除了深圳办公室的 3 个人，我们在硅谷也同时成立了一个 3 人办公室，于是就开始正式创业了。我们公司开张的时候连门牌都没有，更不可能有什么大佬站台。后来有诸多传言说柔宇拿到了很多投资，但其实我们的起点是非常普通的。不过这些并不重要，清楚自己想做什么才是最重要的。

2012 年到 2014 年，我们低调地专注在柔性电子技术的研发上，低调到什么程度呢？那时候甚至我们的家人都不知道我们在做什么。我们就是觉得应该“秘密行动”，所以头两年就一直在闷头做事，很多早期的同事都是因朋友、同学间的信任关系入职的。

到 2014 年 7 月底，0.01 毫米超薄柔性屏产品被我们做出来了，这个里程碑事件改变了当时团队的工作和生活方式。我们早期的投资人去问很多技术专家时，当时专家们都说超薄柔性屏不可能取代现在的显示屏，或者到二三十年后才有可能实现。我们的幸运之处在于碰到了一些志同道合的投资人，大家都坚信可以努力做出来。当时为了记录超薄柔性屏研发成功的这一时刻，同事们临时去找打印机打印了一张 LOGO，并剪切好贴到了屏上，还用一个非常普通的相机拍了视频，并传到了网上。没想到，这个随随便便拍的视频，把我们这群“骑着自行车溜达”的人，推上了创业的“快车道”。视频在网上传开后，突然来了很多投资人、合作伙伴，也有非常多的知名大公司来找我们谈合作，我们好像一下子火了。从 2014 年 8 月 1 日开始，我们的工作方式完全变了，明显的一点就是之前我回工作邮件时回得特别认真详细，以“Dear”开头，以非常完整的信件形式来写工作邮件。但在 8 月 1 日之后，我对外的沟通节奏发生了巨变，写邮件变得很简单，我有时候直接用一句话就回复了，因为时间和精力不允许我再那样完整地写信。当你被迫要做出一些改变时，这可能就是一个新阶段的开始。

从 1 到 N 的压力

从我们受到更多关注以后，到处都是各种报道和表扬的信息，我们心里开始有点隐隐的担心，因为人在光鲜的时候，往往很容易迷失方向，这是很危险的。果然，到了 2015 年，就开始有很多人说：柔宇团队是挺牛的，做了一个挺牛的技术，0.01 毫米的超薄柔性屏确实厉害，开发出这样的技术是一件很不容易的事情。但是有什么用呢？他们既没有量产，也不能生产出产品让人们使用。这些话把我们“堵到墙角”去了。

事实上，当时我们对用户的期望和用户对我们的期望存在一定的不对称性，这让我们团队感到有些压力。外界希望我们快速将技术转化成产品，但要实现大规模量产落地，满足大家的期盼，还需要一定的时间。按客观事实来说，很多产业的发展，都有一定的客观规律，那就是从想法到变成产品，中间是需要过程的。

虽然有很多产线公司来找我们合作，但我们最终决定自己去组建一条产线。一条传统的、普通的显示屏产线发展到六代的规模，需要投下去好几百亿人民币。虽然我们的柔性电子技术成本比传统的成本要低很多，但经过我们盘算，要最终建成整个产线需要 110 亿元人民币，这对我们一个创业初期的团队来说是非常具有挑战性的。

建产线对我们来说就是刚刚完成了从 0 到 1，之后还需要从 1 到 N 的过程，这个过程中的思维方式和逻辑跟从 0 到 1 是不一样的。我们以前处于从 0 到 1 的阶段时，几个人在实验室里埋头苦干 24 小时都没有问题。但从 1 发展到 N 的过程，需要从自己设计产线到确定生产方式，因为没有什么可以参考的，我们只能摸着石头过河，还要想办法解决资金、团队等问题，于是我们开启了新的融资，团队扩张，招了许多新人。经过差不多两年时间，我们工地上前前后后有了6000多名员工，在一片10万平方米的荒地上除草、平地、打地基，最终建成了一条建筑面积40万平方米的产线，过程中酸甜苦辣都有。

从N到N+的骄傲

在经历了从1到N的阶段后，我们还要证明一件事情，就是从N到N+。我们研发的技术经历了从0到1的阶段，并且把它量产化之后，还要把它应用到各行各业当中，这就是我们希望实现N+这一目标后能够做到的事情。而今N+也已经初见成效，因为在2018年9月到11月差不多3个月的时间，我们的订单已经增加了很多，所以产品的应用前景是很明朗的，它的市场爆发是很快的。

很多想法和应用，不一定是在最开始创业的时候就完全想到的。当你找到一个核心问题时，在进行刨根深挖的过程中，你会发现其具备很大的价值。所以，任何时候，都不要小看一个小小的想法，它可能会蕴含巨大的能量，关键是要挖得足够深。只要你能够坚持在正确的方向，一个大的矛盾的方向上去寻找解决方案，就总能挖出来一些东西，而且很可能挖出来一个巨大的东西。就像挖井一样，只要挖的地方对，并且挖得足够深，就算没有挖到水，也有可能挖到油，哪怕没有油，也还可能挖到岩浆。

2018年10月底，我们发布了全球第一款真正的消费级的折叠屏手机柔派FlexPai。这款手机通过柔性屏把原来传统大屏的平板和手机巧妙地结合在一起。人们今天只要买一款手机，就可以同时使用手机和平板两种功能。所以柔性屏能做的事情真的非常多。这款手机是全球第一款搭载柔性屏的量产手机，也是当年唯一能够量产销售，消费者可以买得到的手机。这款折叠屏手机售价只有8999元。现在我还常常会想起我当年躺在草坪上时的梦想，我们真的实现了这个梦想。这款手机的意义不仅在于它的新颖，而且在于它给用户带来的价值。每个人都希望能够在大屏上看电影、玩游戏，同时也希望这个屏幕能够随身携带，甚至能够打电话。以前的技术做不到，但今天 FlexPai 做到了。而且人们还不用担心手机屏幕会碎，这是我们柔性屏所带来的一种革命性的变化。不但彻底告别了碎屏时代，而且能够把大屏和便携性结合在一起，这就是技术创新给用户带来的价值。

在未来技术的驱动下，我们将做“柔性+”平台

10 年前，在全世界市值最大的 10 家公司里，有 4 家银行、4 家石油公司、1 家医药公司，还有 1 家是巴菲特的投资公司，但是现在全世界市值最大的 10 家公司里，从第一名到第七名全是跟信息技术有关的科技公司。信息技术带来的变化深刻地改变了我们的生活，但是想象一下，再过 10 年这个榜单会发生怎样的变化呢？我敢肯定，科技公司依然会在榜上占据非常重要的位置，因为科学技术是第一生产力，这是真理。所以我希望有更多人去关注真正的科技创新。

20 世纪 70 年代个人电脑的出现改变了整个人类的工作方式，90 年代互联网的出现改变了人们之间的连接与沟通方式，2007 年苹果公司发布 iPhone 改变了人机交互的方式，由此改变了操作系统和商业模式。举例来说，在智能机出现前，个人电脑端的网站往往靠悬浮广告赚钱，但在手机上很少有这种赚钱模式，因为屏幕太小。而现在，交互方式改变的不只是屏幕本身，还改变了人跟机器打交道的生活方式和对应的生态。未来还会出现哪些像之前这种产生标志性节点的技术来影响人类的生活？

在对现在出现的纷纷杂杂的新技术、新名词进行归纳后，我发现重大的技术创新主要发生在以下三大领域：一是人机交互，也就是人与人、物、大自然交流的方式，比如显示技术、传感技术、生物识别等。二是人工智能。当机器接收信息后，需要通过算法去进行决策和分析。人工智能这个词很热门，抛开学术上严

谨的定义，我们可以把机器帮助人们做自动决策和分析的所有领域称为“泛人工智能”。三是万物互联。虽然机器能帮我们做出决策分析，但它们只是孤立的个体，把这些孤立的个体连接起来之后，就变成了我们广泛使用的互联网和移动互联网。现在的万物互联还处于非常早期的阶段，被连接的信息载体大多数是手机、电脑等。当我们环顾四周，我们的衣服鞋子有被连接吗？桌子地毯有被连接吗？其实生活中绝大部分东西都还没有被连接，那如何叫作万物互联？实际上现在这项技术的广泛实现违反了人类生活中一些非常基本的需求，比如衣服应该是柔软的，但如果要承载信息输入输出的功能，那么现在的技术显然还不能将衣服变得“柔性”，所以对柔宇来说，去做“柔性 +”的事情，是实现万物互联的重要途径。

总的来说，不管是哪一项技术，未来都会落在这三大领域，当然这三大领域也会有很多交叉。比如人工智能和人机交互就有很多重叠区域，现在的人脸识别、语音识别，其实就是人机交互与人工智能的重叠区，目前我们做的人机交互技术与万物互联有巨大的关系，将来生活的连接载体不仅仅是手机、平板电脑、电视机，还有可能是一张桌子、一本书、一件衣服，虽然这些东西现在没有生命力，但如果这些生活当中的物体都能变得有生命力，而且能通过一定的方式跟网络连接起来，未来它们的能量将是巨大的，我们的生活也将会变得更加方便。

柔宇成立之后一直专注研究柔性电子技术，其实是基于柔性显示、柔性传感、柔性智能终端的人机交互平台，柔性显示、柔性传感所带来的是一种新的人机交互方式，我们不用局限在一个方方正正或固定载体的屏幕上输入或读取信息，如果大部分东西都可以变形、折叠、卷曲，很多原来没有生命的物体都可以变得有生命力，这个时候世界就能够变得更加丰富多彩。

回到最初说的三大领域：人机交互、人工智能和万物互联，基于“柔性 +”这种新的人机交互方式，会打开物理传统界面的限制，让以前生活中没有生命力的东西变得有生命力，并开始跟人交互，沙发、衣服也好，作业本也罢，都可以跟信息网络进行实时连通，无缝对接，这也是我们提出做“柔性+”平台的重要原因。

我们希望通过“柔性+”这种人机交互技术，在未来的人工智能和万物互联中促进更多新产品的诞生，实现更方便的交互方式和更高效的工作方式。

创新创业三要素

在创新创业中，有三点很重要。一是产品能给社会带来价值。我们所做的产品要对别人有用，而不仅仅是对自己有利。如果我们今天做了很多对用户没有价值的东西，那即便我们再努力、再创新，也坚持不了多久，因为可能得不到更多的支持。二是找到自己擅长的领域。我们每个人都有自己擅长的东西，找到它非常重要。在创新创业的过程中，人们会碰到很多困难和挑战。如果别人跟你做一样的事情，但你做的领域不是自己最擅长的，就很有可能在之后的竞争中非常吃力。三是找到自己真正的兴趣。兴趣真的很重要，它会帮助你克服很多别人认为不可逾越的困难。以我们创办柔宇为例，当初做决定的时候，我们就已经意识到以后会遇到很多的挑战和困难。但我们知道这项事业的价值，我们对这项事业有兴趣，并发自内心地喜欢，所以我们一直走到了现在。哪怕在我们人生最黑暗、困难最多的时候，也从没有动摇过做这项事业的信心和决心。

如果能把以上三点结合在一起，并一一践行，大家一定能够做出一些事情来。还有一句话，大家一定要记住：受得了委屈，熬得住寂寞，经得起诱惑。当你觉得自己很委屈，或者觉得别人不理解你时，你要清楚自己到底想做什么。

另外，你想做的事情一定要符合真正的科学原理。我们需要有辨别能力，那些在科学层面上经不起考验的事情，可能就不是真正的创新。但一旦确认它是真正的科学创新时，就不要在乎外界的任何看法，坚持做下去。否则，创新可能在萌芽阶段就被扼杀了。当年飞机刚被发明出来时，有多少人能想到它成了一种常用的交通工具?

所有的创新都会面对一定的挑战，遇到问题、被质疑都很正常。越是创新的东西，不同的声音可能越多，因为在此之前没有人见过，甚至根本没有人想到过。只要你真正清楚自己想做什么，并且确定它符合科学原理，那就大胆地坚持下去。

也许很多事情，你在当时不能理解，但过去之后，再回过头来看，就会发现那些当时不理解的事情，在你的成长过程中发挥了很大的作用，它很可能是支撑你进行持续创新的力量。

The Great Era of
Innovative Entrepreneurship

精彩问答

Q： 在创业过程中，您觉得自己发生了什么变化?

A： 我先说没变的是什么，那就是初心。我们常常说初心不改，这句话大家听起来好像都很熟，但其实要做到是很不容易的。我和我的团队的初心真的从来没有变过，6 年前我们就非常坚定地相信我们的梦想是一定可以实现的。

变化的是，公司在发展过程中的管理策略、制度和模式，这些是一定会随着情境的变化而变化的。我个人发生的变化，是更坚韧了，因为在不断地克服挑战和困难之后，跟多年前的自己相比，我觉得我从来没有这么强大过。

Q：在创业融资中如果投资人干预你们公司的发展方向，你们应该如何应对？

A：在创业过程中，的确有人会受到不同投资人的质询，从而困惑于怎么找到正确的方式来回答或是适应投资人。但从柔宇的创业历程来说，我们遇到的情况是相反的。我们非常幸运，遇到了一批有独立判断能力的投资人，他们会因为我们做了正确的事情，而过来跟我们共同探讨，使这件事情正确的可能性变得更大。在过去的这些年中，我们很少遇到投资人干预公司正常发展策略的事情，他们更愿意看到创业者非常清楚自己的目标，这时候他们的投资兴趣会更大。投资人往往是因为看好创业方向，才通过投资的方式去加速创业公司走向市场的进程。所以我不太建议创业者为了迎合某个投资人暂时的想法而去改变公司的发展方向或策略。

本文根据作者 2018 年 11 月 28 日在北大汇丰商学院创讲堂的演讲整理而成，经作者审阅并授权发布。

主编伴读

刘自鸿的创业经历对创业者，特别是技术导向的、从研发人员成长起来的创业者，以及有较强技术背景的留学生创业者来说，有着重大的启发作用。

他说，“永远不要害怕有问题”，这句话不只是给了所有创业者的内心加持和鼓舞，也是对他自己的加油打气。创业不就是一条永无止境地解决问题，并且在解决问题的过程中不断打怪升级的道路吗？创业者就是在这种永无止境的过程中磨炼了自己的体力、心力和脑力，相信这些在一定程度上也是刘自鸿这几年回国创业的心路历程。

富有诗意的想象力

刘自鸿的创业故事中有很多电影般的画面，比如，2014 年他们的第一款超薄柔性屏研发成功后，随随便便拍了个视频，贴着一个纸质的 LOGO 就放到网上去了，没想到一炮而红，用他的话说是“把我们这群‘骑着自行车溜达’的人，推上了创业的‘快车道’”，这是一个非常戏剧化的情节。

再比如，他在开篇提到创业初心以及自己是如何走上创业之路的，我们眼前就浮现出他躺在斯坦福大学的草坪上，望着蓝天白云的画面，他躺在草坪上想了一个多月，终于想明白了他人生中最重要的事情。这个画面能让我们联想到的就是他的非凡想象力，他从人类感知世界的方式开始，从视觉感官的角度出发，想到未来人们对产品的需求必定具有便携性和愉悦感等特点，比如将显示屏做得像纸一样薄，可以卷曲、折叠。同样，他在关于未来三大技术趋势的判断中也提到，人机交互、人工智能和万物互联，能让桌子、衣服这些原本没有生命力的东西变得有生命力。

由此可见，刘自鸿虽然是一位科学家，但在理性的判断力之外，他还富有诗意的想象力。创业的过程不只是完全理性化的过程，诗意的想象力也可能带来戏剧性的结果，这一点在刘自鸿身上得到了体现。

“一页纸”方法论

当天马行空的想法汇集成一个初创的念头时，也许 99% 的人会止步于此。不同的是，刘自鸿迈出了关键的一步，向他的导师陈述了自己的想法。他的导师非常理性，并没有直接提出指导意见，而是让他回去用“一页纸”讲清楚自己的想法。这个“一页纸”方法论对所有有创业念头的人都有启发，其实不管是科学探索，还是创业项目，人们能不能用“一页纸”将构想陈述清楚、自圆其说，是其能否继续发展下去的重要标准。

创业者精神

刘自鸿作为一位有技术背景的科学家创业者，在有创业想法后并未停留，他在征求导师的意见后，联合了一些同事和朋友，建立起以信任为基础的初始团队。当他们的柔性屏技术研发成功后，他本可以选择做技术转让或出售，以较小的风险获取确定性的收益，但是刘自鸿选择了自主创业，这是一条高风险的道路，需要有较多的融资，建立大规模的团队，一期就设立了 280 万片/年的产能，可以说，自主创业是完全超越了他当时的自身能力的选择。那他为什么会选择走这条路呢？他在演讲中说到，他不懂生产，要把投资巨大的生产基地建立起来需要掌握许多他从来不知道的知识，比如会涉及的批文、人际关系、专业知识等。在当时没有人知道自主创业的这条路对他而言究竟是否正确，但是柔宇的迅速兴起很可能是只有在当时当刻的中国大陆这样的创业环境下才能实现的，因为我们对前沿技术的向往和追逐，使得资本和政策在柔宇身上不断聚集、加持。对刘自鸿来说，从一个科学家转变为一个如此大规模企业的领导者，其间应当经历了许多惊心动魄的故事，尝到了各种不为人知的酸甜苦辣，经受过非常多人的质疑，生产关系、政府关系、供应商关系、媒体关系，都是超越他原本的能力范畴的，在选择自主创业后，面对如此复杂的局面，他身上不得不发生了“能级”的跃迁。

我们换个角度想想，他原本可以有另外一种活法：从斯坦福大学毕业后，在 IBM 好好干，再加入苹果等科技巨头公司，完全能够过轻松无忧的高薪生活。那他为什么选择了现在的创业之路呢？这是他内心不安分的一种体现，其实就是创业者精神，虽然会经受质疑，也可能常常在深夜自我怀疑，但作为一名创业者，这是一定要经历的。在这个过程中，他的信心和信念来自他对柔性电子技术在万物互联中的预判，在研究上他获得了相当好的成绩，所以当他提出“柔性 +”的构想后，获得了相当多的拥趸，这在一定程度上成为他可以走下去的重要动力。

现阶段，柔宇的技术专利获得了比较大的突破，有几千个技术专利，但是这种技术专利能不能找到足够的场景，在商业上获得巨大的成功？目前来看，刘自鸿还在持续探索的道路上。让我们祝愿刘自鸿好运与成功！

搭建一部机器，静待美好发生

薄连明
深圳光峰科技前合伙人、CEO，
TCL 科技集团前执行董事、总裁

薄连明先生研究生毕业后到陕西财经学院（后并入西安交通大学）任教，并成为学校最年轻的系副主任。1993 年年初，他辞去大学教职，参与创建深圳航空公司（以下简称“深航”），之后成为 TCL 集团总裁，又成为深圳华星光电 CEO，他的每次“转身”几乎都是从零开始，他喜欢的是成长的刺激。2019 年 3 月 26 日晚，薄连明做客北大汇丰商学院创讲堂，从个人的职业经历切入，讲述了其从业的心路历程和生动故事，在妙趣横生中透射出对公司管理的深度思考。

人生中难得的机遇

我曾经在一篇文章中讲人生机遇，呈现出拐点的时机才叫机遇，而人的一生大致有六次机遇，这六次机遇构成了我们的人生转折曲线。

我的第一次机遇是考上大学，那时候叫作“跳龙门”，如果没有考上大学，可能我今天得在老家村里养猪，这一次机遇构成了我的人生重大转折，之后我一路考上了硕士、博士，顺理成章地读了下来。第二次机遇发生在邓小平“南方谈话”之后改革开放突飞猛进的深圳，1993 年年初，我参与了深航的筹建，在去深航之前，我已经在陕西财经学院成为学校最年轻的系副主任了，那时候没有学院制，系是直属学校的，我在大学教师这份职业上的成绩达到了一个小高峰。在我决意离开的时候，学校表示挽留，说一直将我当作未来的接班人来培养，为什么突然就要走呢？我跟院长说：“我不喜欢一眼就能望到头的人生，20 多岁就能看到 70 岁的样子，在学校我感觉一眼就望到了我退休的样子，所以我一定得出去闯闯。”

就这样，我来到了深圳，参与筹建深航。大家不要以为航空公司里只有美丽的空姐和各种高端享受，其实我们的创业历程实在是“苦哈哈”。当时我们在仓库里创业，什么工作都得干，搬运工、报关员这些都做过，我经常工作到半夜，然后请同事一起吃大排档。之前我在大学里小有名气，出去讲课一小时能有 10 元钱呢，但到了深圳还要当搬运工，所以说我们在职业转换的时候需要勇气，敢于从零开始。在深航的 8 年是激情燃烧的岁月，我们三位主要担纲的都是出生于 1963 年的“年轻人”，在一位参加过抗美援朝、在航空工业部做系统工程离休后的老司长的领导下，一起筹建了深航。我们三个年轻人也被叫作“深航三剑客”。因为我在三人中排行老二，大家都不叫我薄总，而是叫我“二哥”。我们三人是公司的主要决策者，我当时任总会计师。

第三次机遇在 2000 年 5 月，我离开深航加入 TCL 集团做财务总监和副总裁。我上任之后，发现公司的财务人员只有一位快退休的老大姐，出纳员还是借调来的。我在深航时领导的财务团队至少有 200 多人，500 万元以下的支出都不需要我审批，办公室有小半个篮球场那么大，没想到到了 TCL 集团是这种情况，办公室只能放下一张桌子，来请示工作的人只能站着跟我交流。当时这个落差还是蛮大的，我以前的一些同事来看我说：“薄总，咱回来吧，不要受这委屈。”我仔细想了想，觉得这可能就是我想要的从零开始的感觉。我在 TCL 集团做了 18 年，经历了各种风风雨雨，我进 TCL 集团的时候公司年销售额是 100 亿元左右，我离开时是 1120 亿元，我很荣幸参与和经历了这个不凡的过程。

2018 年，我又离开了 7 万多人规模的 TCL 集团，来到一家只有 1000 多人的科技创业企业。这个选择跟我过去的经历是一样的，我不太希望自己的人生一眼就能看到头。在我提出离开 TCL 集团时，李东生董事长非常不舍，坚决不放我走，我们前后谈了有半年多，后来我告诉他："在我还有学习力的时候，你真的应该放我走，等我没有学习力的时候，你赶我走，我都不走了，就开始养老了。"他最终被我说服了。

我现在所在的企业叫光峰科技，很多人之前可能没听说过它，但有两件事情大家应该都知道的。第一件事情是 2019 年央视春晚深圳分会场的激光秀，2000 平方米的投影面积，绚烂的舞台效果，这是光峰科技做的。第二件事情是是元宵节，上元之夜点亮故宫，故宫建院以来第一次夜间开放的灯光秀，这也是光峰科技做的。2018 年是改革开放 40 周年，光峰科技接待了好多外部调研团。有一次中国社科院和中央党校的几位专家学者组团来到光峰科技调研，我问他们为什么选择来光峰科技调研，他们说，中国改革开放的历史要看深圳，那对深圳来说，改革开放 40 年的历史要看蛇口招商局，30 年的历史要看华为，20 年的历史要看腾讯，10 年的历史要看光峰科技和大疆这种企业。深圳已经被称为"粤港澳大湾区发展的核心引擎"，不同于香港、澳门和广州，它的核心引擎是创新创业。2019 年 3 月 22 日我们报了科创板的资料，同年 7 月 22 日于上海证券交易所科创板成功上市。我们有信心代表深圳的科技创新企业在科创板占有一席之地，这不仅是我们个人的荣誉，也是深圳的荣誉。

大企业不一定美，小企业也不见得美，企业从小到大的过程才是美的，从这几次职业的转换过程当中，我内心感受到了这样的美。我觉得人在一定的高峰时，真的要勇于把自己抛掉，就像抛掉股票一样。那什么时候把自己抛掉合适呢？在接近最高点的时候抛掉。如果往下滑的时候你再抛，股票就不值钱了，人也是一样。所以你一定要在觉得自己快到顶点的时候，就赶快开启第二条生命曲线。这些是我自己的职业转换和转折曲线，我觉得我做到了成功转换并开启新的生命曲线，那我为什么能做到呢？其实有一个特别的方法论在支撑着我，我今天的演讲不分享个人历史，我将自己切身实践总结出来并且屡试不爽的企业方法论分享给大家。

我的企业方法论

全景管理钻石模型

我的企业方法论之一叫“全景管理钻石模型”，2010年我在《北大商业评论》上发表过一篇相关文章。企业方法论中的第一条就是让人有全局思维。企业本来是个整体，但我们在企业经营管理实践中经常裂解其整体性。我们怎么从全局角度看问题？无论到什么企业，我们能不能从全局角度去看问题、诊断问题或认识企业，这种全局思维是非常关键的。全局思维有个架构，我把这个架构叫作“全景管理钻石模型”（见图6-1）。

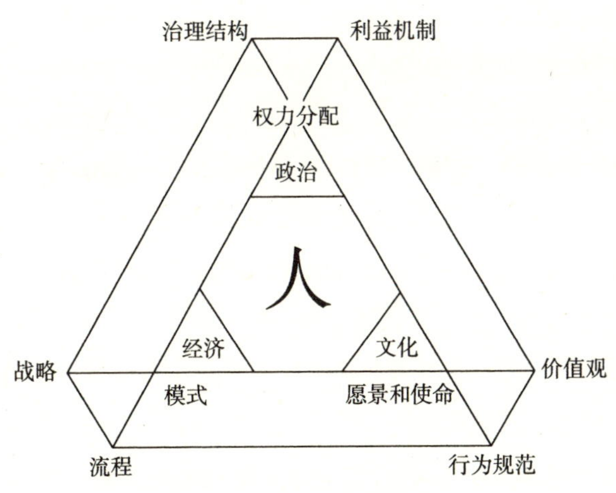

图6-1 全景管理钻石模型

治理企业跟治理国家是有相通之处的，国家领导人关注的三件事：政治、经济和文化，对企业领导人来说，有很好的学习借鉴之处。

政治不是贬义词，亚里士多德说过，政治是人类伟大的创造，如果没有政治，今天的人类还生活在原始洞穴当中。政治是调节人际关系、社会关系中最高的一种机制。企业政治主要包括三个要素，一个是治理结构，治理结构不同就导致利益机制不同，利益机制不同就导致动力不同，当然内部的权力分配也不一样。权力分配的实质是资源的分配，企业的资源怎么分配都是跟权力挂钩的。股权关系就是典型的治理结构，大集团内部的母公司和子公司之间的关系也叫治理结构，主要有狭义和广义之分。

经济包括企业的战略、模式和流程。战略指的是企业到底要做什么，不要做什么，模式指的是通过什么方式去做或者不做，流程指的是创造价值的过程中各个节点的串联和并联的关系。

全景管理钻石模型右下角的文化代表企业的愿景和使命、价值观和行为规范。这三个方面九大要素连接起来就像一颗钻石，但中间还有什么呢？一个大的“人”字。这就是我的第一个企业方法论，靠这套模型去诊断企业，可以发现企业经营成功或失败背后的奥秘。

TCL 集团最初是做卡式磁带的国有企业。作为一家国企，到 1997 年的时候，TCL 集团的国有资产从借款起家的 5000 元累积到净资产 3 亿元，销售收入超过 50 亿元。李东生董事长所领导的团队就跟政府商量说，现在的体制无法对员工产生足够的激励，他们决定搞增量改制，通过国有资产授权使用经营，将存量全部给国家，3 亿元一分不要，然后约定了一个国有资产保值增值指标，将从 1997 年开始超过约定的部分奖励 10% 给团队，团队当时没要现金而是在税后转成股份。到了 5 年之后的 2002 年，TCL 集团的业绩增长特别快，国有股份已经稀释到了 60%，这就是治理结构的变化，TCL 集团现在已经演化成混合所有制的民营企业了。

治理结构是起点，因为治理结构变化导致利益机制的不同，涉及的权力结构甚至战略就会不同，这些造就了 TCL 集团一路高歌猛进发展。我有个同学在 2000 年去了深圳一家与 TCL 集团同行业的企业做副总，他们企业当年的销售额是 110 多亿元，TCL 集团比他们少了几个亿。但是 10 年多以后，TCL 集团的销售额达到 1100 多亿元，他们还是 100 多亿元。我讲这件事的目的是想说明 TCL 集团之所以有这样高歌猛进的发展，而那家企业没有发展壮大，重要原因是治理结构带来的战略选择不一样。比如 2004 年 TCL 集团国际化并购出现了非常大的危机和亏损，那家企业的一位领导说，你看 TCL 集团悲催了吧，我们没搞国际化，我们多明智啊。当时他们认为自己做了一个正确决定，但截止到 2019 年，TCL 集团国际化的收入占全部收入的近 60% 了。而他们呢，还基本守在中国这一片土地上来做，还在 100 亿元左右徘徊，这就是治理结构不同进而战略不同导致的。

TCL 集团是一家具有企业家精神的企业，2004 年 TCL 集团在国际化并购中遭受挫折时，不断有人质疑我们，好多论坛也把我们写成国际化并购的失败案例。有一次我参加李东生董事长主持的战略研讨会，整个公司 20 位核心高管参加，我们一起讨论国际化并购受挫的最主要问题出现在了哪里。大家你一言我一语，莫衷一是，从早晨 8 点开到下午 2 点，我先坐不住了，站出来说，这种讨论永远讨论不出结果，因为我们的思维没有结构化，应该按结构化的思维来找问题。他们就问我怎么办？我为他们贡献了全景管理钻石模型，讲解了含义，然后我们像剥洋葱一样一层层剥开来分析问题。之后经过高管们两个多小时的仔细研究，我们发现问题没有出在国际化并购上，也没有出在治理结构上，而是出在了文化上。过去我们的文化适应国内市场高速发展的机会导向。但是当我们开始国际化并购，而且公司整体上市之后，我们的文化没有跟上，还是诸侯文化、山头文化、机会主义的文化，这种文化跟国际化基本上很难融在一起，所以应该升级我们的文化啊！后来我们就搞了一次“鹰的重生”，即把鹰作为文化图腾的变革活动，然后经过18个月的努力，TCL集团从2005年巨额亏损的状态，进化到2007年实现盈利的状态。

所以在我2018年年初离开TCL集团的时候，李东生董事长还特别感怀，让公司破先例发文感谢我的长期服务为公司做出的巨大贡献。他说我的第一个贡献就是2006年在国际化并购最困难的时候发动了一场以文化变革为切入点的变革活动，使TCL集团转危为安，从此，“鹰的重生”也变成TCL集团的图腾。

全景管理钻石模型在TCL集团可以说是家喻户晓，大家都按这个模型去诊断，各个要素都有检查清单。如果一家公司的检查清单平均得分在70分以上，那就是优秀企业。若到90分以上，那可以说是卓越企业。2006年TCL集团的评分在60分以下，“不及格”，2009年我又拿同样的问题清单，在TCL集团内部做了一次调研，这次评分达到了80分以上，属于“优秀级”。

TCL集团从“不及格”到“优秀”的发展历程，是我要分享的企业方法论里的第一块内容，体现了整体性思维。因为现在整体性被裂解已经是公司里的一种常见现象，如何以整体性思维从全局看问题非常重要，当我们掌握了整体性思维之后，基本就可以用这三大方面九大要素去认识任何一家企业了。

理清因果链的战略方程式

前面说到，现在的企业经营管理中的第一个难题叫整体性被裂解，第二个难题叫作因果链不清，意思是什么原因导致什么样的结果往往是模糊的。我们往往知道结果了，但不太清楚这结果是什么原因造成的，在企业当中把因果链连接起来是一个重大的问题。这个因果链当中包括很多内容，比如战略和运营之间的因果链，战略和运营脱节是企业运行中最大的知行不合一，即战略找不到落脚点，运营找不到方向，如果把它们连接起来就特别有益。

因果链的战略方程式非常简单，但简单的公式讲起来内涵特别丰富。Y代表目标，x代表达成目标的关键成功要素，达成目标的关键成功要素有若干个，f是若干个要素的组合，即函数。这个方程式至少有四层含义。

$$Y=f\left(x_1, x_2, x_3, \cdots\right)$$

第一层含义：从目标（Y）出发的管理是达成目标的最短路径。我们做企业到底是以问题为导向还是以目标为导向？答案是以目标为导向。2012 年我被李东生董事长任命去了华星光电，华星光电是当时深圳建市以来投资最大的工业项目，一期投资 245 亿元，其中 TCL 投资占比 50%，深圳政府投资占比 50%。但是华星光电在投资、建设、运营的第一年就出现了非常大的问题——亏损了，而且也没找到盈利方案。李东生董事长就让我去华星光电做 CEO。我起初是不愿意去的，因为我没做过面板产业。他说你没吃过猪肉还没看过猪跑吗？我说我从本科到硕士到博士一路都是学的管理专业，是文科生，对技术一窍不通，这家高科技企业做液晶面板，我确实是连“猪跑”都没看过，不知道怎么做面板。而且华星光电投资 245 亿元，每天的折旧费用相当于早晨一睁眼一辆辆价值 80 万元的奔驰车就被开走，回不来了，可以看出面板企业挣钱有多难。在我们做华星光电之前，国内有一家做面板的同行企业就没赚过钱。最后磨了半年，因为李东生董事长的信任我只好“赶鸭子上架”地去了。

到华星光电后我的第一个动作是什么？访谈嘛！各部门走走。我用了 10 天工夫访谈，当时公司的问题多到被我记录了厚厚一大本。这些问题怎么解决？不知道，我已经头大了，整夜失眠到感觉快得抑郁症了。家人担心我，说不行就跟李东生董事长辞了吧，我说这不太好意思吧，人家费了那么大工夫鼓励我，凭这份信任我也得坚持，但是那时确实是痛苦不堪。后来怎么解决的呢？我让助理给我以分钟计时安排日程，让我不能有一刻停下来，因为我一停下来问题就立刻挤进脑子里了，容易抑郁。后来我冷静下来突然发现自己哪里做得不对了。我的原则不是从目标出发吗？我怎么从问题出发了呢？想明白这点之后，我立即纠正，然后就把那本厚厚的记满问题的笔记本用胶带缠上封存起来，再也不看了，因为这是引起我焦虑的最大根源。

上任整一个月那天，我按原来的承诺带领高管开了两天封闭战略推演会，第一件事就是找目标，从目标出发的管理是达成目标的最短路径，我们用这个思路带领华星光电很快走出了困境。那本被我封存起来的笔记本，我后来真的没有再看过。在这个过程中，我领悟到一个早就学过的道理，“问题不是解决掉的，而是在追求目标的过程中自动消失掉的”。做企业真的不要以问题为导向，而应该以目标为导向，这是企业发展的根本点。做企业的第一个逻辑起点是目标，目标是思维的起点，也是行动的终点，以终为始才能有终。在追求目标的过程中，其他的问题都得到解决了。所以我们要先找到目标，把目标定义出来，然后再根据目标去做其他工作。

第二层含义：在企业运营中，困难的并不是对最终结果的描述，而是找到为争取最终结果所需要采取的方法和步骤，即找到方程式里的关键成功要素 x。如果没有关键成功要素，战略就不成立，缺乏关键成功要素设计的战略不叫战略。战略是什么？战略就是将关键成功要素组合起来实现目标的函数。这个完整的公式就叫战略，不能把方程式的右边弄丢了。

还拿华星光电举例，我们首先研讨华星光电当时正处于什么样的阶段，战略目标是什么。结论是华星光电应该以效率领先为战略目标，而不是产品领先和技术领先。那时候华星光电刚成立，一步做到技术领先不现实，如果第一步就坚持以技术领先为初始战略目标，这家公司就死定了，所以第一步要坚持效率领先。效率领先是目标，那对应的关键成功要素是什么呢？这跟技术领先时的关键成功要素肯定不一样，当时我们封闭讨论了两天，先定义了目标，再找关键成功要素，之后不断分解。找到关键成功要素之后企业的潜力是无穷的。

我去华星光电的时候，TCL 集团内部的董事会和政府都批准了华星光电在 2013 年的经营利润指标是 4.5 亿元，因为上一年企业是亏损的。结果我刚去不久，李东生董事长就找我说应该把利润指标往上调一下吧？我说为什么调？不都批准过了吗？李东生董事长说没什么理由，因为你去了嘛，你去了就该往上调一调。我说先缓一缓，等我了解情况之后再定。老板的要求永远超乎你的想象，企业家就是这样把企业撑大的。

一个月以后，我们经过战略研讨找到了关键成功要素，又通过现场测算每个关键成功要素的潜力到底在哪里，测算完之后大家认为我们实现 10 亿元利润应该是有保证的。我说原来 4.5 亿元利润也是你们报的呀，怎么突然增加到 10 亿元了？他们说原来没用你这套方法论来解剖啊，我们找到真正的关键成功要素之后测算出了 10 亿元利润。于是第二天我就跟李东生董事长说，我们经过认真研究，认为利润指标还是可以往上调一调的。他问调多少？我“打了点埋伏”说大致可以调到 8.7 亿元，这等于翻了近一番了。然后我问他超过 8.7 亿元是不是应该给团队奖励呢？李东生董事长说当然可以，按照 TCL 集团的奖励制度，超过一定利润水平可以按比例奖励给团队。因为我们找到了关键的成功要素，半年之后，华星光电就实现了 15 亿元的利润，到 2013 年年底又翻了近一倍，当时台湾地区的报纸大幅标题整版报道，称华星光电为“全球面板获利王”。此后连续几年华星光电都成了 TCL 集团的“现金奶牛”，于是我在 TCL 集团内部又有了个雅号——“奶牛哥”。

我们当时找到的第一个关键成功要素是产能，一般的公司达到设计产能后产能就固定不动了。245 亿元投资产能的设计是 10 万张液晶大板。我当时去生产线参观路过一个机台，工程师告诉我这台机器效率很高，别的公司生产 1 张液晶大板大概要用 32 秒，我们的速度全球最快，是 30 秒。2 秒的差别就令我们的工程师很兴奋。我觉得这里一定有什么奥秘，因为我们是在玻璃基板上做半导体，白玻璃进来后要连续不停地运转，在生产线上的机器肚子里转 13.5 天，要经过上千个机台的运作。当时我问这位工程师，10 万张的产能有没有往上提升的空间？这位工程师是台湾人，他没有马上回答，而是盯了我一会儿，那眼神让我知道我问了一个正确的问题。问对问题很重要，工程师说这是有可能的，后来我们就把这个问题拿到研讨会上研究，有没有可能不要增加太多投资而让产能再提升？大家经过测算说技术上可行。于是在 2013 年，我们将 10 万张的产能提升了 20% 到 12 万张，到 2014 年年末提升到了 14 万张，也就是说两年内在没有增加投资的情况下，我们的产能增加了 40%，相应的固定成本的单品摊销下降了 24%，毛利率提升 6%，盈利就从这里来了。

产能这个关键的成功要素找到之后，本来是被动的要素变成了能动的要素。当然，我们还找到了其他几个要素，如产能利用率、良率，还有产品结构等。什么叫结构呢？比如原来一条生产线能同时生产 24 寸、32 寸、37 寸、46 寸、48 寸、49 寸、55 寸 7 个尺寸的面板，我说这不行，要提升产能利用率，把尺寸砍到只剩两个，80% 的产能做 32 寸的面板，20% 的产能做 55 寸的面板。

其实这也是互联网思维，当时雷军讲专注极致，我们也专注于做两个尺寸的面板，效率最高，把产品做到极致。“产能 × 产能利用率 × 良率 × 结构”，这 4 个要素合在一起成为一个指数，有人说这是薄连明发明的，就叫“薄连明指数”好了，我觉得不妥，就把它命名成“华星指数”。基本上，华星指数的变动率跟企业的盈利率是完全吻合的。可见，世界充满了不可预知性，事物也时常处于变化之中，但找到规律，并确立相应的工作原则，就能坦然面对困难。还是那句话，对结果的描述并不是最困难的，找到达到结果所需要采取的方法和步骤才是制胜的关键。

第三层含义：战略的实质存在于运营活动中，是选择不同于对手的运营活动的组合，要么做与竞争对手不同的事，要么以不同的方式做同样的事。这其实是讲因果链战略方程式中函数 f 的重要性，虽然大部分要素都是一样的，但我们可以有不同的组合。

以美国西南航空为例，从价值要素上来说，价格、餐饮、候机室的费用在同一个行业里都差不多，但如果对要素做不同的组合，竞争模式和战略就不太一样。图 6–2 中的虚线代表一般的航空公司，价格比较贵。从洛杉矶到拉斯维加斯，一般的航空公司票价 299 美元，而美国西南航空才 29 美元，低得不得了。美国西南航空的竞争对手不是其他航空公司，而是大巴车公司，大巴车公司票价 25 美元，因为飞机比大巴车快，所以贵一点，就定价 29 美元。

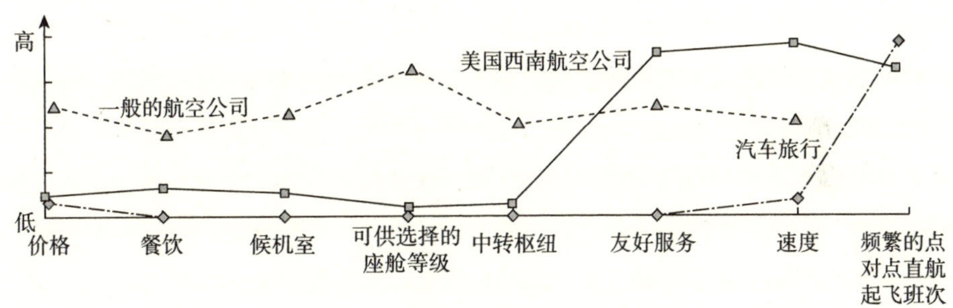

图 6–2　美国西南航空战略模式图

这样美国西南航空就定义了一个新的行业，成了一个穿梭式飞行的空中巴士，10 分钟一趟。我坐过美国西南航空的飞机，飞机上基本没有什么餐饮，一个老太太年纪的“空姐”在门口给乘客发一瓶矿泉水、一点花生米，乘客进去后也不对号入座，座位先到先得，满了你就改签到 10 分钟以后的下一班。在“9 · 11”事件前他们甚至连安检都不严格，整个模式都是快速周转的。一般航空公司的飞机到了某个基地需要一个小时周转，美国西南航空快速到什么程度？落地到重新起飞就 20 分钟，这种周转速度简直不得了。

我为什么讲这个例子呢？以前我在大学当老师的时候就讲过美国西南航空的案例，恰巧自己去了深航，深航管理层中就我一个人是学管理专业的，所以我自然就承担了深航战略文化设计的重任，并作为“企业设计师”设计管理的模式和战略。我建议学习美国西南航空，当时我们有个没写在墙上但刻在心里的愿景，

“要成为全民航最像美国西南航空的公司”。比如以飞机来讲，美国西南航空的飞机全部是波音 737，坚决不搞大飞机。那时候深航很多飞行员来找公司领导，不断地申请说波音 777 好、波音 747 好，说我们也要买大飞机。我说你就当自己是开出租车的。开桑塔纳收费是 1 元 / 千米，开奔驰车收费也是 1 元 / 千米，对司机来说当然愿意开奔驰。我说我们就是个出租车公司，你开个桑塔纳就行了。拿航空公司国内航线来讲，深圳到北京最经济的机型就是波音 737，这绝对是为中国量身定做的机型。另外，为了提高飞机的利用效率，深航做到了什么程度呢？一般航空公司的飞机利用效率是一天飞 7 个小时，深航一天飞 10 个小时。我作为总会计师当时给大家算了一笔账。多飞的航班，在能满足航次的油费、起降服务费、空姐的工资、飞行员的小时费等基础上，只要还有钱赚就产生边际贡献，销售收入减去变动成本就是边际贡献。晚上没乘客怎么办呢？那就拉货。我们把这种飞机叫快速改装飞机，没有乘客的时候用一个多小时把座椅全部挂拉出来，上面空的地方装货，装完货飞机周转半夜，到凌晨再把座椅装上拉人。这是真正的全民航第一架快速改造飞机，深航当时这么做，但后来不这么做了，因为这么做机舱里会有味道，拉了海鲜第二天机舱的味道实在难闻，但是我敢于尝试、敢于创新。

深航的创新例子有许多，再比如，以前买飞机票是要去固定网点凭身份证购买的，航空公司给网点付代理费。深航就不搞网点，我们招了一些送票专员，乘客只要打个电话，送票专员骑自行车一小时就能送票上门。在民航的快递业其实是我们做起来的，但没坚持下来没扩大，若扩大下来可能今天就成顺丰了。

这个创新中当时有个很大的风险。那时没有刷卡机和微信，全是使用现金，送票专员送完票拿到现金之后，最大的风险是什么？被打劫。那时候在深圳被打劫的概率还是有的。还有就是送票专员在送票上门时自行车有可能被偷。为了降低风险，我们就给每个送票专员开好存折，拿了钱后就近找银行存进去。但是后来又出了问题，送票专员手上的钱太多，我们的结算没跟上，差点出了财务问题。上级部门和民航局都不希望我们再这么做了，说这是扰乱社会秩序。我们说有漏洞就补，但不能因噎废食，所以这个创新还是坚持下来了。最后全民航都没有固定售票网点，都送票上门了。从这个例子可以看出深圳企业敢于创新的精神。

深航被认为是全民航当中效率最高的公司，效率高到什么程度呢？全民航一架波音 737 飞机平均的配比人数是 100 人，深航的配比是 70 人。在 1993 年的时候，我提出了一个观点，说我们要用 3 个人干 5 个人的活，拿 4 个人的工资，这叫“三五四原则”。这背后体现出来的人力资源思想，即员工个体薪酬最高，而公司总体人力成本又最低，能同时做到这个最高和最低的都是优秀企业。我当时工作的深航和后来任职的华星光电都做到了。讲回关键成功要素的重要性，我把深航的这些体会也用到了华星光电的工作中，找到这些关键成功要素，把关键成功要素组合起来变得跟别的公司不一样，就是创新了。

第四层含义：经营过程中的建构与解构。如果你找的公司大目标等于若干小目标的组合，还应该把大目标转换成下一层的小目标，然后一层层往下分解，做系统分解才有解，解这个公式就是做内部的战略推演。把这个公式解下来，公司经营的全部内容就出来了。这个公式就是一个把战略和运营有效连接的过程，而这个过程就是经营过程中的建构和解构，很多公司在这个过程中就广泛达成了共识，所以战略不是老板一个人定的，是全体员工共同定的，是群策群力的结果。

层层的 $Y=f(x)$ 构成了经营活动与战略实质的联系，整体思考，看清因果链，再经过系统的分解去探究出通往目标最合适有效的方法和步骤。在企业，我往往不直接给出公司管理运营的办法，而是给出这样一个因果链方程式及方法论，却能普遍适用于混沌不清、没有方向的公司。分解才有解，公司的运营藏于不断探究的本质之中。

“四位一体”，螺旋上升

“四位一体”是指什么呢？机制、体制、文化、能力。这“四位一体”怎么讲？我们常说管理大都是基于对个体的管理而言的，如果基于组织，管理能做什么？作为一个老板、CEO，你该抓哪些事？就抓四个维度，第一是机制，第二是体制，第三是文化，第四是能力，这四个维度是呈螺旋式上升的。比如我们去一家比自己“年纪”大的企业，可能会发现它的机制不行，体制也没有支撑。如果你是老板可能会觉得是员工的能力不行，我建议你先不要怀疑员工的能力，而是先看看企业的机制到底起没起牵引作用。公司平时有没有激励机制，激励机制有了，牵引好了之后，是不是员工就能干活了？如果体制不支撑，资源也不给，一样干不成，所以还要有体制保证。这些都做好之后基本生产力真正能激发多少呢？至少 60%。剩下 40% 的生产力需要靠文化和能力来解决，所以不要一上来就说员工的能力不行。好多初创企业的老板经常不停地换人，他们认为是员工的能力不行，结果换了很多人，企业依然没干好，他们错在没有从根本上，从机制和体制上去考虑问题。

我给大家举个例子，之前我们研发人员的流失率还是蛮高的，但在 2018 年后我们认真统计发现，当年研发人员的主动离职率是零。为什么呢？主要还是靠机制和体制激活了企业。但机制和体制不是全能的，大概只能激发 60% 的生产力，那剩下的 40% 呢？我们需要再检讨企业文化和员工的能力。在全景管理钻石模型中，机制属于政治范畴；体制属于政治和经济两个范畴，企业的流程、模式在某种程度上也是一种体制，文化在全景管理钻石模型的右下角，这个模型中间是一个大大的“人”字。我们怎么才能构筑一个理想的全景管理钻石模型呢？我有个四句诀：“机制牵引，体制保证，文化导向，能力支撑”。四位一体，不断循环，企业才能生生不息，循环不止。根据这些大家可以检讨下自己工作中的问题到底是出在了哪里。

要将领导力上升为公司的核心竞争力

“领导力”是个烂大街的词了，特别流行的领导力的定义是，领导力是一种影响和追随关系。我以前工作过的企业有些高管在调动的时候，会有一串人跟着他走，这就是所谓的追随关系。我们评价一个人有领导力，往往说的是有人愿意跟随他。我觉得这样的领导力定义特别狭隘。

我曾经看过的一本书里讲有优秀领导力的公司应该把领导力上升为公司的核心竞争力。当我看到这句话时挺受震动的，但是很多人不知道到底怎么才能把领导力上升为公司的核心竞争力，我们经常在市面上看到一些领导力优秀的公司被评选为“最佳雇主”“最佳品牌”，实际上这跟最佳领导力的概念还是不同的。

如果一个公司能把领导力上升为公司的核心竞争力，那这种领导力一定不是个人的领导力，而应该是组织的领导力。我认为最重要的领导力哲学就是三句话：“集众人之智，借众人之治，达众人之志。”这是我对领导力概念的高度浓缩。

什么叫“集众人之智”呢？不是自己有多大的本事，而是要把大家的智慧集中起来。比如我开战略推演会，花两天时间研讨怎么找到目标和因素，最终形成一个特别完备的战略地图。好多人疑问这个战略地图是不是提前想好了？我认真地告诉大家，我开战略推演会之前没有预设任何答案，所有结论都是经过大家研讨出来的。真正地相信群众叫集众人之智，但要有套集众人之智的流程，这个流程就是战略思维和管理流程。

“借众人之治”，如何治理众人？我在华星光电的时候，研究如何激活在互联网形态下的组织，创造了一种“齿轮模式”。企业运作不太像串联或并联的关系，真正的企业运作就像钟表一样，是若干个齿轮相互耦合的结果，是大齿轮和小齿轮套在一起，小齿轮带动大齿轮运作的过程。所以在企业经营中，不见得一定要按固定的组织流程走，真正的运作实质在于各种齿轮的相互耦合。华星光电发展到最高峰的时候有500个齿轮在活动，组成齿轮的都是跨部门、跨组织、跨层级的人，我们专门建了一个IT系统管理齿轮地图。虽然我这个CEO跟普通员工可能差了5级，但是我们可以在一个有结构有分工的齿轮地图里，这就是

"借众人之治"，"治理"的"治"。我们要研究组织模式的创新，研究结果表明最高效的组织是自组织，齿轮组织就是自组织，符合当下互联网思维所提倡的去中心化、分布式、反科层、自驱也驱人的特征。

最后是怎么"达众人之志"？要达成大家共同的愿景，而不是个人的愿景。共同愿景取决于大家能不能分享共同利益。如果不能分享共同利益，是不太可能达成共同愿景的。2013 年我们实现了 20 多亿元的利润，大大超过了预定目标，到年底就要发奖金了。人力资源部认真测算了一下，按规定奖金应该是管理团队内的十几个人分享，但我们改变了分配方案，变少部分人分享为全员分享。我当时和李东生董事长及团队讲，活儿都是副总裁们干的，如果我自己拿了大头，他们明天还跟我干吗？如果副总裁有了奖金，总监、厂长们也觉得活儿是他们干的，公司平时强调赢在中层，奖金怎么能给不到中层？良品率都掌握在工人手上，我们是无人工厂，60 多万平方米的无人车间，平时在里头看不到人，工人都在 100 米之外靠电脑操作控制良品率，不给工人们发奖金行不行？以此类推，我说这个奖金不能我和少数团队成员拿，要重新调整分配方案。后来奖金总额不变，但从少部分人分享变成全员分享，连司机都有。而且为了调动几个主要副总裁的积极性，他们的奖金还高于我。有人说薄连明发扬了风格，我说不对，是我们这个群体所有干部一层层发扬风格。我拿少了，副总裁们一样拿少了，但是我们拿少是为了拿得长久，我们不要一年拿完，要每年都有奖金拿。我觉得这是"达众人之志"。若没有这样的胸怀，所谓的领导力就无法成为公司的核心竞争力。

"集众人之智，借众人之治，达众人之志"这三句话就这样得到了大家的认同，变成了公司的口号，不仅我一个人行动，而且公司各层级管理者一起行动，大家都这样做。当一个人的行动变成群体行动时，这种领导力就变成了公司的核心竞争力。

以上就是我给大家分享的企业方法论，最后有句话想分享给大家，是我特别欣赏的瑞·达利欧在《原则》里的一句话："成功人士都在过一种有原则的生活，都按照一个原则来工作，但原则的原则是要列出自己的原则。"我看到这句话之后就把这本书合上了。之后我用了两天时间列自己的原则，我也像瑞·达利欧一样，左边列生活原则，右边列工作原则，然后再把它们精炼成一个原则。瑞·达利欧说，我们每天都面对着各种不确定性，不可能预见到所有问题，更不可能提前预备解决问题的方案，但有原则之后，所有的事情都可以按原则来办。后来我遇到问题的时候，就会翻翻自己的生活原则和工作原则是怎么写的。

瑞·达利欧说过另外一句特别好的话是："我的终极目标是创建一部运作极好的机器，我只需在一旁坐着，看美好的事情发生。"其实，CEO 并不是解决问题的专家医生，CEO 的主要职责是搭建这部机器，并使它良好运作。这部机器的基本构件就是全景管理钻石模型，它怎么运作呢？靠齿轮模式，而且要为齿轮注入文化动力。要运作好这部机器就要找到中间的因果链，就是 $Y=f(x_1, x_2, x_3, \cdots)$ 的战略方程式。从这个角度而言，我是在搭建一部机器，并争取让它运作得极好，之后我就不用那么费力，坐在一旁静看美好的事情发生就行。所以，这既是瑞·达利欧的终极目标，也是我的终极目标，我还在努力的过程当中。

The Great Era of
Innovative Entrepreneurship

精彩问答

Q：请问您如何在繁忙的工作中保持自己的学习力？

A：其实，在我每次转换职业的过程中，最大的考验就是学习力。我也经常在公司内部跟同事们说，人的年龄有三种：第一种是生理年龄，第二种是心理年龄，第三种就是学习年龄。

如果一个人永远保持学习力，他再老都是年轻的。如果没有学习力，哪怕他只有30岁，其实也已经死了，只是等到70岁的时候才被埋进坟墓而已。

所以，保持学习力是让自己保持年轻的重要方法，每次转换职业都是对学习力的极大考验，坦率来讲，我也没什么秘诀。举个例子，在华星光电时，我确实不懂面板和技术，而且一开会来的都是韩国人和我们的宝岛台湾人，他们讲话一半用中文一半用英文，英文还用缩写词，我做CEO跟他们开会，但开完了之后呢，我啥都没听懂！会后我把资料全拿过来自己再复习一遍，如果明天还要开什么会，我就把资料先拿过来预习一遍，我真的是用学生复习和预习功课的方式去学习了。

所以，我没有什么保持学习力的秘诀，但做事要有决心，不能甘居外行，别人说我“外行领导内行”，以为我是靠逻辑做的领导，但其实到关键点做判断的时候，我必须要真的懂，不能永远是外行，也不能把决策的责任交给别人。通过这种预习复习恶补的笨功夫，不出一个月，我跟他们对话的时候就可以用专业术语了，甚至可以用些英文缩写词了。

Q： 您职业生涯中永远难忘的困难瓶颈是什么？当时是如何应对的？

A： 刚刚在演讲中我提到了职业转换中痛不欲生的事，但是痛苦是避免不了的，人生就是这样，而且这是我自己主动做的选择，真的，我不在大学里好好地做副教授，非要来深航当搬运工，在深航顺风顺水做管理的时候，又来TCL集团从零做起。这些都是我真实经历过的困难，但因为是自己做的选择就无怨无悔。

至于如何应对困难，我们遇到挫折的时候还是要回到基本面，也就是回到自己的原则上，这样基本上就可以解决问题。列出你的生活原则，一条两条三条，比如我有一条原则叫“批发不如零售”，一个消息在公之于众前，要单独告诉关键人物。为什么呢？因为如果他跟别人同时获得信息，他会觉得不被尊重，觉得他跟别人一样了，他必须得有提前获得信息权。所以在开会前两分钟把他叫到办公室告诉他，就这两分钟的事他就能感受到被尊重。

同时也要列出你的工作原则，比如说系统性思考、全局性思维、因果链解析等。我们回到原则上去思考，把它列出来，遇到问题的时候就好处理了。

我们很难说人生中的哪些困难是最难的，坦率地讲都很难。在唐山大地震的时候，我遭遇了死里逃生的困难，当时我被埋在地底下，身上留下了很多疤。我爷爷在地震中去世了，我爬出来后去救了全家人，救完全家人之后又去救隔壁的邻居，还给受伤严重的人做人工呼吸，但是没成功“呼”出一个活人，这也是我最大的遗憾。可能是我没有做人工呼吸的经验，技术不够，或者是他们闷得时间太长了。我那次真的是见识到了尸横遍野、满目疮痍，比起那些死在地震中的同学，我已经多活几十年了，所以就有一种乐观的心态。汶川大地震时我不敢跟别人比，但我跟自己比，我当时捐出了一大笔钱，因为我也是从地震的废墟中走出来的人。不过这都是人生的经历而已，回到你的问题，到今天为止，我认为在困难面前列出自己的原则，才能以不变应万变。

Q： 薄总您好，我在企业负责人力资源管理，做了十几年了。我有一个疑问就是您离开 TCL 集团去了光峰科技。与 TCL 集团相比，光峰科技是一家还在初创阶段的公司，两家公司处在不同的生命周期，您在两家公司工作时的用人策略有什么不同？

A： 这个是很好的问题，我觉得这两家公司的驱动要素不太一样。传统大公司是靠规模经济和要素投入来运行的，而光峰科技这种创新企业是靠科技创新驱动的。

以前我们光峰科技面试过一位台湾人，他是从台湾一家大企业出来的，工作套路非常完整、规范，但我最后决定不予录用这个人，因为他太规范，太有套路，就失去了创新能力。不同的企业，用人的标准不一样，我们当前这个阶段一定找创新人才，而不是要特别规范的人。超过经营需要的都是浪费，管理是为经营服务的，人也是一样。这个台湾人真的很优秀，但不适合我们，我们需要的是创新人才。

在企业中应当有一种理念——“高工资往往是最低的成本”，什么意思呢？就是说优秀的人才是免费的，因为他一个人顶 10 个人甚至顶 100 个人，你不可能给他发 100 人的工资嘛。所以相对来讲，他就是免费的，非优秀人才很难支撑公司的发展。我在光峰科技时提出了一个特别重要的理念，就是加大人才密度，我们要靠人才密度来支撑公司的发展。

本文根据作者 2019 年 3 月 26 日在北大汇丰商学院创讲堂的演讲整理而成，经作者审阅并授权发布。

主编伴读

薄连明先生的演讲非常精彩，让我意犹未尽，收获甚多。他是中国少有的既有丰富实践经验又有深刻管理思考的 CEO。这些深刻的实践经验来自他在一线吃的苦，比如在深航创业时，他能够放下之前大学副教授的身段，去跟基层工人们一起做搬运工、报关员，在 TCL 集团的工作经历中也同样深入前线去经历痛苦和挑战，并且成功地从业务中升华形成了自己的管理模型和哲学。

放下身段、深入业务、提炼升华，这是值得每一位创业者学习的。

管理模型的本质

薄连明先生提出的全景管理钻石模型、因果链模型等，是一位优秀领导者结合实践的思考、归纳和提炼。这类管理模型对企业的重要价值在于，能够帮助企业穿越迷雾，减少众人在徘徊不定中的摸索时间，迅速达成共识，这是一种卓有成效的方法论。正如他提到的，在 TCL 集团 20 多位核心高管参与的战略研讨会上，大家莫衷一是地陷入了被“卡住”的状态，这时候他提出一种新的讨论方法不仅相当具有启发性，并且要能带领大家在思想上破局。最终，他提出的全景管理钻石模型快速地提供了一种思考、讨论、共识的框架，而之后这个框架便成为他服务过的很多企业指导运营和管理的方法论。

成功企业的最高领导者需要提炼出自己的管理模型

在华星光电时，薄连明先生提出了 $Y=f\ (x_1,\ x_2,\ x_3,\ \cdots)$ 的战略

方程式，这是他自己的管理算法，是归纳总结并提炼升华之后形成的管理模型、理论框架与哲学，是把管理突破的思想方法论用公式的形式表现出来。通过这种算法可以聚焦领导团队的关注点和思维的落脚点。找到 x 其实就是抓本质、抓关键的思想方法论，这个公式能够帮助整个领导团队更好地聚焦在什么是事物的关键和本质上，这常常是战略和业务取胜的重中之重。另外，从目标 Y 出发，而非从问题入手，这都是薄连明基于大量实践经验产生的管理哲学。

成功的企业领导者需要提炼升华自己的管理模型或算法，大多数时候照搬别的公司的算法往往是不适用的，每家公司都需要找到自己独特的管理套路和算法，这是非常重要的。

不断突破的卓越领导者

演讲一开始薄连明先生讲了自己人生的重大机遇与转折，我们可以看到，他在不断地突破舒适区，进入新领域。任何一位卓越的企业领导者的成长路径都是不断突破的。他既能够非常接地气，卷起裤管深入田间地头，又能够把自己拉到 5000 米到 1 万米的高空去鸟瞰这些业务，同时还能够归纳总结并提炼升华管理模型、理论框架和哲学，再运用到实践之中。这种能力对希望成为卓越的 CEO 的人来说，是非常有启示作用的。

另外一个值得深思的点在于，薄连明先生作为一个外行是怎样成功领导一群行业技术背景深厚的内行的。在华星光电，他找到的关键成功要素是产能、产能利用率、良率、结构，把这 4 个要素乘起来命名为“华星指数”。之前华星光电如此多的内行人为什么没有想到这些要素和本质呢？这就是“见人所未见”，一位卓越的领导者即使在一个不熟悉的行业，也能比内行有更难得的见解，这是优秀的领导者所具备的品质。

商业模式的创新威力不亚于科技创新

冯卫东
天图资本 CEO

无论是风靡全国的周黑鸭、奈雪的茶，还是每日为大家输送新鲜水果的百果园，再到排队好几个小时的网红食品“鲍师傅”，以及种草大户、带货平台小红书……当我们联想到这几个品牌时，他们背后都有一个共同的名字——天图资本。

冯卫东作为天图资本的创始合伙人之一，主导或参与决策了天图资本绝大多数项目的投资，并推动天图资本专注于中国消费领域的投资。他认为，竞争的基本单位是品牌而非企业，品牌定位是一种有影响力的观念，更是一个理论体系，可以与商业模式有机结合。2019 年 12 月 19 日，冯卫东做客北大汇丰商学院创讲堂，与大家分享在企业投资中，天图资本最关注的品牌商业模式。

商业模式，一个股权资本担保的合约网络

到北大汇丰商学院讲商业模式其实有点班门弄斧。全世界对商业模式的定义有很多，我始终觉得北大汇丰商学院的魏炜和金融学家朱武祥两位教授的定义是最靠近经济学、最有坚实基础的。“商业模式”就是企业利益相关者的交易结构。学者的定义比较有学术性，如果从经济学的角度来讲，交易结构其实就是合约，或者说是结构化的合约。

巴泽尔与科斯的经济学分析

经济学家约拉姆·巴泽尔（Yoram Barzel）的产权经济学分析对企业的定义差不多就是一种商业模式。他说一家企业是一个由股权资本担保的合约网络，是一组合约。当然，经济学家张五常认为公司是没有界限的，合约就像一张蜘蛛网一样，因此他说“公司无界”。我们做投资的都觉得如果公司无界，那我们投资的是什么？不会是一个社会吧？所以说，巴泽尔对企业的定义接近我们投资人的理解——企业就是一个由股权资本担保的合约网络。

这些定义都非常好，能够直接把经济学的定律用到商业模式的分析中去。其实我认为合约分析范式是由罗纳德·H. 科斯（Ronald H. Coase）建立起来的，在科斯之前经济学已经高度数学化了，但是跟真实世界的关系并不大，是科斯把经济学拉回来面对真实世界。他在文章里说明企业的性质时，其实是用交易费用来解释的：为什么有企业？企业的边界在哪儿？企业的规模是如何决定的？科斯认为因为有时候市场的交易费用很高，所以要用企业代替市场，用有形之手指挥一些要素的配置。他在《联邦通讯委员会》（*The Federal Communications Commission*）一文中针对这种资源相互依赖情况下的产权问题和社会成本问题，提出了产权和交易费用。科斯定理认为，当产权得到了清晰的界定，而且交易费用足够低的时候，资源总会达成有效的使用，这跟产权初始是如何界定的没有关系。

当然真实世界的交易费用很高，所以产权如何界定就显得非常重要，为什么我们天天说改革红利呢？因为现在经济不太好，大家都在呼吁要改变，要进一步出台改革红利。

《社会成本问题》(*The Problem of Social Cost*) 是科斯的成名之作，也是他获得诺贝尔经济学奖最重要的一篇文章，他的另一部作品《经济学中的灯塔》(*The Lighthouse in Economics*)，指出传统的经济学已经走向了黑板经济学，传统经济学说灯塔是公共物品，不会有私人去建设它，所以应该由政府出手建设。但科斯发现英国现实生活中的灯塔是私人建设的，所以要大家看真实的世界。他于 1991 年获得了诺贝尔经济学奖，他在 2013 年出版了《变革中国》，这部作品研究了中国改革开放取得的成绩。其实可以总结为三个要点：边缘革命、区域竞争、思想市场。总结得真的非常好。

张五常的商业洞见

我们现在比较忧虑的是区域竞争和思想市场的发展受到了影响。当然，在科斯开始新的范式研究，即产权、交易费用、真实世界的研究后，有几大学者跟进，我认为其中最重要的学者是张五常，虽然他没有得过诺贝尔奖，但是跟他往来的关系好的经济学家都得了诺贝尔奖。很多人认为诺贝尔奖错过了张五常，不是张五常的遗憾，而是诺贝尔奖的遗憾，就像爱因斯坦的相对论没有获得诺贝尔奖一样。张五常的《佃农理论》推翻了错误的传统看法：分成合约没有效率。

张五常深入研究了交易费用后，发现分成合约既然是市场选择出来的，就应当是有效率的，但是要基于发现具体的交易费用。我国台湾在土改之后管制分成率，即不允许市场自由地约定分成率的时候，农业产出居然提升了，这是反经济学直觉的。张五常通过详细的研究，得出了产量提升的原因，并因此建立了经济学研究的新标准，达到了严格的实证科学标准，这是新的研究方式。

现在张五常老了，讲话的时候经常会回忆过去的荣光，大家去看他以前做出的贡献，他的《佃农理论》可以说是合约经济学的开山之作，《蜜蜂的神话》也打破了蜜蜂传粉有外部效应、外部效应没有市场的传统经济学说。张五常通过实地考察，发现“蜜蜂的合约”中有非常完善的市场。在农场中种果树有时是果农向蜂农支付费用，有时是蜂农向果农支付费用。因为有的果树本身花蜜含量不高，非常需要蜜蜂传粉提高产量，这时果农就要向蜂农付费，让蜂农把蜂箱搬到果园去；而种植苜蓿的牧场，因为苜蓿是做饲料用的，不需要结籽，但是苜蓿的蜜含量很高，这时蜂农就要向牧场的主人支付费用，才可以把蜂箱放到牧场。而且市场上都有非常细致的合约来定价，这就打破了蜜蜂的神话。

张五常后来回到香港，发现电影院优座的票价虽然高一些，但总是最先卖完，他就指出优座票价其实是定得偏低了，因为节省了某种交易费用。如果优座票价按照边际价值定得再高一点的话，就可能跟劣座卖的比例差不多，但是这样的话电影开演后劣座上的人就会跑到空闲的优座上坐，如果大家都觉得开演的时候能坐到优座的话，那一开始就不会买优座。所以电影院把优座的价格定得偏低，让优座先卖完，买劣座的就不可能跑到优座上去，也不需要雇人来监管，让顾客帮助电影院保护优座的价值。像这种经济学的洞察非常有意思，涉及商业模式的时候会有所体现。

克里斯坦森的创新洞察

我们从经济学拉到离商业更近一点的范畴，大名鼎鼎的研究创新的学者克莱顿·克里斯坦森提出了很多创新概念，尤其是破坏性创新，包括低端市场破坏、边缘市场破坏。我发现投资人关心的其实是他提出来的“产业价值守恒”。因为投资人经常困惑如果这个风口停了，下一个风口会在哪里？他们很迷茫，觉得黄金时代是不是已经过去了，已经到尾声了，是不是没有东西可投了？其实我们是坚定的乐观主义者，因为产业价值是稳定的，一个大的产业价值是守恒的。

以餐饮行业为例，其一年有 4 万多亿元的产出，每年新增的固定资产投资大概是 2000 亿元，同时还有数百万的从业者等人力资本的投入。这么多资源和生产要素的投入，按照竞争的逻辑，这些投资要素应该获得平均回报率，而平均回报率（乘要素总投入）就是这个行业创造的价值。

为什么过去投资餐饮行业获得较大成功的人很少？是因为我们没有找到价值创新的中枢，每年有数千亿元的要素投入，如果创新能把这些要素的生产率提高 1%，那就会产生巨大的价值。如果能把销售利润率提高 1%，那就会产生几百亿元的利润。过去的人们没有找到关键的价值创新中枢，所以餐饮行业没有像互联网行业那样获得大的投资价值，当然也有反例，但需要在新的理论下才可以看出来。所以克里斯坦森说创新中枢或者创新的密集区域就是价值中枢。

合约设计的创新

创新可以分为两大类，一类是硬科技的创新，这是政府现在大力鼓励和扶持的，现在又有很多基金涌进来了。多年前我们投资了一家芯片企业，后来我们灰溜溜地退出了，当然没有血本无归，因为我们投得很早，只是亏了点利息和资金的时间成本。最近总有人问我们投资的芯片企业融资没有，我说我们退出很多年了，虽然如果坚守到今天说不定也是好的投资，但是我们不后悔，这不是我们该挣的钱。

硬科技创新有人工智能、5G、量子计算、生物医学，确实能创造巨大的价值。现在层出不穷的创新马上就要攻克无数的疑难杂症，硅谷精英们认为治疗癌症已经不能让他们激动了，他们要抗衰老，要追求永生。还有新材料石墨烯、高温超导，每一项硬科技的突破都会给产业结构带来天翻地覆的变化，大家的目光都被吸引到硬科技创新上了。其实天图资本一直是坐惯了冷板凳的，我们更擅长投资商业模式的创新。比如食品，周黑鸭把地摊上的鸭脖子变成了现代化的产品，用中央工厂和现代化的包装防止污染，把鸭脖子升级成了安全的好吃的周黑鸭。

另一类是服务创新、营销创新。比如江小白既有营销的创新，也有生活方式的创新。奈雪的茶、茶颜悦色都是我们投资的，他们的创新是我们能理解的，特别是商业模式的创新。

大家是不是觉得这些创新跟硬科技创新比起来都是小儿科，价值不那么大呢？我们认为恰恰相反。我记得巴菲特说过科技进步往往是消费者的福利，却是投资人的噩梦。当然投资者分两部分，前面的那一部分人欢天喜地，后面的那一部分人则焦头烂额。但是消费者的福利是巨大地增进了。

以 20 年为单位的话，挣得最多、涨得最多的还是消费类的股票，A 股在过去 10 年应该验证了这个观点。合约或者商业模式的创新威力是不亚于硬科技创新的。

流放犯人的运送

在 18 世纪，英国政府租用民间商船把犯人流放到澳大利亚。运输过程中犯人的死亡率非常高，最高的时候可以达到 40%。这么多犯人在运输过程中死了，这非常残忍、非常不人道。后来英国政府派检察官随船押运，但是没用，检察官也会离奇死亡。而且有了检察官之后，犯人的死亡率更高，因为船队为了挣回搞定或者买通检察官花的钱，就要使更多犯人死。后来英国政府又派神父给他们做人道主义教育，依然不管用。

后来有一位经济学家建议修改押运合约。犯人在澳大利亚上岸后再付款，付款前要清点活着的人数，还要称体重，体重减轻多少就打折多少。就这么一个合约创新就产生了意想不到的效果，死亡率急剧下降到 1% 以下，有时候甚至是零死亡，船主会聘请随船的医生、营养师、心理咨询师，避免犯人在船上非正常死亡。这是合约创新产生的数十倍甚至上百倍的效率提升。

垃圾邮件

还有一个例子是关于垃圾邮件的，现在大家每天打开邮箱时心情都不好，因为很多时候大家基本上都是在垃圾堆里面找工作邮件，我用的腾讯的企业邮箱也是这样。道高一尺魔高一丈，各种邮件过滤器、自然语言识别、语义分析、反垃圾邮件引擎、黑名单等高科技在垃圾邮件面前一直束手无策，但如果用合约解决可能会容易很多。

有没有人想到用什么方式解决垃圾邮件？其实改变人的行为，最有效的往往不是依靠科技而是依靠激励。垃圾邮件的发送者受到激励就会想尽一切办法发送垃圾邮件。但如果发邮件要付费呢？如果是为了消除垃圾邮件而付费的话，合约该怎么设计？就是要贴电子邮票，而且电子邮票是可以重复使用的。你发给我邮件，我收到了你贴的电子邮票，我给你回信，或者发其他新邮件的时候，电子邮票是可以再贴上去重复使用的，这就简单了。因为正常人的邮件收发基本上是平衡的，所以贴电子邮票不会带来额外的成本，但垃圾邮件的发送者是“顺差”，天天发 3 万封邮件，就要付巨大的成本。如果从这个角度考虑，可复用的电子邮票就会解决很多垃圾邮件问题。

滴滴顺风车乘客遇害案

对于滴滴顺风车乘客遇害案，大家愤怒的不仅仅是意外的发生，意外有时候是难免的。大家愤怒的还是在处理意外的过程中滴滴奇葩的客服流程，受害者家人要调取车牌号信息，滴滴说要报案，立案后才可以调取；受害者家人去立案又被告知得先有车牌号才可以立案，等于以保护乘客或者司机的隐私为名，制造了一个死循环。

虽然他们后来用了人脸识别、语音录音、跟公安局联网等技术手段解决了问题，但如果是用合约设计来解决这种情况其实很简单。你如果要调取用户信息，先交 1000 元保证金，只有家人才愿意冒着不会被退还的风险交 1000 元保证金。万一坏人就是愿意交 1000 元调取用户信息呢？合约里还可以多设计一个环节，比如要调取用户信息得先输入调取人的资料，并设置 5 分钟的等待时间，然后系统在 5 分钟之内联系用户，告诉用户有人花 1000 元调取他的信息，如果用户不同意就可以马上没收保证金，这样坏人还敢不敢花钱冒险调取信息呢？这样一切就可以变得非常简单。

ETC 办理

现在马上要取消人工收费，改用电子不停车收费系统（ETC）。我为我的车子办理 ETC 的时候，折腾了半天办理不了，因为我当时是在微信上面办理的，只有车主本人才可以办理，而我的车登记在公司名下。我觉得这个制度设计得很奇葩，为什么要那么严格呢，难道是担心有人会为别人付费吗？停车场、机场到处都是无卡停车，绑定微信就很容易，不要求车主提供什么，也不拍行驶证，因为停车场和机场相信没有人会帮别人付钱，但政府设计的流程有时把我们保护得太好，让我们很难受。

周黑鸭

周黑鸭早期是加盟模式，但他们发现加盟店会私采原料，破坏顾客体验和品牌，后来他们就忍痛把所有的加盟店高价收回来做直营了。果然做直营是对的，也很挣钱，周黑鸭有 800 家直营店时达到挣钱的顶峰，利润是绝味 6000 家店的 3 倍。周黑鸭一家店顶绝味几十家店，所以周黑鸭的企业家就认为必须坚持直营。人们容易把某一个阶段的认知固化为真理，当他们开到 1200 家店的时候发现收入没有增长，利润还有所下降，那二级市场对他们的估值就腰斩了。

其实当品牌的管控能力足够成熟的时候，它们对加盟店也可以完全充分掌控。如果坚持直营模式的话，品牌就会面临管理成本急剧升高、同店的效率降低、开设新店选址困难等问题。因为员工去选址肯定没有自己是加盟店店主时尽心。加盟店的净收益叫“剩余索取权”，这些都是老板的，而不是直接主事者的，直接主事者就没有积极性。所以很多企业大了就会遇到瓶颈，商业模式调整的威力资本市场是很清楚的，我们也一直跟周黑鸭的负责人说，这个阶段考虑加盟才可以突破瓶颈。之后周黑鸭就开始做加盟，加盟信息一公布股价马上涨了 40%。这就是市场对商业模式调整创新的评估。

大众点评与美团

前面说过去在餐饮行业获得较大成功的企业很少，主要原因是创新和效率提升不够。在过去 10 年餐饮行业效率提升最大的是哪一个环节呢？是互联网的应用降低了某些交易费用，虽然大众点评做外卖策略不当，被美团吞并了，但大众点评率先降低了我们选择餐馆的信息费用。而美团最大的价值创造就是通过互联网做外卖降低了信息费用，同时提升了骑手的调度效率，当然还通过规模经济，让骑手一次性送更多的单。规划骑手的线路都是很复杂的科技。美团的价值创造就是把我们叫外卖、找餐馆的交易成本降低了一点点，因为餐饮业很庞大，所以降低一点点交易费用创造的价值都是巨大的，资本市场也对这个价值做出了好评。美团在升级定位理论体系里属于渠道品牌，大众点评是导购品牌，我们投资的小红书也是导购品牌，导购品牌是帮助大家做选择的，渠道品牌是帮助大家完成销售的。

海底捞

海底捞是一个产品品牌，提供的是火锅产品服务，其市值在 2019 年年底是 1696 亿港币，高峰的时候有 2000 亿港币。

为什么做餐饮那么难？其实是因为没有足够的创新，没有解决根本的问题，比如靠有情怀的老板，热情满怀、起早贪黑地工作可以管好几个店，这种餐饮老板非常多，我跟很多餐饮老板打交道时发现，他们开几个店的时候很挣钱，开到十几个店的时候就焦头烂额不挣钱了，到几十个店的时候就把自己做破产了，这种情况非常多。

但是海底捞通过商业模式创新解决了很多问题，创业有激情的时候品牌可以把很多细节做好，但要日复一日地把细节做好，其实是反人性的。人性是会懈怠的，尤其是开几个店挣了钱之后，人其实是很难坚持用同样的方式挣辛苦钱的，但如果用规模扩张来提升盈利就会碰到很多管理问题。当然海底捞选择的火锅品类相对容易标准化，因为他们不依赖大厨，靠的是中央工厂的工艺标准化。但是门店也需要服务，怎么让门店的服务标准化，让门店的员工永远充满激情？管理体系怎么突破？门店越来越多，开到数百家店的时候怎么突破瓶颈？

海底捞的师徒制合约设计就非常巧妙，店长首先要把自己的门店做得很好，A 类门店的店长可以收徒，徒弟做得好可以再收徒，他们的利润分享是二级分享，为什么不是一级或者更多级？不是因为更多级会成为类似传销的模式，最根本的是如果只分享一级的话，师父带徒弟的方式就会是只教徒弟经营门店，而不会教徒弟再带徒弟。如果他的徒弟带徒弟时分散精力了，他不会得到任何好处。但是如果师父还可以分享徒孙门店利润的话，那么他不仅会教徒弟做好门店，还会教徒弟如何再带徒弟，能分享徒孙的收益就会让师父把所有的经验传授下去，但再往下分享更多代门店利润就没有必要了，会分散激励资源。

我相信这种模式是海底捞经过长期摸索定下来的。如果我不擅长带徒弟，就只是很好的店长，岂不是活不下来了？海底捞也为这种情况做了设计，店长是有选择权的，可以选择用师徒制的方式获取利润，也可以选择只做好自己的门店，只获得取自己门店的利润分成，哪种方式利润多就用哪种。如果店长选择只获取自己门店的利润，那么他们的分成比例是 2.8%；如果店长选择师徒制，就能分得自己门店利润的 0.4%、徒弟店利润的 3.1%、徒孙店利润的 1.5%，这是很精细的合约结构。这仅仅是师徒制合约的一部分，海底捞的店内业务也有类似于计件工资的合约，计件工资没有强大的信息技术系统支持根本做不到，所以海底捞的数字化也非常厉害。

海底捞使用的是企业战略角度的多品牌战略，他们用多品牌主导火锅品类价值网，商对客（2C）的品牌主要就是海底捞，他们是最先上规模连锁化的，当时没有人跟他们配套。为了跟自己配套，海底捞就把自己的职能部门发展成了面向市场服务的商对商（2B）生意，比如比海底捞先上市的蜀海、颐海，做人力资源培训的微海咨询，做IT系统开发的海海科技，做连锁门店装修的蜀运东方。这些都变成了独立的业务，面向市场提供服务。当然可能他们的一半业务都来自海底捞体系内。海底捞还做了面向终端用户（C端）的其他品牌，比如U鼎冒菜，但是目前看来没有做出太大的体量。

我们仔细研究，就会发现这些成功的企业做对了很多事情。他们选对了机会、选对了品类，他们选择的品类是有巨大市场或在高速发展中的。他们同时还在商业模式上做了很多创新，如果没有这么多创新的话，可能很快就碰到瓶颈了。我们研究过很多餐饮企业，基本上都没有投资，因为我们对他们的瓶颈了解得越来越清楚，当然我们也有交过一些“学费”。

升级定位理论

我把定位理论和经济学结合并做出了一些发展，形成“升级定位理论”。我在升级定位理论里定义了“品牌商业模式”，可以用于做品牌战略的基本蓝图，也可以用于按图索骥指导企业的运营活动。这里面涉及非常多的知识点，如图7-1所示。

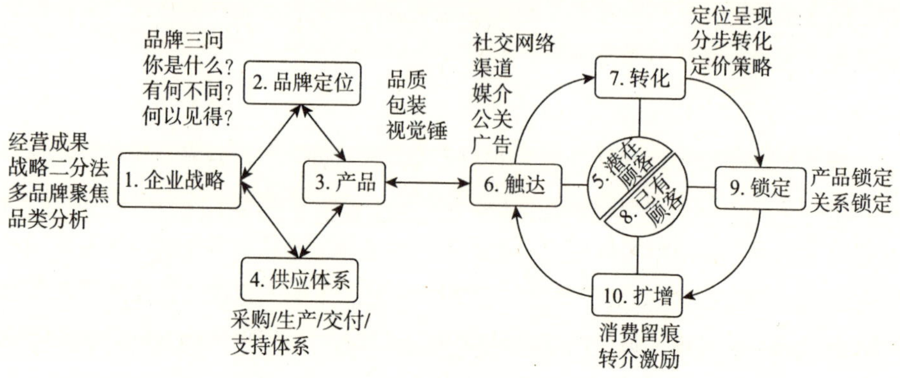

图 7–1　品牌商业模式图

比如我把战略分成企业战略、品牌战略两个层面。企业战略是首先识别新品类和定位的机会，再用品牌战略捕捉并利用这些机会，所以企业战略关乎机会，是企业家才能的体现。这里还涉及经营成果的界定，我在升级定位理论里提出了经营的核心成果其实就是品牌，品牌存在于顾客心智中，并使他们对产品优先选择，形成认知优势。品牌是企业的核心经营成果，是大火都烧不掉的，就像可口可乐说的，即使他们的工厂被大火烧掉，他们也可以一夜之间重建。

如果我们多抓几个机会的话，就涉及多品牌战略的基本常识，而且多抓不是任意抓，不是随便地多元化，而是要满足聚焦法则。海底捞虽然是多品牌模式，但他们也是聚焦的，他们聚焦的是火锅的价值网。“价值网”是克莱顿 · 克里斯坦森的说法，过去我们大多叫“价值链”“产业链”。

所以制定正确的企业战略，最大的基本功就是品类分析，关于品类分析也有很多的观点，第一个是品类会不断地分化出新品类，第二个是品类天生不平等，有的品类是强势品类，即好行业，有的品类是弱势品类，就是长不大的、做不成大品牌的，或者做品牌比较艰难的品类。

投资人和创业者跌得最多的坑，就是在弱势品类上坚持，在贫瘠的土地上辛苦耕耘，却很难打造出强势品牌来。

品牌定位是品牌商业模式的起点，要回答“品牌三问”：你是什么？有何不同？何以见得？这是顾客面对陌生品牌的时候，本能地想问的三个问题。我们只要注意观察人们平时的交流就会发现，很多人交流时首先会问你是做什么的，做的有什么不同？对于商业性的宣传，顾客一定是持怀疑态度的，何以见得？你凭什么这么说？要拿出证据来。这就是顾客所需要的一些关键信息，但是很多时候我们都不懂品牌，或者被一些错误的品牌理念所指导，把品牌说得云里雾里，只表达我们的情怀，而不表达顾客需要和关切的信息。

有了品牌定位就可以定义产品。定义产品时涉及品质、包装、视觉锤，即视觉竞争的概念，还涉及供应体系，即采购、生产、交付和支付体系。

接下来就是品牌和顾客之间的交易结构，涉及很多环节，层层展开的话就是触达、转化、锁定和扩增。触达一般通过渠道、媒介、广告、公关、社交网络。转化是让顾客买单，或者是通过广告信息完成预售，顾客虽然没有买，但是心里已经接受你了，下次看到或产生相应需求的时候，他会毫不犹豫地购买你的产品。锁定是让顾客持续购买，或者长期使用，这里涉及产品的锁定，首先定位不是忽悠顾客，产品本身要确实不错，要靠产品力长期锁定顾客。所以定位理论不是把“稻草”卖成“金草”，而是让“金草”不要被“稻草”埋没。

还有一个用得比较多的关系锁定就是会员机制。当然也有产品不好还非要锁定会员的，比如给你一个巨大的充值优惠，把你绑定在产品上，可大家心里其实是不满的。理发店使用的就是这种方式，如果现在出现一个不需要充值的理发店，很多人就更愿意去了。所以如果没有真正创造价值，纯粹玩关系锁定的话是不牢靠的。

扩增就是让我们已经卖出去的产品或者老顾客为我们带来新顾客。扩增有被动的，也有主动的。被动的就是我们卖出去的产品产生消费留痕，顾客在使用产品或者用过产品之后留下一些可见的东西，比如他们消费了一个名牌产品，有时候会把包装留下来。以前乘坐飞机是奢侈的事，航空公司会发一个航模之类的纪念品，乘客可以拿回去显摆，同时也协助了扩增。

主动的扩增是顾客主动地为口碑转介绍，商家甚至可以对顾客转介绍的行为进行激励。但要注意有时候用钱激励转介绍是最拙劣的方案，有些人可能本来要转介绍的，但是如果给钱的话他反而不愿意介绍了，因为他不想被别人误会是为了钱才转介绍的，因此激励设计要特别小心，有一个术语叫社交货币，转介绍的最佳激励常常是社交货币。

大家非常愿意转介绍微信读书，尤其是买了一本高大上的书的时候，我们非常愿意分享买一赠一的权利，这就涉及社交货币。当然，我们看武侠玄幻就不一定愿意转介绍了，会偷偷地看。

图 7-1 中解释了很多商业模式、企业的做法，帮助企业领导者发现了很多改进的机会。滴滴的高管曾经上过我的课，他们当时在做青桔单车，我说用这个品牌商业模式图的话，其实青桔单车还可以再优化。当然企业战略到底应不应该聚焦于做共享单车，那是企业家考虑的事情。一旦企业家决定要做，认为这是机会，那么品牌商业模式就可以帮助他们做到更好，更有效力。

说到品牌定位的问题，当时有那么多共享单车，青桔单车和它们有什么不一样？滴滴的高管说他们的单车更好用、更好骑。我认为最好用的共享单车是什么样的呢？硬件只是一部分，服务流程更重要，比如怎么开锁、关锁，因为锁是使用体验中重要的一部分。最好用的锁是什么呢？不是电子锁、密码锁。最好用的锁是不锁。大家能骑上就走，骑完就放下。但是怎么防止非授权使用呢？这个很简单，如果有人没有获得授权，他骑上走 100 米，单车就开始叫，这样就可以完美解决问题。这是不是一个空想？不是。

其实生活中已经有其他领域这样做了，比如，我们担忧老人免费的公交卡，会不会被他们的子女拿来用。要解决这一问题，只需做一个简单的设计，在刷老人卡时提示“嘀——老人卡”，这样年轻人就不好意思再刷父母的老人卡了。因为年轻人刷老人卡，可能会有人问他怎么养生的，为什么看起来这么年轻，他估计会被问得无地自容，这就是用社会习俗辅助合约执行。青桔单车如果这样做，效率可能就会大幅度改善，同时产品成本也会下降，因为不用锁的车没有机械活动部件，不用担心电池没有电时锁打不开、关不上等问题。仅仅是声音提示，耗电就非常少了，对电池的要求也很低。没有机械活动，部件故障率也变低了。共享单车的触达环节很简单，投放在街上就能触达。

转化的关键是降低新顾客的进入门槛，共享单车早期最大的门槛是要用户充值交押金，现在用户不需要交押金，直接用芝麻信用分，扫码即开，但这个方式出来得太晚了，基本上黄花菜快凉了才出来。

锁定有各种方式，充值、交押金都是锁定方式，但不是高明的锁定方式，高明的锁定方式是相互积分，我骑车给你积分，你骑车给我积分，朋友越多积分越快，这样就会造成社交网络效应。

用什么手段扩增比较好，我认为一个 App 可以扫码打开几辆车会更好。以前共享单车流行的时候，一群人出去，只要有一个人没有成为用户不能扫码骑车，大家就只好都不骑了。如果一个 App 可以扫几辆车，那大家就都可以骑，骑了之后觉得好的话，大家就都被发展成用户了。

填写品牌商业模式图的过程，可以帮助我们完成很多方面的产品改善，因为这个模式是经过实践反复检验的。每一个环节都涉及真实的运营活动领域，企业都可以做出很多改善，比如通过降低新顾客进入门槛来大幅度提升转化率。一个真实例子是有一家做公务员考试培训的企业，区域市场竞争激烈到他们承诺如果学员考不上就为其退款，但是他们的转化率依然不高。这家企业的创始人上了我的课后就想怎么在合约结构上创新，怎么降低进入门槛，后来他把合约改成了学员考上之后付全款，之后又进一步改成了学员考上半年后再付全款。这就带来了数量级的转化率提升。我们要去想怎么降低进入门槛，顾客才愿意消费，如果学员考不上机构就退款，但是学员先要交 2 万元学费，那么学员是不是很难下决心？因为他们可能要跟父母拿钱，这就变成了集体决策，门槛就比较高了。如果学员考上再付全款，决策之前就不需要跟父母打招呼，自己交一个“板凳费”就行了。但是学员考上后还是要找父母拿钱付款，因为他们自己还没有收入。而当政策改善成为学员考上半年后付全款，他们就不用找爸妈拿钱了，因为他们可以用自己半年的工资支付学费，所以转化率提升得非常迅速，这就是合约设计的魅力。

建立 7 道护城河保护创新

还有一个更大的问题是当前市场中抄袭太厉害了，如果科技创新有专利保护还好，如果没有专利保护，商业模式创新分分钟就会被人抄袭，还抄得比原创好，怎么办？投资人经常看到一项创新就很兴奋，投进去以后却发现马上变“红海”了，这就很惨。

之前有位创业者说他做了一款牙刷，一把牙刷上有一万根刷毛，使用体验确实很好，但是等他的产品上市时这个品类在淘宝上已经是“红海”了。有什么防止竞争者抄袭的方法吗？我们没有想到时就不敢投资，虽然产品确实好，但只要创新的“窗户纸”破了以后，所有人都可以做，竞争优势就没了。

这就是更深层次的思考，有巨大价值的创新依然不够，因为会有人分分钟拷贝你，以前鲍师傅很火，但是他们天天都在打假，正牌店还不到 100 家，山寨店可能有 1000 家。关于怎么保护创新，我们有一些总结。从需求端、供应端等方向发力建立“护城河”，一共有 7 道“护城河”，而且不同的品类重点不一样。

品牌效应

需求端的第一道护城河就是品牌效应。品牌是重要的壁垒，但不是所有的壁垒。品牌效应强的壁垒是什么呢？是顾客判断产品质量的信息费用比较高，他们不是产品质量鉴定专家，会相对依赖品牌提供的保障价值。

比如我们都不是教育专家，对教育孩子我们都感到焦头烂额；我们也不是医疗专家，看病时我们要相信三甲医院的名医，因为我们自己决策的机会成本太高了，决策失误的代价太大了，需要品牌来让我们安心、放心，所以社区医院门可罗雀，但是三甲医院人满为患，这都是品牌效应非常强的表现。

我国的基础教育是义务教育，不收费，那学校的品牌价值体现在哪儿呢？体现在学区房的价格上。学区房的价格差异有多大，学校的品牌价值差距就有多大。当然还有一些品类的产品质量大家都放心，有国家安全标准，比如酒，其实只要是正规厂家生产的至少不会担心喝死人。但是酒也需要彰显品牌价值，需要很强的品牌效应，因为用酒宴请他人要有面子。沃尔玛生产的酒，说得再好我都不会拿来款待商务客人。我知道一个很好的小众的酒，我可以跟朋友说它的性价比很高，但我不会拿来款待商务客人，怕客人琢磨这个酒是真好还是我在忽悠他们，所以还是用茅台吧，什么都不用解释，这就是彰显价值。像我们投资的江小白就是年轻人青睐的白酒，年轻人有他们自己的文化爱好。

网络效应

第二道护城河是网络效应，网络效应大部分是品类天生固有的经济特性，比如社交产品的网络效应天生就很强。2019 年第一季度的时候出现了社交软件的“小阳春”，如罗永浩的子弹短信、今日头条的飞聊等，很多机构都端着钱去投资，据说子弹短信的融资一个晚上就完成了。我们内部讨论说不敢投，因为社交产品的网络效应太强了，哪怕我们知道微信有很多缺点，而子弹短信弥补了微信的缺点，也没有用，因为子弹短信无法把用户的整个社交关系从微信迁过来，这是社交产品天生的特点。但是有时候我们可以通过合约设计创造一些网络效应，没有社交可以创造社交，我刚才说到的相互积分就能创造一个弱的网络效应，我们在教育产品里也可以创造网络效应。

有些教育产品把孩子结成小团队，就会产生类似网络效应的锁定，比如我儿子学圆号，参加了管乐团。但这是小众的乐器，我不想让他学了，他说如果他不学管乐团就要解散了，所以我又让他多学了两学期，后来他到了高年级实在是学习太忙才退出了。这是通过商业模式创造的网络效应，但更强的网络效应通常都是品类本身的内在特性。

迁移成本

第三道护城河是迁移成本。顾客使用产品是要做一些投入，或者积累一些社会和关系资本的，如果迁移了就会有损失。比如我用了 30 年 Windows，用习惯了，现在就不愿意再换苹果系统。因为我不想学新东西了，将就用吧，这就是迁移成本。

还比如会员制，我是南航、国航的金卡会员，我要保住会员等级，享受会员特权，这也提升了我的迁移成本，我不使用他们的航班就有损失。

范围经济

第四道护城河是范围经济。需求端的范围经济通常体现在互补型消费以及一站购齐上。范围经济下的大企业会具有一定的优势，因为他们可以同时提供多种互补产品。如果渠道品牌能让顾客在买东西时一站购齐，这也是范围经济，所以渠道很大程度上就是因为范围经济加上规模经济才出现的。过去很多卖家电的都做专卖店，但专卖店没有效率，后来就变成了国美、苏宁这样的家电超市，既提供一站购齐的范围经济，又提供安装、客服等方面的规模经济。

供应端也有范围经济，有一些产品是联合产出的，联合产出的效率更高。所以如果供应端有范围经济的话，创业者要小心，如果你做的事情是巨头百度、阿里、腾讯（即 BAT）的范围经济中固有的组成部分，那你就在他们的必经之路上，他们很有可能把你碾压了。像移动支付基本上是阿里做电商时必然要做的，很多第三方支付都在阿里的必经之路上，这些第三方就很难做大，就算活着，在资本市场上的价值也不会高。

规模经济

供应端还有一个经济学逻辑比较简单的护城河，即规模经济，意味着生产规模越大，单位成本越低。这是第五道护城河，因为这一护城河较为常见，大家对之都有基本理解，我就不展开了。

学习曲线

第六道护城河是，如果生产端的学习曲线持续不断地创新，迭代累加，把能力积累得越来越多，把个人能力变成组织能力，那么行业的竞争门槛就会越来越高。教育的新方式，新技术的应用，这些学习曲线都是非常高的，像松鼠 AI 教育在全世界找教育专家，百果园的精细化能做到由上游果园的人指导果农怎么种水果，怎么种植、施肥等，解决了果农聘不起高级技术人员的问题。

要素垄断

第七道护城河是要素垄断。在硬科技创新里，核心专利可以“卡脖子”；在消费品领域，企业靠专利垄断核心要素相对比较难，但是依然可以想办法垄断一些要素。对消费品企业来说，比专利垄断更强大的要素就是好的品牌名字。如果不是在消费品领域交很多学费去琢磨比较，企业是不容易体会到这点的。好的品牌名字的威力是什么呢？是说一次就被大家记住了，差的品牌名字说三遍大家都记不住。假如打广告战，名字好的品牌投 1 亿元产生的宣传效果，名字差的品牌得投 3 亿元才能达到相似的效果。如果双方其他运营效率差不多的话，名字差的品牌就基本上死定了。即使都被大家记住了，好名字一听就知道是专家品牌，比如百果园，而那些有着稀奇古怪的名字的品牌就差很多了。

我们投的松鼠 AI 教育品牌效应非常强，也有一定的网络效应。人越多，大家一起学习的劲头越足。它用人工智能做个性化的教学，学生适应了这个体系后，再去别的体系就要重新适应，所以它的迁移成本也很高。当然松鼠 AI 教育也有范围经济，它做很多学科，如果只做一科，那学生还要到其他地方去学习别的学科，很多人不想跑来跑去的，做很多学科就容易把学生聚集在一个地方。

松鼠 AI 教育之前叫“乂学”，这个名字就是在“找死”，后来被我们逼着改名字，也没有改得非常好，松鼠 AI 被很多家长读成“松鼠 A1”，但还是比之前的名字好。百果园的名字就一级棒，一听就是非常好的名字。

范围经济在百果园这样的渠道品牌里表现很明显，当然其规模经济也很明显，品牌效应也不错，我们吃水果还是要找信得过的品牌，消费者并不想费劲把自己培养成水果鉴定专家。

我们怎么才可以建立这么多的门槛呢？现在没有建立，将来能不能建立呢？所以“挖护城河的人”也是我们重点考察的对象，我们会考察 7 个维度，可以缩写成 VISIBLE：V 代表远见（Vision），第一个 I 代表正直（Integrity），S 代表分享精神（Sharing），第二个 I 代表创新能力（Innovation），B 代表品牌能力（Branding），L 代表学习能力（Learning），E 代表执行力（Execution）。企业家的远见体现在他可以识别机会、预判未来，这是最难也最有价值的能力。分享精神是对现在创业者的要求，现在创业者很难孤家寡人打天下了，必须分享利益、分享权力、分享信息才有可能建立起比较强大的团队。创新能力越来越重要，现在世界变化太快，不创新是不行的，创新慢了都不行。所以我们以前长期投资周黑鸭其实很难熬，眼看着股价都要被腰斩了，最后周黑鸭一改为加盟模式，股价马上涨了 30% ～ 40%，但就算股价腰斩我们的账面回报也是投资时的十几倍，因为我们投得早。我们投资时特别要求企业家们具备的一种能力是品牌能力。要教会很多理工直男做品牌，比教他们做技术还难，需要做品牌思维的转变。

像江小白这样的企业，品牌能力就比较强，江小白在这么短的时间内成长为相对来说比较全国性的品牌，在白酒这样一个很古老，但消费量在减少的行业里是不容易的，涉及了企业的学习能力以及执行力。

品牌三问：你是什么，有何不同，何以见得

从顾客的角度而言，他们看到一个新的陌生品牌时，脑袋里会问这个品牌是做什么的？如果你描述半天说不明白，一定是因为你没有用顾客的分类体系，品类就是顾客的分类体系，你说出来顾客就明白了。比如一位创业者做了一个叫家庭云娱乐一体机的东西，他描述了半天，我说这不就是智能音响嘛，你说家庭云娱乐一体机我听不懂，正确的品类描述是能让大家都明白。

顾客问：有何不同？这就是要品牌体现差异化。我把特性分为两组，一组是物理特性，比如好吃、补充 VC 等，我们会根据这些特性买东西。还有一组是市场特性，即可以左右顾客选择的市场表现，比如顾客问一个酸奶品牌跟蒙牛有什么区别，品牌方说他们是专门做酸奶的，或者说他们是本地卖得最好的酸奶，顾客就会选择他们了。专门做酸奶、本地卖得最好的，这些都是市场表现，但确实可以左右顾客的选择，这就是市场特性。

何以见得？顾客会说，凭什么说天图资本是消费品投资专家？因为我们投资了奈雪的茶、周黑鸭、百果园、小红书等，把这些说出来大家就相信了。

奈雪的茶跟瑞幸是完全不同的品类，奈雪的茶是做新茶饮加软欧包的，瑞幸是做外卖咖啡的。按照我们推崇的精益创业的理念，奈雪的茶从深圳起家，经过了充分验证，单店的盈利能力很强，销售额超过了星巴克。现在奈雪的茶除了在华东的单店盈利超不过星巴克，其他地区都超过了。奈雪的茶的扩张是有逻辑的，是能盈利的。

瑞幸是高举高打，扩张的时候没有经过价值假设的验证。他们有一个假设说顾客对咖啡是上瘾的，于是就送大量 2 折、3 折的券，让顾客上瘾并依赖他们，他们没有做关键的价值假设验证动作，在我们看来关键的验证是什么呢？就是当商品恢复正价销售，不打折的时候，还会有多少人买？瑞幸一直没有验证，仅基于想象的"咖啡会让人上瘾产生依赖"的假设，就全国扩张。虽然这个假设有可能是成立的，但存在巨大的风险，从创业的角度来说，这是生死攸关的问题。在投资数十亿元扩张前，能不能先花 1 亿元，哪怕是 5000 万元做验证，看看在一个区域恢复正价销售之后可以稳住多少顾客？这是特别重要的，可以减少大量的浪费。当然，瑞幸也可能豪赌成功了，这是另外一回事，但我们不羡慕这样的成功。

王卫亲自挂帅的顺丰嘿客，计划一年开 1000 家店。当时有媒体写了一篇文章，说顺丰嘿客为 O2O[①] 行业交了 20 亿元学费。我去体验了嘿客店后，觉得他们不倒没有天理。可不可以先开 50 家店验证一下呢？连验证动作都没有，就用 1000 家店来验证，人家财大气粗没有办法，验证就花 20 亿元。但是有多少普通的创业者可以花 2 亿元或者 2000 万元验证呢？《精益创业》里面讲了很多低成

① Online To Offline，即线上到线下，指将线下的商务机会与互联网结合，让互联网成为线下交易的平台，这个概念最早来源于美国。——编者注

本验证的方法，比如印度乡村洗衣公司花7000美元完成了关键价值假设的验证，之后才投资扩大，迅速成为印度最大的洗衣公司。

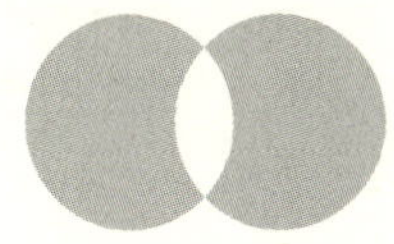

The Great Era of Innovative Entrepreneurship

精彩问答

Q： 冯老师您好，请教一个问题，我们身边的人经常吃绝味鸭脖，绝味食品比周黑鸭的市值大100亿元，你们当时为什么没有选择投资绝味食品，而选择了周黑鸭呢？

A： 这涉及港股和A股估值体系的系统差异。周黑鸭的利润比绝味大，即便绝味的股价大幅度增长，周黑鸭的销量下滑，周黑鸭的利润还是高于绝味，周黑鸭首次公开募股时的利润是绝味的3倍。绝味的定位更加大众化，采用加盟模式也适合他们的发展，所以他们扩张得更快。前几年绝味的门店有7000家，比周黑鸭多很多。他们管理人员的学习速度比较快，商业模式也在不断进化。后来周黑鸭也开始做加盟了，鸭脖市场还是比较有意思的，一个鸭脖生意就有3家上市公司在做，周黑鸭和绝味肯定是跑出来的两匹“马”，就像茶饮界有好几匹“马”一样。

我们当时投周黑鸭，一方面是我们认为周黑鸭是川味带微甜，受大众认可；同时他们那时候的经营体系是“中央工厂＋直营门店”，在食品安全方面更有保证。我们对食品安全比较重视，周黑鸭防止了二次污染，产品力更强。如果我们当时钱多一点的话，像现在我们在茶饮赛道投了奈雪的茶和茶颜悦色一样，投周黑鸭和绝味两匹“马”可能会更好。

Q： 我是一名创业者，我们做的项目叫“吸血王子”卫生巾，主要针对“95后”消费者。可惜现在基本上没有投资人看好这个项目，您觉得我们在这个行业还有哪些商业机会呢？

A： 分析商业机会还要从品类分析开始，卫生巾是成熟的品类，也有相当多的品牌，到底有没有差异化竞争的机会？在成熟品类里打造新品牌很难。比如电风扇品类非常成熟，但现在出现了很有竞争力的无叶电风扇，你们要去想想怎么做显著的差异化。关于你们的卫生巾，“吸血王子”这个名字也不好，不要告诉我“95后”喜欢。营销可以玩噱头，但名字还是要堂堂正正的，不要用名字玩噱头。

Q： 现在很多投资机构在投企业的时候，都让企业家签对赌协议，要求企业在两三年内上市，如果完不成的话就必须高价回购，因此很多企业家被迫出局。我认为这对企业家有点残忍，您怎么看对赌协议的问题？

A： 这要用到合约经济学的知识。这是自由市场发展中产生的实践，肯定在某些情况下是适用的。早期很多对赌协议是基于企业估值调整的，回购条款是单独的，对赌的是业绩调整方面的问题。为什么有这样的情况呢？就是因为信息不对称，企业家总把企业说得好上天了，但投资人不敢相信，他们双方谈不拢，那怎么才能促成交易呢？投资人就提议，既然企业家这么有信心，那就提供一点业绩保证，如果将来没实现就调低估值，否则现在就降低估值。有了对赌条款就容易达成交易。

通常来说我们有两种做法，如果企业的估值不高就不要做业绩保证，如果估值很高就要做业绩保证。回购条款越来越多地用于道德风险的约束，我们经常签有限责任的回购条款，但如果企业家违法损害公司利益，就不再是有限责任回购。投资人看起来很强势，其实是很弱势的，钱一旦投资出去差不多就听天由命了，因此要用回购条款来减少道德风险。过去，我们也只惩罚了一位企业家，通过诉讼把他列入了失信被执行人名单。如果正常企业家兢兢业业，没有发生道德风险，我们是不会“抄他的家”的，就算他没有回购能力，我们也不会把他的最后一套房子拿走。

本文根据作者2019年12月19日在北大汇丰商学院创讲堂的演讲整理而成，经作者审阅并授权发布。

主编伴读

未来世界错综复杂，持续动荡，极不确定，要真正把事做成，靠什么？

要靠产生见解，发现规律，抓住本质的能力。

冯卫东的分享让我们看到他对理论、模型、框架的兴趣，以及构建模型和框架、发现事物本质的能力。这首先体现在他对各种各样的问题的分析和判断上，比如他对垃圾邮件的思考，向发件者收取“电子邮票”这一合约的重新设计就会大大减少垃圾邮件的发送概率，因为垃圾邮件发件人会有巨大的邮件顺差成本。这个思考的角度是非常特别的。

我们看到了很多东西，发现了一些本质和规律，但能不能把这些转化为一个实用的、操作性很强的、可以指导实践的理论模型和实用框架呢？这是我们从冯卫东身上学习和体会到的，他表现出对理论问题的兴趣，并且通过大量阅读学习深入思考，构建了自己的理论框架，比如升级定位理论、7 道护城河等。虽然理论模型和框架只能够反映和揭示局部真理，但好处是能够帮助我们大大简化思维和现实的复杂性，更快地捕捉到事物的本质。

另外，冯卫东在持续探索、不断优化升级模型，比如他从定位理论开始，通过不断观察和研究现实问题，提出新的升级的商业模式模型，这种持续探索的精神是很值得我们学习的。

还有很重要的一点是，作为一位投资人，他在投资实践活动中运用了这些模型，不仅得到了实物价值的回报，也在很大程度上帮助、赋能了创业者，促进了他们的认知升级，提高了他们创业成功的可能性。

面向未来的数字化转型，根本在于商业模式

魏　炜
北京大学汇丰商学院教授，商业模式专家

2020 年危险和机遇并存，企业应该如何穿越新冠肺炎疫情？在线化战略已经成为企业发展的必选项。如何对实体品牌、购物中心逆袭增长自救进行案例实战分析？新冠肺炎疫情当下的最佳机会切入点与组织运营落地关键点在哪里？

我要分享的主题是企业数字化转型，主要从宏观方面、概念方面和基本的逻辑方面跟大家讲讲，让大家对目前国内的企业数字化转型有一个比较宏观、全面的认知。

我们回顾过去 30 年互联网的发展，或者说数字科技对人类的影响，就会发现 20 世纪 90 年代基本上是个人计算机时代，2000—2010 年是个人计算机互联网时代，而 2010—2020 年是移动互联网时代。

我们预计未来10年是物联网的天下。在物联网世界里面，应该说万物都是连接的，数字化无处不在。图8-1是从时间轴上看这个发展。

我们再从哲学家的视角看世界的变化，图8-1左边是哲学家讲的我们所在的三个世界。一个是物理世界，即无论我们每个人在不在，它都存在的世界；一个是我们每个人的精神世界；此外，在物理世界和精神世界之间，人类还创造了一个关于符号的世界，包括语言、文字、视频、图片、数学模型等，我们把这个叫作“符号世界”。

符号世界把我们的物理世界和精神世界联系到了一起，不管是哪个世界，里面的数字都可以分成三类：数据、信息和知识。所谓数据，就是反映事物的特征、行为和关系的一些数字。其中，有意义的、有含义的、有价值的数据叫作“信息”。知识是对信息进行归纳总结，然后提炼出来规律。我们发现，从过去30年到未来的10年、20年，数字科技实际上把这三个世界里的数据、信息和知识都进行了数字化，之后形成了一个新的虚拟世界，数字化的内容就是“虚拟世界”，也叫“数字世界”。数字世界和现实的三个世界是一一对应的，同时同步平行地发展、运转。

我们用同样的视角看“企业世界”，如图8-1的右边部分。我们发现企业世界也可以拆分为三个世界。其一是企业和企业之间持续交易形成的一个个生态系统，在这个世界大家以业务活动为中心，互相连接、运转。我们把这些生态系统的数字化叫作“业务数字化”，这就是过去10年到未来10年持续加速发展变化的世界。其二是管理的世界，即“管理信息化”。从2000年到2020年，我们讲的管理信息化实际上就是把符号世界搬到了计算机里。所以已经实现了管理信息化的企业在数字化转型的时候，碰到的一个巨大挑战就是业务数字化一定会带来商业模式的变化，而信息化的基础商业模式是传统的，只有以新商业模式为基础重构各种管理信息系统，企业的数字化转型才能顺利实现。其三是被称为“程序化”或“非程序化”的“决策智能化”，也就是智能世界，这是未来10年、20

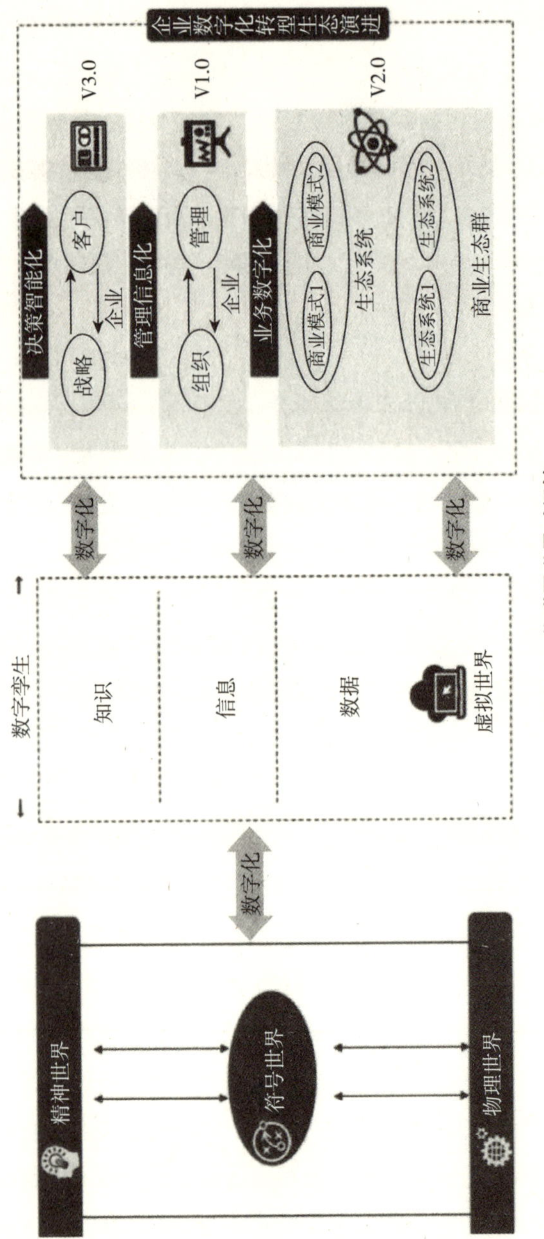

图 8-1　物联网世界时间轴

年会普遍存在或者普及的世界。

这三个企业世界，也在通过数字科技建立虚拟的中间世界，由于虚拟的中间世界跟现实世界一模一样，我们把它叫作“数字孪生”。我们从空间上能发现，实际上每一家企业、每一个人、每一个事物，将来都会有一个数字孪生体在陪伴着我们，这是从空间上看这个世界过去 30 年到未来 20 年将要发生的一些变化。

如果再具体一些，以物流行业为例，物流行业的最底层是基本的业务活动，比如搬运、挑拣、存储等，实际上都是由机器人、自动化的机器、无人机、无人货车等操作运行和指挥运转的。中间层是运营管理的世界。在这里，人类根据信息和各种算法，去确定怎么挑拣、调度、配送等。最上层叫作智能化平台和智慧化平台。所谓智能化，指的是机器帮人类智能决策，然后人类根据它的决策去做最后的决定，而智慧化指的则是机器直接代替人类去决策。

我们发现，在物流行业，如果物质、精神和符号三个世界数字化后，业务数字化、管理信息化和决策智能化也已经基本上实现了，这是我想给大家介绍的从数字化角度看世界时，世界正在发生着什么。

本文的主题，具体细分是关于零售的，这里的零售指的是零售商和品牌商的零售。从技术角度而言，已有的技术已经把零售的业务活动数字化了，比如顾客需求的洞察、敏捷供应链的建设、供需匹配等，在这些业务活动之上的管理信息化以及有关的技术、软件、平台，也都发展得非常充分，这是零售行业的数字化情况。

在这样的大背景下，2019 年的传统企业，特别是实体店、传统品牌商和传统的实体品牌商，都在讲数字化转型。我们对数字化转型有一个大概的规划路径，第一阶段应该是业务的数字化，第二阶段是业务管理的信息化，第三阶段是智能化。这个规划实际上一直在进行，但由于新冠肺炎疫情的出现，传统的线下业务突然“休克”了，导致大量公司开始实施在线化，也就是实体店的员工、管理人员，都在线上提供服务、销售自己的商品等。所以，由于新冠肺炎疫情的突然出现，业务数字化也突然开始大面积地实施。

第一阶段的数字化又叫作在线化，在线化的核心是要解决几个问题：把一家零售企业的产品、员工、门店在线化，然后把它的市场、销售、运营在线化，还有很重要的一点是将用户在线化。关于用户的在线化，2019 年出现一个名词，叫“用户的私域化”，就是让企业跟用户建立一对一的在线联系，这是新冠肺炎疫情以来大多数传统零售商正在做的事。

在新冠肺炎疫情之前，我们也注意到很多传统企业在做数字化的时候，实际上是从第二阶段开始的，把重点放在了管理的信息化上，而在业务的数字化上都有一些滞后，这是一个很有意思的现象。我们认为传统企业的数字化转型，最重要的是从业务的在线化，而不是管理的信息化做起，这才是符合转型方案和路径的，那么如何在短期内以非常有效率的方式，把一家零售企业或者品牌商的核心业务在线化？这是我想给大家讲的主要内容。

前面提到在线化非常重要的工作是要实现用户的在线化，或者要建立起企业的私域流量。私域流量是相对淘宝、京东等公域流量而言的概念，这个概念在 2019 年的时候才开始流行。稍微具体一点的定义是指一家企业可以不用付费，而在任意时间、任意频次，直接触达用户渠道。比如大家非常熟悉的微平台、公众号、用户群以及各种自媒体等。私域流量与企业以前在线上做零售时的流量概念相对，实际上意味着线上经营的重点从流量转向了用户。

一提到私域流量的建设运行，大家就很容易想到在微信平台上建私域流量。可实际上微信也是一个公域流量的平台，但因为它是基于社交信任的生态，所以比较容易建设私域流量。而且微信本身比较强调去中心化，它提供了很多工具去帮助企业建立以及运营各种各样的私域流量。

有一个用于分析怎样去做私域流量运营的框架，我觉得比较好，这个框架一般可以分为 5 个环节：入口、沉淀、激活、转化、用户的复购和推荐。每一个环节的重点和用法都不一样。比如沉淀要依赖各种各样的活动和服务，激活要依赖各种优惠的刺激，如果要提高转化率品牌可能在客服答疑和推销方面要费很多工夫。

每个环节的场景和对应场景的工具也不一样，比如沉淀对应的场景是内容平台，主要是用公众号或视频号去发布一些优质的内容，并通过优质内容，把微信公域中的用户吸引到私域流量池中，之后通过微信社群、各种小程序等互动工具激活用户，再通过朋友圈、企业微信等企业触点的工具去转化销售率，最后通过别的电商平台去变现，或者直接在微信平台内通过网页端和小程序中的电商去变现，这是微信的做法。微信这套做法大家应该都比较熟悉，所以，说到私域流量时，大家一般想到的都是在微信平台上通过各种工具去建立。但是，由于所有企业对私域流量都有强烈的需求，在过去的一两年，所有以前中心化的平台，包括一些新兴平台，像抖音、快手等都开始提供一些机制和算法工具，去帮助企业在平台上建立和运营自己的私域流量。

一些主流的平台，包括电商平台、社交平台、社区平台、直播平台、短视频平台，以及微博这种传统的媒体平台，他们的定位、信息获取特点、算法、私域流量，包括营销工具、变现工具都不一样，但是基本上都已经为企业建立私域流量提供了比较好的基础。

淘宝现在也做了很多工作支持私域流量，淘宝以前是中心化的电商平台，用户通过搜索去找商品。平台对流量拥有绝对的掌控力，反对企业跟用户直接来往。但是淘宝这两年也开始变化，现在主要通过内容化来涉足私域流量，而且提供了很多入口，比如微淘、每日好店、淘宝头条等。其中最为重要的就是淘宝的直播，因为直播是强调信任关系的私域模式。

我们从私域流量的运营角度来看淘宝提供的环境和基础设施，和微信类似，其私域流量的运营也分为5个环节：入口、沉淀、激活、转化、用户复购和推荐。传统的淘宝流量工具主要是在公域里，无论是大家都比较熟悉的淘宝直通车，还是钻石展位、关键意见领袖（KOL）投放，都是公域的。现在投入了私域机制后，淘宝可以通过会员中心、粉丝群、商城客服等用户触点管理的工具，把公域流量里的用户拉到私域中来，并且通过生产优质的日记、短视频、直播带货、热点话题来做内容建设，然后通过淘系商城，最终完成销售转化，这是淘宝私域流量的运营管理机制，或者说模式。

快手是大家比较熟悉的、电商业务占比较大的短视频平台，但快手实际上也是一个社区平台。在社区平台中打造自己的人设非常重要，因为物以类聚，人以群分，同类人会经常在一起通过直播、短视频等方式去交流，以自建IP或者自建话题的方式来做内容建设。所以，在快手上做电商去卖货的时候，从公域把用户导过来就比较快，而且比较容易销售商品。因为人对社区有信任度，在社区卖东西大家比较容易接受，销售的转化率相对来说就高一些。当然具体转化的时候，品牌可以通过平台内的快手小店，也可以通过平台外的淘宝、京东、苏宁易购去销售，进而实现变现，这是快手的模式。

大家也很熟悉抖音，虽然它跟快手都是短视频平台，但是这两个平台的特点或者定位不太一样。抖音是以内容为中心的，把好内容推荐给更多的用户，大家被内容吸引到一起。所以如果想要在抖音上卖货，个人卖家或者企业就要不断生产好的内容，但这个比较难，所以抖音实际上属于一种做内容的媒体，用广告变现比较容易一些，对电商而言投资回报率就低一些。当然，像罗永浩这样本身人设就适合某些商品销售的，他在抖音上做电商的投资回报率就会比较高，几个小时能卖1亿多元的货，这是他们的基本情况。

相应地，抖音和快手的场景和顺序就不一样。快手是通过内容建设把公域用户拉到私域当中来。而抖音主要是通过私信、各种答疑、官网电话等方式把公域中看内容的用户，导入具体企业的私域中来，然后再想办法留住用户，提高转化率。

所以，不同的平台都有大量的公域流量，而这些平台实际上也都提供了各种各样的私域建设工具，以及大家尝试出来的运营场景。平台上的基本逻辑现在都已经比较成熟了。虽然现在这种规律化变现、私域流量运营办法的形成时间不长，但都还是比较有效的。因为现在竞争比较激烈，各个平台也是以“养鱼”为主，而且目前的运营成本不像以前在搜索类电商平台上那么高，因此这些平台的发展得都比较快，它们对企业在线化的支持力度也比较大。

包括实体店和品牌商在内的传统企业，要实现数字化转型有三步要走，我一再强调大家应该把重点先放在核心业务上，实际上就是要把销售业务的在线化尽快落实。因为如果你去做信息化，就会发现可能要花一两年时间才能把整个信息计划体系建立起来。而由于有这么多大流量的平台给大家提供好的条件，企业基本上不需要太多成本就可以实现数字化的建设，所以希望大家关注到这个特点，尽快实现业务的在线化。按照我们的观点，面向未来的数字化转型，根本还是在于商业模式。

本文根据作者 2020 年 4 月 10 日在北大汇丰商学院创讲堂的演讲整理而成，经作者审阅并授权发布。

主编伴读

当今，中国的企业总是以惊人的速度探索着增长的新方式与新路径，企业数字化转型一直是永葆热度的主题，我们总是能听到层出不穷的新方法、新名词，被启发之余也不免有些迷惑和困扰。作为中国商业模式创新和探索的领军人物，魏炜老师的分享让我们从更宏观的角度理解了企业数字化转型的哲学基础、基本概念和基本逻辑。帮助我们把一颗颗珍珠穿了起来。

魏老师的分享给我们带来了几点启发。

1. 互联网、物联网基础设施的发展给我们的商业世界带来了不可逆的快速转变。早期可能只是几个巨头、几个业务的异军突起；之后我们可以看到各行各业的重构；最终会让每个组织、个人的工作方式发生天翻地覆的变化。也许再过几年，数字化的企业经营模式就像今天的Word、PowerPoint 一样，成为我们日常的、最基础的办公工具。

2. 企业的数字化转型不仅仅是某几个领域、某几个部门、某几个业务功能的在线化，而是整个经营理念和商业模式向数字世界的迁移，就像一对在数字世界的孪生兄弟一般。既然是孪生兄弟，肯定是你中有我，我中有你，但也可以是相互独立的个体。如果兄弟两个共用身体的某一部分，那就只能说是“连体婴儿”。

3. 人的注意力早已成为最为稀缺的商业资源，而且稀缺的程度越来越快地加深。当我们面对跨越数量级规模的问题变化的时候，我们不仅仅需要改变方法，还要重点关注思维的转变。就像整理几本书、整理几百本书、管理一座图书馆的书和管理中国全部的书，我们的思维需要不断地提升和跃迁。

第三部分

新技术，科技赋能行业

无人驾驶，犯其至难而图其至远

吴甘沙
驭势科技（北京）有限公司联合创始人、董事长兼 CEO，
英特尔中国研究院前院长、首席工程师

2019 年 11 月 11 日晚，吴甘沙先生做客北大汇丰商学院创讲堂，首先结合英特尔的经历，分享了 3 次技术大变局的发展历程；然后从电动化、共享化、智能化、网联化 4 个方面描述了汽车行业正在发生的变局；接着从“无人车和美好生活”的视角，展望了无人驾驶的终局；最后分析了当下无人驾驶的商业化路径和存在的挑战。吴甘沙先生的演讲，既让人感受到一位卓越的技术创业者为人类创造美好生活的雄心壮志，又让人了解到他在商业化过程中找到落地场景的敏锐和务实精神。

深圳是硬件之都，“AI+ 硬件”碰到一起会产生什么样的效果？就是 6 个字：“后天还要更好”。但是明天很残酷。如果将 AI 和硬件放在一起来创业的话，那么绝大多数人可能看不到后天的曙光。这是一个让人非常神往，身处其中时又非常痛苦的创业过程。

很高兴能够与大家分享在无人驾驶这种比较特殊的“AI+ 硬件”领域的创业经历，为什么说“后天还要更好”？它的终局是什么？到达后天的路径如此崎岖、泥泞，我们该怎么走？

变局

我为什么要跑到无人驾驶这个领域里创业？乱世出英雄，我们从时代中看到了一个大变局，甚至是百年未有之大变局，这是大家创业的最大原因。我们都要思考和把握时代的变局。

英特尔的变局

我在英特尔工作了 16 年。英特尔是一家非常棒的公司，一直坚守着摩尔定律的节奏，每两年做一次自我更新。虽然经历了互联网泡沫、金融危机等重大外部环境的变化，但英特尔总能顽强地向前发展，股价也总能在短暂的下跌后反弹，并持续上升。然而，进入移动互联网时代之后，英特尔的股价一直难以振作起来。虽然从传统的财务指标来看，英特尔的营业收入持续显著增长，毛利率可达到 60% ～ 70%，占据了 90% 的市场份额，但是华尔街对此并不买账。

这里我们碰到了一个经典的“路灯下找钥匙”的问题。我们想象一下，旁边有盏路灯，路灯下面有一个光圈，有个人在光圈里转来转去找钥匙，有人问他，确定钥匙在这个光圈里边吗？他说不确定，但是这是他唯一看得见的地方。这个问题反映出我们的见识、战略其实受限于我们的视野。

在 2006 年和 2007 年，英国 ARM 公司的股价一直处于攀升状态。2007 年 iPhone 出现后，其股价进入高歌猛进的状态，只在 2008 年的金融危机中短暂跌下来一点点。2010 年 iPad 出现时，有人曾预言 iPad 要把个人笔记本市场吞没了，然后就出现了今日头条、美团、滴滴、微信、小米（TMDWX）这些支撑

ARM 的股价往上走的企业。到 2014 年以后，“深度学习”这一事件出现了，把英特尔逐渐开始走平的股价推了上去，其股价甚至在短短两三年时间里增长了十几倍。进入移动互联网时代之后，英特尔仍然固守着个人笔记本时代的产业链，而 ARM 把握住了移动终端兴起的机会，得以崛起。同样快速崛起的还有把握住了人工智能计算机会的美国英伟达公司（NVIDIA）。“创新权杖”在短短几年内发生了交替。

有一句诗，“时来天地皆同力，运去英雄不自由”，大家可以体会一下。当天时和大势来的时候，天和地都协力助你，所谓时势造英雄；而当时运过去的时候，昔日的英雄不再自由，大家看到的是他束手束脚、悲壮落寞的背影。

而这个“时”到底是什么？其实，做技术的人一直试图在经历中找规律，现在大家看到的规律就是 20 年的周期律。1976 年前后出现了两家著名的公司——苹果和微软，1976—1996 年这 20 年是个人笔记本时代的 20 年，我们把它叫作“生产资料的数字化”。1996—2016 年被我们叫作“以互联网为代表的网络化的 20 年”。从 2016 年开始，我相信此后 20 年将是“以人工智能为代表的、智能化的 20 年”。当然，2036 年以后的社会到底是什么样？有人说我们应该离开地球去探索宇宙的新疆界；还有人说，我们下一步应该着手去改造自身，成为人机融合的新人类。这些都是比较远的猜想。当前这三个阶段的迭代逻辑是非常缜密的，前面的数字化解决了生产资料的问题，中间的网络化解决了生产关系的问题，现在的智能化将解决生产力的问题，一环扣一环。这是我们看到的一个大趋势，之后汽车行业的发展一定会进入无人驾驶领域，这将会带来什么样的变局呢？

汽车行业的变局

我想跟大家说明，汽车行业的变化是非常微小的。大家猜一下，20 世纪美国最后上市的汽车公司是哪家？是哪年上市的？答案是福特，它是在 1956 年上市的。到目前为止，在美国最后创建并且活到了 2000 年的汽车公司是哪家？答案是克莱斯勒。也就是说，美国 1925 年以后创建的汽车公司都“死掉”了，或者是被别人并购了，应该说这个行业不欢迎新进来的人。整个 20 世纪，汽车行业殿堂性的、大师级的创新，未必是在技术上，而是在流水线、精益制造等生产方式上。坦白来讲，汽车行业的创业非常困难。

但是最近 5 ～ 10 年出现了一系列新的变化，即汽车的四化：电动化、共享化、智能化、网联化。

电动化带来的一个非常戏剧性的效应，就是汽车上有一部分零部件的成本竟然将近占到了整车成本的一半，在传统上很难想象汽车厂居然基本上都在为电池公司买单。所以现在有很多阴谋论说，虽然中国在差不多 10 年前就努力去推电动化，但一旦补贴力度下降了，有些新的造车势力不一定能活下去。中国推动汽车电动化至少产生了两个效果，一个是油价长期低迷，另一个是在中国的影响之下，像德国这样的汽车大国也开始做电动化了。这是把一个预期变成了真正发生的趋势，所以说电动化其实给汽车行业带来了巨大的变化。全世界有很大一部分产能来源于发动机、变速箱产业，电动化也为这些相关产业带来了巨大的变化。

关于共享化，我举例说明一下，2014 年中国的自行车销量是 7900 万辆，2016 年降到了 5000 万辆出头。就两年的时间自行车销量为什么会降这么多？因为共享单车出现了。共享单车给传统制造业带来了什么样的影响？最直观的影响便是传统品牌受到了冲击。以前我们买自行车会想着买飞鸽、永久、凤凰、捷安特，现在消费者印象中的自行车都是共享单车。传统制造业逐渐失去了定价权，同时它们辛辛苦苦在一线到八线城市铺设的渠道也没有用了，共享单车对它们的冲击是非常大的。现在，汽车领域也有了共享雏形，这会不会给传统汽车制造业带来影响？

共享是未来趋势，我给大家分析一下汽车的一生：它们 95% 的时间停在那里，2.5% 的时间在正常行驶，1.2% 的时间在低速行驶，剩下 1.3% 的时间中有 0.5% 堵在路上，还有 0.8% 是在找停车位。可见，如果我们将汽车作为一种投资的话，它的投资回报率确实不高。根据赛迪集团的数据，2017 年滴滴完成了 74.3 亿次订单，平均一天 2000 多万单，每单 23 元钱。驾驶员获得 80% 的分成，还有 8% 的激励也通过各种方式给到驾驶员。如果滴滴的用车变成无人驾驶汽车，那么在极限状态下，每次订单的成本可以降到现在的 1/3，每天的订单数可达到 1 亿单，一年的收入可达到 3000 亿元。并且公司不用和驾驶员分成，只需要付硬件的折旧费。根据斯坦福大学智库 RethinkX 的预测，2030 年是私家车的终结之年，95% 的出行里程会由无人驾驶出租车完成，这将是汽车行业百年未有的大变局。

智能化带来了破坏性的创新。由于无人驾驶出租车的费用便宜，其使用率就会很高，从而导致大家不愿意买车。斯坦福大学智库 RethinkX 还预测美国汽车保有量将从 2020 年的 2.47 亿辆，降到 2030 年的 4400 万辆，而每年新车的销售量将减少 70%，由此可见，汽车行业一定会重新洗牌。

但同时汽车行业也在渐进式地改变，汽车越来越智能化。比如，对卖汽车开关旋钮的企业来说，过去一辆宝马 X5 就有 60 ～ 70 个开关旋钮，而使用触摸屏的特斯拉，全车开关旋钮只有 6 ～ 7 个，汽车行业的从业者必须要思考如何转型以应对这种“破坏性”创新带来的冲击。

驭势科技打造的、获得红点设计奖的一款无人驾驶概念车，驾驶位放着一个环形的沙发，前面没有方向盘、油门、刹车，这意味着未来做方向盘的公司也可能会受到影响。大家知道，座椅在汽车上算是比较重要的一部分，普通汽车公司的座椅成本差不多是 6000 元一套，但是高端车的座椅成本可以达到 6 万元一套，大约是普通汽车的 10 倍。未来我们在车上的角色将从驾驶员变成乘客，我们要享受的是公务舱的感觉，那座椅就可以做得非常贵了。

深圳全城的 4G 基站数量和美国第二大运营商的全美国基站数量相当，比法国全国的基站还要多。到 2019 年年底，深圳按照计划布局了 1.5 万个 5G 基站，从而产生了很多新的应用场景。我想到一些很离谱的应用场景，比如，未来美国会从东南亚找一些卡车驾驶员“远程开车”，因为美国卡车驾驶员工资很高，人们会找东南亚的驾驶员作为替代，这些驾驶员虽然人在东南亚，但驾驶时实时看到的却是美国的街道场景，这是网联化带来的一种新的应用场景。这能实现吗？目前技术还差一些，在 5G 时代希望可以将端到端的延迟时间降至几十毫秒，但前提是网络要非常稳定、可靠，其实 5G 本身就有延迟低、可靠、容量大等优点。

我们创业也好，投资也罢，梦寐以求的就是一个大变局，最好是百年未有的大变局。

无人驾驶带来的变化很有意思。比如，3M 公司是做材料的，它计划无人驾驶实现后发明一种新的涂料，以保证摄像头在晚上和雨天都能够将外部环境录制得清清楚楚，这就是在无人驾驶场景下产生的一种新需求。大家可能不知道，目前无人驾驶汽车的一种重要传感器——激光雷达无法识别黑颜色的车。目前使用的黑色涂料会吸收激光，等于使激光雷达致盲，因此需要发明一种能被激光识别的黑色涂料。

再比如，未来无人驾驶车变成出租车会有一个痛点，就是如果前一个乘客在车内留下脏东西，会给后一个乘客带来糟糕体验。这需要人发明一种快速自动清理的技术：在前一个乘客下车之后自动清理，便于下一个乘客使用。现在有一家很大的公司巴斯夫就在筹划思考做这件事。

有趣的是，谷歌也动了研究材料的念头，并且已经申请了一项专利，即在一辆车撞上人的瞬间，引擎盖上会分泌很多黏液，把这个人粘在车上。因为汽车撞人后经常发生次生灾害，比如汽车把人撞飞后又从人身上碾过去，但是如果能把人粘在车上就可以避免次生灾害。

这种新需求的出现，带来的是新的变局。

终局

我们经常说以终为始，“终局”对于支撑我们长时间艰苦创业是非常重要的。终局激励着我们，激发着我们，让我们能够以终为始地往回看。为了到达明天必须遥望后天，不遥望后天的话，明天又是一个今天。

我们要想清楚终局是什么。埃隆·马斯克是真正有终局理想的，他有一个能牵引他每天做很多事的愿景。他的终局是什么呢？经营特斯拉不是他的终局，让地球更加清洁也不是他的终局，这些对他来说可能都“太小了”。他的终局是“让人类未来能殖民火星”，他的布局基本上都跟这个有关系。比如，他先创办了一家太空探索技术公司叫 SpaceX，目标是降低火箭运输的成本，因为地球人如果要殖民火星没有 100 万个人是不可能实现的。而靠目前的火箭，它们一次只能运一两个人，根本没办法达成目标。所以埃隆·马斯克的目标很明确，就是将 100 万人运至火星，一次运输 100 人，将每个人的运输成本降至 50 万美元。接下来，人到了火星之后该怎么行动起来呢？如果需要借助电动车，那么电从哪里来？火星上没有氧气，最好的办法是靠太阳能发电，所以埃隆·马斯克又投资了太阳能公司 SolarCity 来提供能源。习惯了平坦路况的车，在火星崎岖不平的表面上行驶太难了，人们便只能为其挖隧道。埃隆·马斯克想探索出一种快速挖隧道的方法，因此成立 The Boring 公司（英文 boring 有“钻洞”的意思）。还有一个问题是，在火星上人们怎么通信呢？我们可以在地球上建很多基站，全世界有几百万个基站，但是火星上未必适合建基站，还不如往火星附近的轨道上设置几万颗卫星，埃隆·马斯克的 Starlink（星链）项目就是要达成这个目标。

回顾埃隆·马斯克对终局的布局，SpaceX 降低了火箭运输的成本，SolarCity

提供了能源，The Boring 公司提供了快速挖隧道的方法，Starlink 提供了通过轨道卫星搭建基站的方法，最终串联起来就是为了让人类能够殖民火星。要达成这目标，最重要的就是激励一些顶尖的人才，而比起给他们钱，故事和愿景有着更大的激励作用。

无人驾驶的终局愿景

无人驾驶也有终局，我们现在做无人驾驶真的是身在局中，苦不堪言，但还是有一个美好愿景在激励着我们，这个愿景叫“美好生活”。

今天我们的生活中有很多不美好，关于交通事故、堵车有很多段子。比如，在北京，有人经常说送个朋友去机场，在送完朋友回家的路上一直堵车，还没开到家，朋友来电话说飞机已经落地了；像每天上班通勤 3 个小时，听起来没什么但这意味着我们一天生命的 1/8 都花在了路上。此外，人们还面临着雾霾、停车难等问题。北京有 200 万个注册的停车位，但是有 600 万辆车，可以想象一下停车有多难。所以我们说一辆车 0.8% 的行驶时间都在寻找车位。甚至在 CBD 工作的人，35% 的行驶里程是在找停车位，而不是到达目的地。

无人驾驶能带来一系列益处，比如能减少 90% 以上的交通事故，为什么呢？我们可以把无人驾驶想象成一位资深驾驶员，因为它会经历 1000 亿千米的驾驶训练，相当于几百万年的驾龄，而且它不自私、不路怒、不酒驾、不夹塞、不超速。另外，它可以解决拥堵问题，因为未来的车都是整整齐齐排队走的。当下汽车的运乘效率很低，一辆 5 座车可能只装 1 ～ 2 个人。我们相信未来小型车会越来越多，平均每辆车里有 1.4 ～ 1.6 个人；此外，车排成一列以后，第一辆车把风阻挡掉了，其他车就能省电、省油；车的体积普遍变小后，路也不用修得那么宽了。

我们今天在城市里开车，平均时速是 20 ～ 30 千米，乘车人除了在忍受堵车外，就是在等待十字路口的红绿灯。未来车跟车、车跟路之间有通信，十字路口根本不要灯，所有的车按照特定的次序、特定的速度开过去，因为是全局调度的，所以也不用担心撞上车或人，这使得车辆在城市里的通行速度提升很多，相应地排放也会减少很多。未来的车靠无线通信来协调，不是靠交规、标志，城市里这种花里胡哨的东西全都没了，所以会特别干净。

无人驾驶的设计想象

现在的城市道路建设基本上是双向 4 车道的，还有 2 个停车道、2 个步行道，步行道相比车道而言非常窄。可见我们的城市是围绕着车道进行设计的。

大家想象一下，我们给城市做个“手术”。道路中间的隔离带不要了，因为无人驾驶车不会开到对面去。单车道可以修得更窄，从 3.67 米到 2.67 米，因为无人驾驶车始终沿着车道中央规规矩矩地开，不需要那么宽。以后也不需要停车道了，因为如果未来路上都是川流不息的无人驾驶车，我们到了目的地根本不需要停车。晚上如果没有乘客，无人驾驶车就自己默默停到五环以外去了，而且停下来以后还能折叠起来，就像超市穿在一起的购物车一样，每辆车的停车面积变得非常小。今天一个标准的停车位需要十几平方米，如果不需要停车位了，原本的停车道就可以改成自行车车道。未来无人驾驶车使用非常方便以后，我们还需要健康的慢行生活，自行车车道还得留着，而且需要隔离。为了解决人们招手即停、随时随地安全上下车的问题，还要多加一个上下车的车道。这带来的好处就是街边的商铺会变得更加繁荣，人们看到好东西就可以随时去买。当单车道的流量增加到今天的三四倍以后，车道就不需要那么多了，双向 4 车道可以变成 2 车道，这样多出来的地方就可以变成人活动的空间或者绿地。

再看物流，我们希望无人驾驶能够改善物流。当前社会的物流成本非常高，每年约为 12 万亿元，相当于每人每年承担 8600 元物流成本。其实，现在物流行业碰到瓶颈了。2019 年中国一年流通了 507 亿个包裹，平均一天流通了将近

2 亿个包裹。但是未来的物流需求可能是一天流通 10 亿个包裹。物流成本居高不下，一定要通过无人驾驶去解决。

在未来，物的流动会彻底改变我们的生活场景：快递小哥会把一个快递航母开到社区，然后撒出来很多小机器人，挨家挨户去送快递；商家可以通过机器人把鞋子送到顾客家里，顾客试鞋后，可以自动买单；当我需要现金时，移动的取款机就会自动向我走过来；我要扔垃圾时，垃圾桶会自动走过来；我们在公园里跑步时，有一个无人驾驶的冷饮机跟着我们跑……

现在汽车的主要属性是交通，未来还可能拥有空间属性。星巴克创造了一个名词叫“第三空间”，未来的汽车可能是“第四空间”。这个空间可以被打造成很多种场景，比如移动办公室，或是移动的高档餐厅，或是一个移动的棋牌室。目前做出来的第一辆无人驾驶车中两排座椅是对着的，有位导演知道后，第一反应是：“冬天太冷了，能不能在汽车的两排座椅间放个火锅？”

想象一下，这辆无人驾驶车开到湖光山色非常美丽的地方安营扎寨，它下面的底盘开走后，上面的空间就像一个大帐篷。这个场景多么美好？“停车坐爱枫林晚”，第二天底盘再移动过来把车开走。这带来的冲击有多大？有了这样的车，钟点房、汽车旅馆、支线航空等业务场景都会受到冲击。

既然未来的汽车有空间属性，那么就能带来很多新零售和消费的空间，比如车里可以放货架，人们随时可以在车里买东西；人们可以把汽车做成迷你 KTV，现在的汽车前面有个驾驶员，如果你五音不全，肯定不敢在车里乱唱，但是想象一下如果车里没有驾驶员，那是多么自由的唱歌环境；当你累了，还可以叫一辆带智能按摩椅的汽车。我有个做健康管理的朋友，他说现在的生活太难了，成年人一年也就去医院一两次、两三次，留下的健康数据太少了。他在想未来有了无人驾驶车以后，也许有可能在车上做一个半睡眠状态的装置，人们每周躺在车上睡一次，这样传感器可以采集很多数据，真正防病于未然。成年人忙到没时间锻炼，就可以叫一辆带个人健身房的汽车，人在车上跑，车在路上跑。未来的车，还能充当私人影院。有一次，我参加一个关于无人驾驶的峰会，旁边坐的是一位做汽车音频节目的创业者，我说无人驾驶就要实现了，你的创业项目有点危险，因为无人驾驶实现之后，大家不满足于听了，眼睛被释放后人们一定要看，而且抖音等平台的视频太短了，人们会想看长一点的视频。

我还做了一个论断，那就是在无人驾驶车发明出来以后，建议大家一定要去买茅台的股票，因为在人们不用担心酒驾后，我们预计酒类的销量能够增加30%。大家想一下，我甚至可以在叫车时加一个选项——带一杯红酒过来，这就创造了又一个新的消费场景。所以大家可以看到无人驾驶车出来以后，城市里原来被汽车占用的大量空间都能被释放出来，并且人、物、空间都可以相对移动，而不是只有人去找物、找空间，这样相对距离就缩短了。同时，如果汽车里的生活变得更丰富，人们就不会再觉得路途漫长。人们对于爱因斯坦的相对论有一个精彩的解释：夏天人们在火炉边待一分钟就像熬过一小时，而当我们跟投缘的人待在一起时，一小时就像一分钟。当你在路上感到很舒服时就不再觉得路途漫长，也许未来人们买房子不用再那么看重地段。从这一点出发也许我们便可以科学地研究如何降低房价，那将是一个非常美好的终局。

格局

投资创业很重要的一点是要看现在的战局怎么样。我在一个什么样的生态位，失败的可能性有多大？其实在这个战局里面，传统玩家是很痛苦的，大润发的创始人离职时说："我战胜了所有对手，却输给了时代。"他战胜了包括沃尔玛、家乐福之类的很多对手，原以为他的对手是友商，但其实他的对手是时代。我们整天跟老对手缠斗，某一天终于觉得自己可以喘口气了，但第二天可能就会突然出现一个完全不认识的、之前看不见的新对手。

一个领域发生变化，很重要的标志是它的估值逻辑发生变化。大家看汽车领域，华尔街找出了一种新的估值逻辑，比如通用汽车每卖一台车有1500美元利润，假设在一辆车的生命周期里它跑了15万千米，那就意味着1千米能赚1美分。谷歌无人驾驶公司WAYMO研究发无人驾驶出租车，这辆车在生命周期内可以跑50万千米，平均每千米产生50美分利润，总计产生25 000美元利润，是通用汽车盈利能力的约167倍。所以，尽管2019年时WAYMO的营业收入是0元，但其估值已经相当惊人了。总的来说，汽车领域的估值逻辑在发生剧烈的变化，营业收入和估值倒挂。做无人驾驶的WAYMO营业收入为0元，估值却很高。通用汽车花10亿美元收购克鲁斯（Cruise），克鲁斯尚未产生盈利，但其估值已达到190亿美元，而其母公司通用汽车明明营业收入很高，却只有480亿美元的估值。

路径

我最近想起影响了我的价值观的一件事。2005年，我在英特尔时参加了无人驾驶领域非常重要的一次挑战赛。我们最早赞助了卡内基·梅隆大学研发的车，后来我在研究院的同事不知道怎么接触到了斯坦福大学的人，斯坦福大学的人说他们的研发还需要2万美元，问我们能不能赞助他们。2万美元对英特尔来说不算什么，所以我们也赞助了斯坦福大学。后来斯坦福大学的无人驾驶车全身盖满各种LOGO。有个研发人员说，无人驾驶车两边的后视镜没有用，把LOGO印在两边玻璃上行不行？这件事给我们带来了很大的启示——无人驾驶车是一个新物种，它每一个零部件的功能都被重新定义了。

当我们审视挑战赛的结果时，又有不一样的想法出现了。斯坦福大学所研发的车在比赛中领先了大半程，到最后突然开不动了，后面的车超过了它，改变了整个赛况。斯坦福大学研发的车为什么会出现意外？一直到2018年，才有人发现了问题根源所在，是这辆车的引擎控制模块与燃油空轨之间的过滤器坏了。这给我们带来的启示是什么？人们花了100年的时间才把汽车的机能做得安全可靠，我们在创新时必须对传统有敬畏之心。所以有时我们需要“人格分裂”：一方面要创新，要重新定义旧事物，另一方面要尊重历史规律。

为什么做无人驾驶非常难？有以下几个方面。

- 短板效应

  我们做互联网讲长板效应，所谓“一招鲜吃遍天”，公司只要有一项技术特别强，就可以发展得相对顺利。但是做无人驾驶车研发不能靠“一招鲜”，只要有一块短板，整个研发就无法推进。大家知道一辆汽车有多少个零件吗？3万个，1个零部件出问题就会影响全局。

- 关键任务开发规律

  在关键任务上绝不能出错。比如我女儿考试考了80多分，我说你得好好学习，一定得考90多分，最好能考100分，她能做到。但是做无人驾驶车研发呢？考90多分不行，必须做到100分。而且汽车的故障率是10的负7次方——$1/10^7$，就是要连续考1000万次100分才能错1次。我们有一条研发规律叫90/10法则，即好不容易完成90%，剩下10%还需要90%的时间。关键任务得慢慢打磨，不是简单地增加人数就能完成的。

- 鸡和蛋的问题

  如果一样东西的量很少，它就会成本很高；但如果成本很高，量就无法提升。这意味着什么？我们要做与无人驾驶车相关的商业化，希望大家记住三点。首先，一定是高频刚需（Desirability），如果你找到一家客户，跟他聊两句后，你发现他做无人驾驶只是为了显示科技感，那还是别合作了，因为他不会很认真地跟你合作。其次是真正无人（Feasibility），你的无人驾驶车是不是真的可以实现“无人”？如果车上需要有个安全员，那还叫无人驾驶吗？最后是算得过账（Viability），你的无人驾驶车要带来可观的经济效益才能真正实现商业化。第一，要实现上述三点，就要对场景进行限定。第二，要在法律上、技术上实现“无人”，很重要的一点就是先把车速降下来。汽车领域有一个统计数据，如果20千米时速的汽车撞上一个人，这个人的生还概率是 95%；30 千米时速时，生还概率降到 60%；40 千米时速时，生还概率降到 20%。

- 场景限定

  开放场景的产品化需要 5 年甚至 10 年的时间，商业化的破局可以从限定场景开始。我们做场景限定的灵感来自 2017 年我们在来福士做的无人驾驶车服务。顾客在来福士买完东西下到 B2 停车场，那里停着我们提供服务的车。顾客只需要说出自己的车牌尾号，我们就能顺利帮他找到车。这在当时解决了很多人在停车场里找不到车的问题。启发我们做这项服务的是一条新闻——上海有一位女士在陆家嘴停车后，花了两个月才找到车。

后来我们发现与其等着人送车，还不如让每辆车都能自动代客泊车，你开车到电梯口就下车，然后车自己找停车位，找不到停车位就在停车场里转，等你走的时候它自己开到电梯口，这项服务很快就能实现量产。

辅助驾驶可以用于两种场景，一种是人们在高速路上堵车的时候开开停停，烦得很。而当车子全部实现自动驾驶后，人们就不会再有这些烦恼了；另一种场景是 B2B 和 B2C。比如我们跟分时租赁公司合作，分时租赁公司的痛点是无法实现自动取还车。如果顾客拿出手机查询到最近的一辆车距离他有 500 米远，而外面又很热，他可能就不想用车了。但是，辅助驾驶功能可以让车自己开向顾客。如果大家去过旧金山的机场就知道那里用车很不方便，因为如果乘客想租车就得坐好几站小火车去赫兹取车；当乘客离开旧金山要还车的时候，还得去赫兹，然后再坐小火车回到旧金山的航站楼。但现在，在辅助驾驶功能的助力之下，乘客可以直接将租来的车开到航站楼下车，然后这辆车自己开回赫兹，这就对普通消费者很有吸引力。

“犯其至难而图其至远”

前面讲了无人驾驶技术的实现路径，下面说一下在中国创业的特殊性。我国的测绘行业是禁止外资进入的，宝马公司要在中国做无人驾驶必须跟国内的公司合作，另外，我们要求数据管理安全，其中一个很重要的点是中国的数据不能出国。所以 iPhone 的云服务（iCloud）并不是苹果公司运营的，而是国内一家公司运营的。同样，宝马公司如果想在中国做数据，就需要跟腾讯合作。

多方安全计算主要解决的就是怎么在不给对方看数据的前提下，还能让对方对数据进行计算。能解决这个问题的人是有资格获得图灵奖的。姚期智先生获得图灵奖的重要贡献就是提出了“百万富翁”的问题：两个百万富翁相遇后都想炫富，但出于隐私，谁都不说自己有多少钱，在不求助第三方的情况下，如何判断谁更富？在这个经典问题之下，多方安全计算这个密码学分支诞生了。联邦学习就是用来解决这个问题的。中国在算法方面有后发优势，我们可以靠 5G，靠车路协同，靠改造城市。雄安市有一种车道叫“自动驾驶专用车道”，使有人驾驶车辆和无人驾驶车辆变得易于分离；京雄高速与沪杭甬高速上有一条专用车道，可以让在上面行驶的车无线充电，很方便。中国的基础设施建设正处于飞速的发展中。

关于“AI+ 硬件”的创业，我们需要了解两个常见的认知陷阱，一个是阿玛拉定律（Amara’s Law），是指人们往往高估技术的短期影响，而低估技术的长期影响。什么叫高估技术带来的短期影响？假设我是投资者，如果一位创业者跑过来对我说，他的技术在两年内就能改变世界，我不会相信他；而如果一个特别悲观的人对我说他觉得他的技术可能一辈子都不会被看见，但也许他的技术在 5 ～ 10 年就实现了。

另一个是邓宁 – 克鲁格效应，是说无知者无畏。人们在一开始什么都不懂的时候信心十足，但越做心情越低落。创业者要保持耐心和信心，从 5 年的长周期来看技术创业。我当时创业的时候忽悠我老婆说：“你放心，我用两年攻克技术难关后就刀枪入库马放南山，还能过上跟在英特尔时一样的日子。”但到现在我创业已经快 4 年了，我的工作还是非常辛苦。

任正非说过，在大机会时代，千万不要搞机会主义。我们不能做机会主义者，看见什么热就做什么，要以终为始，找一条足够长的赛道，忍受着寂寞去长跑，或者找一条能够完成“铁人三项”的赛道。“犯其至难而图其至远”，这是苏轼说过的一句话，只有做最难的事情才能走得最远。

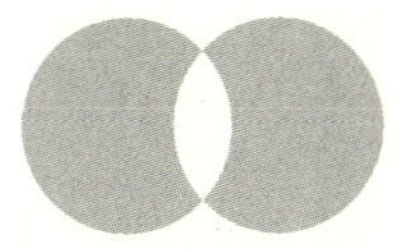

The Great Era of Innovative Entrepreneurship

精彩问答

与观众对话：无人驾驶行业的想象空间

在演讲结束后，吴甘沙和主持人、现场听众进行了互动问答，吴甘沙分享了自己的创业经历，对人们关心的无人驾驶等创业热点问题进行了深入剖析。

在谈到创业后的改变时，吴甘沙讲道，在大公司里做高管，你的光环背后是公司的光环；而从大公司出来后，你就像古希腊神话中离开大地就失去力量的赫拉克勒斯，要做到“两个放”：放下身段、放空内心。原来的很多朋友可能会成为你的供应商和合作伙伴，仍然对你很尊敬，但是可能无法再像从前那样把你的业务放在最高优先级，同时你也要放空内心，假想最坏的情况是怎样的。在大公司里学的做事方法，在创业的时候可能根本没用。你不要觉得自己在大公司很厉害就能出来创业，这没有因果关系，要放空内心。

谈到中国和国外无人驾驶行业的比较时，吴甘沙指出，谷歌从2009年开始做无人驾驶，用了10年的时间做到全球第一，在系统的成熟度上有很大的优势，技术表现很稳定。但是中国在快速追赶，谷歌并不能高枕无忧。如果有学习速度更快、对数据要求更低的人工智能算法出现，那么谷歌长期积累的优势可能会瞬间被颠覆。

谈到无人驾驶产业的生态时，吴甘沙认为，无人驾驶在短期内盈利有困难，不可能让风险投资长期买单，需要发展自身的造血能力。这就需要无人驾驶车企业转变思维，从一开始什么都想做转向专注某种技术领域，和合作伙伴协同创新。

关于无人驾驶的技术伦理问题，吴甘沙指出，社会对无人驾驶要多一些宽容。从整体来说，无人驾驶能够减少事故，给社会带来福祉，希望社会能容忍其偶尔犯错。

本文根据作者2019年11月11日在北大汇丰商学院创讲堂的演讲整理而成，经作者审阅并授权发布。

主编伴读

大变局中的情景规划和终局思维

吴甘沙的演讲中归纳了3次技术的大变局，有变局就有机会，英特尔抓住了个人笔记本时代的机会，ARM把握住了移动终端兴起的机会，英伟达搭上了人工智能时代的机会，他把这叫作“创新权杖”的交替。其实这也是大变局、大趋势更迭创造的一种战略转折点，这种转折点带来了不一样的场景，有很多新的价值。这种战略转折点对一些市场玩家来说，可能是灭顶之灾；而对另一些玩家来说，可能是“天上掉馅饼”般的机会。

吴甘沙展现了非常强的判断趋势的概念化思维，比如对汽车行业未来“电动化、共享化、智能化、网联化”的判断，对涌动的趋势的高度概括、精准判断，并加以概念化，这是一种大众稀缺的能力。

未来的场景会产生新的需求，怎么运用这些场景呢？一种是在产品层面的思考，新的需求产生了，自然就形成了新产品设计的可能性。对战略性、趋势性的场景，可以做情景规划，人和组织在新场景中构思、创造新的战略和商业模式。

对我们的启示是，在面临大变局或趋势更迭时，要善于发现可能会出现的新场景，并进行概念化的陈述，在此基础上做情景规划，有助于创造新的战略和商业模式，占领价值高地。另外，我们也要学习吴甘沙的终局思维，尽可能往外延伸思维的边界。现在起点是A，终局是B，从A到B的路径应该怎么走？这是要运用终局思维构思的。对未来场景和终局的探索是永无止境的，创业者应在永无止境的探索中构想不同的未来，并做好应对的准备。

工程师应有艺术化的形象思维

吴甘沙在描述“无人驾驶的终局”时给我们呈现了令人向往的未来，相当地具体、形象，并带有一种诗意的浪漫。很多工程技术背景很强的人，常常拥有极强的工程师理性，而不一定具有艺术感的想象力。吴甘沙是一位畅想者，他的演讲体现了一种带有技术感的艺术，这种对未来的畅想有助于激发更多的前进动力，创造超越理性思维的价值。这对我们，尤其是对有工程技术背景的创业者的启示是，用艺术化的形象思维来武装自己，使自己在拥有严谨的理性思维的同时，兼具诗意的、艺术性的浪漫想象力和形象思维是非常有必要的。

最好的创新，常常来自硬邦邦的工程科技和多姿多彩的艺术之间的水乳交融。所以，我们期待着越来越多的企业能够培育一种人机平衡的气质，把科学技术与人文艺术相结合，打造真正的创新组织！

AI，构建城市超脑，让人类生活更美好

陈　宁
深圳云天励飞技术股份有限公司董事长兼 CEO，
中国第一款商用矢量处理器芯片设计者

人工智能（AI）将是未来几十年与人类息息相关的话题，我们的 AI 处于尚未成熟阶段，要让技术实际落地还有很长的一段路要走。2019 年 11 月 21 日晚，陈宁博士做客北大汇丰商学院创讲堂，给大家带来关于 AI 的主题分享。从 AI 工业革命进程，到追溯 AI 本质，再到 AI 的前景与挑战，让大家对 AI 有了全方位的认知。

AI 的工业革命进程

最近 200 多年我们经历了三次工业革命，从蒸汽技术到电力再到信息技术，并且革命的速度越来越快，颠覆性越来越强。从 2012 年开始，美国的一些企业就开始关注 AI 技术，尤其是近几年的深度学习、“阿尔法狗”让全球的老百姓都关注到了 AI 技术。那么，AI 到底会给我们带来什么？

有人说AI将会在未来10年发挥关键的引擎作用。到2030年，AI会带来第四次工业革命，并且这次工业革命和前三次有两点不一样：第一点是之前的每次工业革命都有一个或多个关键人物作为主导，而第四次工业革命的关键“人物”可能是一台实现自学习的机器；第二点是第四次工业革命也许将是人类科技史上最后一次工业革命，因为自此以后机器、智能、科技可能会进入一个自演进和自进化的阶段。无论如何，AI已经在改变我们的衣食住行，改变我们每一天的生活。

人类在过去30年里经历了互联网和移动互联网时代。20世纪60年代，英特尔推出处理器，给我们带来个人计算机，推动了互联网时代的大爆发，有上百万台计算机连入互联网。20世纪90年代，英国ARM芯片公司推出超低功耗的中央处理器（CPU）芯片，苹果推出智能手机，把我们从互联网时代带入移动互联网时代，其标志是有几亿部智能手机接入网络。我相信现代社会几乎每人都有一部或多部手机。

如果2030年能够进入人工智能时代，我想它的标志不会变化，依然是接入网络的设备，尤其是智能设备的数量大爆发，而这个数量可能是现在接入网络设备数量的上百倍。这些设备未必都是我们现在使用的个人笔记本、iPad或智能手机，可能是传感器、普通硬件、无人驾驶车、电冰箱、洗衣机。跟现在的设备不一样的是，所有的设备或传感器里都会有一颗或多颗智能芯片、小脑芯片，会智能分析所采集到的数据。

我们会全面进入万物智联的时代，而这个时代会在未来10年中发生颠覆性的变化。随着接入的设备越来越多，我们会真正步入已经讨论了10多年的物联网时代。AI加上物联网（IoT）才能够真正实现万物智联，即进入AIoT时代。

除技术经过60多年的发展到2019年的今天，AI技术的逐步成熟推动AIoT时代外，我们也会发现其实互联网的增速在过去两年已经开始放缓，随着互联网商业模式的创新，很多企业市值有了非常大的爆发，如最近几年的滴滴、摩拜、拼多多等。但是，我们发现在近两三年中，互联网企业的估值和价值爆发已经不像过去几年那样呈指数级上升，而且互联网企业的获客成本越来越高。

随着互联网的发展，我们迎来了智联网时代。智联网时代与互联网时代最大的不同是接入网络的设备和数据体量的大爆发，尤其是处理数据和问题的技术手段有了颠覆性的变化。

到 2030 年，我们也许会看到，AI 所产生的直接和间接的经济总量将达到 100 万亿元人民币，相当于中国和印度的 GDP 总和。而这个数字是基于我们现在所能够评估的技术对行业影响的理性判断，如果机器智能提前到来的话，经济总量很有可能远远超过这个数字。

我们探讨未来 10 年将要进入的第四次工业革命，离不开最近几年发生的一些标志性事件。2016 年 3 月的"阿尔法狗"让沉寂了大概 60 年的人工智能重新跃入了全球老百姓的眼帘，其实在谷歌的"阿尔法狗"出现之前的 20 世纪 90 年代就有了"深蓝"。虽然"阿尔法狗"在围棋游戏中战胜了人类的顶级高手，但"阿尔法狗"并不是谷歌的原创。谷歌在 2012 年开始评估英国一家只有十几个人的游戏公司 DeepMind（深度思考），并在 2014 年高价收购了这家公司，用两年时间将一款下围棋的游戏开发成了"阿尔法狗"，所以这个团队一直是谷歌非常重要的 AI 生力军。

2017 年沙特阿拉伯第一次授予一部机器人公民的身份，掀起了全球科技界关于人工智能的道德伦理、法律法规等一系列的争论。如果一个机器具备了智能，那么它与人类是什么样的关系？我们应该怎么跟它相处？欧洲也在探讨是不是应该对工厂里的机器人进行征税，所以除了科技发展外，人类在文化和法律方面其实也面临着很大的挑战，有很多空白问题亟待解决。

2014年，我们的团队从美国来到深圳，大概用了两年多的时间在深圳公安体系内上线了一套叫作“深目”的系统，既是深圳的“眼睛”，又是深度学习的“眼睛”。这套系统在2017年的除夕成功解救了一名被拐卖的3岁小男孩。2017年除夕的前一天下午，龙岗派出所接到报警，一名3岁的小男孩走丢了，离家几个小时还没有回去。在接到报警后的几个小时中，警方通过“深目”定位到小男孩的轨迹和影像，发现他身旁有一位女士，通过大数据分析、人脸识别等一系列技术，分析出这名女士的身份，查找到了她的行动轨迹，发现她当天下午就将小男孩带到了火车站。于是警方与铁路方面联动，在除夕凌晨火车到站的时候，成功将这名犯罪嫌疑人抓获，并将小男孩解救。小男孩从被拐到回到父母的怀抱，用时未超过15个小时。

这就是AI带给我们的力量。2014年有一部电影叫《亲爱的》，以真实事件为原型讲述被拐卖儿童背后的悲惨家庭生活。我们知道在过去如果一个孩子被拐卖，基本上孩子所在的家庭在此后的10年或20年中都将是支离破碎的，我们希望AI可以助力“天下无拐”。

基于这套系统，我们已经在全国成功地找回和解救了300多名走失老人和小孩。AI技术已经润物细无声地进入我们每天的生活，当我们打开手机，很多App其实都在用深度学习等AI的算法，帮助我们做智能出行、智能阅读、智能商品的推荐。AI早已在逐步改变我们的生活。

追溯AI的本质

我们讲了这么多AI以及它未来颠覆性的发展，甚至会引领第四次工业革命，那到底什么是AI？简单来说，AI就是机器的智能化。其实大家对AI的原型并不陌生，就是计算机、手机，只是在当下这一阶段AI因为深度学习的推动能够让过去的计算机、手机跟人类的交互方式发生颠覆性的变化。其实大家仔细想一想就能发现人机交互的模式，在引领或标志着每一个时代的发展。

在第二次世界大战时，人类刚刚发明了计算机，然后就有了图灵计算机，当时可能需要北大汇丰商学院汇丰大楼这么大的一个计算机群，但是真正会用第一代计算机的，全世界可能只有几个专家。也就是说，它是极难的、极不方便的一种人机交互方式。

但是随着个人计算机的出现，人机交互方式发生了重大的变革，我们有了键盘和鼠标。在个人计算机时代人机交互是以键盘和鼠标为主的，交互方式有了非常大的变化，因为键盘是模拟自然语言，鼠标是有了可视化的系统，开始让更多人可以接触机器和智能设备。所以我们就去学习计算机，学习使用键盘，还练习打字，当时基本上从学生到 40 岁左右的人都会使用计算机。

随着苹果推出了触摸式的手机，我们进入移动互联网时代，人机交互的方式又一次发生变革，变成了触摸。这一次变革让 2 岁的小朋友到 80 岁的老人都可以使用智能机器和设备，因为交互方式更加便利，全部是可视化的、所见即所得的操作界面。

但是在过去，不管是大型的第一代图灵计算机，还是个人计算机、智能手机，所有的交互方式都是人类去学习和配合机器。比如你用惯了 iPhone 后，拿给你一台安卓手机，可能你还要学习它的界面和操作方式。而人工智能机器和设备将会发生一个颠覆性的变化，就是由机器来适配人类，由机器来学习人类的交互。如语音识别，这是比较自然的一种交互方式；再比如视觉识别，像人脸识别可能从刚刚出生的孩子到年龄很大的老人都可以用，我们全人类都可以跟智能机器和设备进行交互。

随着跟机器交互的人越来越多，机器会更彻底地影响我们生活的方方面面，同时机器采集到的数据也会越来越丰富。而 AI，其实全是靠面向场景的数据驱动，所以更多人的交互、更频繁地使用、采集更多的数据是推动 AI 不断进化发展的原动力和营养。

从 1956 年达特茅斯会议到现在，AI 发展了 60 多年，在这段时间里，AI 大概分为三个阶段，如图 10-1 所示。第一个阶段是推理期，基本上经历了 20 多年的时间，有高潮也有低谷。这个阶段人工智能所能做到的更多的是用计算机对一些数据公式进行推演和证明。第二个阶段是知识期，即机器学习人类的知识或者机器模拟专家的经验和积累的知识，一直到 2006 年加拿大一位教授杰弗里·辛顿（Geoffrey Hinton）提出了算法。而前面 50 年更多的是技术和底层理论的铺垫。

第三个阶段是机器学习期，又叫深度神经网络。其实神经网络也不是一个全新的概念，在 20 世纪 90 年代就有神经网络的课程，但不幸的是，因为那时我们没有超强的计算力，没有图形处理器（Graphics Processing Unit，GPU），所以神经网络中非常复杂的网络架构导致这些算法很难变成产品落地。20 世纪 90 年代，在中国学神经网络基本上是找不到工作的，毕业生只有两条出路，一条是去做程控交换机，另一条是去互联网公司做码农，写软件，写 App。

神经网络在 2006 年演化成深度神经网络，其实就是改变过去通过机器去尝试模拟人类的一些推理规则，设计一个像多元神经元架构的类人脑结构，通过数据去训练神经网络架构上每个节点的参数。计算机的算力、神经网络的架构和数据三者结合在一起，推动了第三个阶段次 AI 浪潮的发展。

这就是 AI 在过去 60 多年的发展。AI 到底能够帮助人们具体做些什么？人工智能的细分领域包括深度学习和机器学习相关应用的推动、自然语言处理（NLP）。其实，自然语言处理和大数据处理与分析是底层的，语言处理和语音识别是不一样的，语音识别更多的是把我们讲的话翻译成文字，但这些文字到底是什么含义则需要用自然语言处理，就是让机器能够听得懂。汉语其实是非常难的，同样一句话在不同语境下可能有 10 多种不同的含义，把这句话结合语境得出真实的含义，就是自然语言处理。

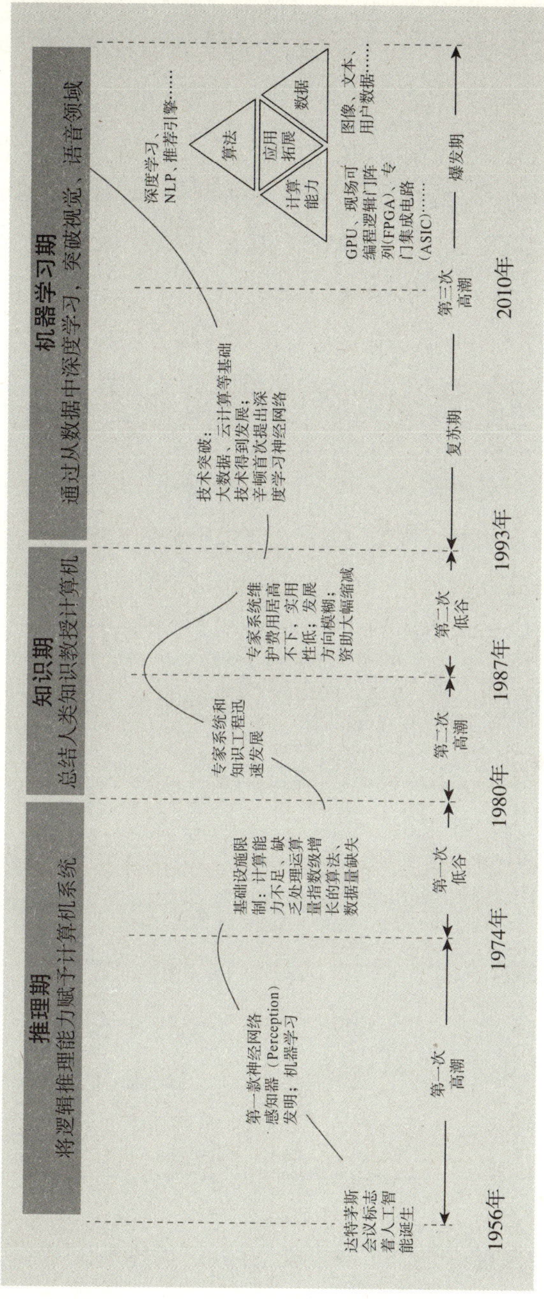

图 10-1 AI 发展的三个阶段

AI 发展还有一个很重要的分支是计算机视觉，如果我们把第三个阶段的 AI 发展简单归纳为要让机器来模拟人、学习人的话，我们先看一下人类的智能是从哪里来的。

人类的智能首先是由几大感官系统组成的，我们有视觉、听觉、嗅觉、触觉、味觉，视觉负责帮助人类采集和处理 80% 的信息，听觉系统大概采集和处理 12% 的信息，剩下的由嗅觉、触觉、味觉等感官系统处理。可以说如果解决了视觉智能的问题，人工智能量化问题可能就解决了 80%，所以视觉智能是人工智能应用领域非常重要的一个研究方向和学科。

在视觉方面有三步比较关键：第一步是目标检测，比如我站在讲台上讲课，首先要检测出来哪里是地板，哪里是课桌，哪里是听众，哪里有摄像机，甚至还要检测一些动态和静态的物品；第二步是目标识别，检测之后还要能够把这些目标识别出来，比如把人和课桌区分开来，这是两类不同的目标；第三步是行为识别，识别出目标以后，我还要识别目标的行为，比如有人可能已经犯困了，有人可能在聚精会神地听讲，有人可能有一些问题想问。所以视觉识别无非就是模拟人类的眼睛和大脑这套视觉中枢系统对信息的判断、采集、处理、分析过程，最终通过行为识别给大脑一些决策信号。

简单来说，人脸识别也分为这三步，比如首先要有个摄像机检测人脸，可能我们这场演讲有一两百位同学在听讲，摄像机要能够检测到每一个人脸而不遗漏；其次是目标识别，即检测到人脸以后还要能够识别出他们是谁，落实他们的身份；最后再分析出每个人的具体行为。

AI 的前景与挑战

随着越来越多的创业公司和传统企业向人工智能转型，国家对 AI 也越来越重视。虽然我们的基础相对比较薄弱，在 20 世纪 90 年代很多学 AI 或神经网络的教授、博士都转行了，但是这一阶段技术浪潮在过去几年间确实从企业、资本、政府等方面得到了高度关注。AI 已经连续 3 年被写入《政府工作报告》可以说中国现在对 AI 的关注热度比美国更高。

有人认为 AI 是未来决定一个国家命运的大事情，一个区域、一个国家的数据体量和 AI 的技术水平一旦跨过了拐点，进入智能学习或者自学习的阶段可能是其他区域永远无法追赶的。所以这些世界大国或者经济体量较大的国家，其实在逐利和竞争的是看谁能最先到达指数级发展的拐点。

如果把 AI 企业分为基础层、技术层和应用层，如图 10-2 所示，基础层具体的核心能力是芯片、大数据处理、算法、传感器等；技术层体现不同的技术方向，如计算机视觉、深度学习研究、语音识别、自然语言处理的研究；而应用层就是把算法、芯片、大数据处理等基础和技术，放在具体行业、产业去落地和应用，包括安防、智慧城市、新零售、互联网、手机、自动驾驶、机器人等各种行业。

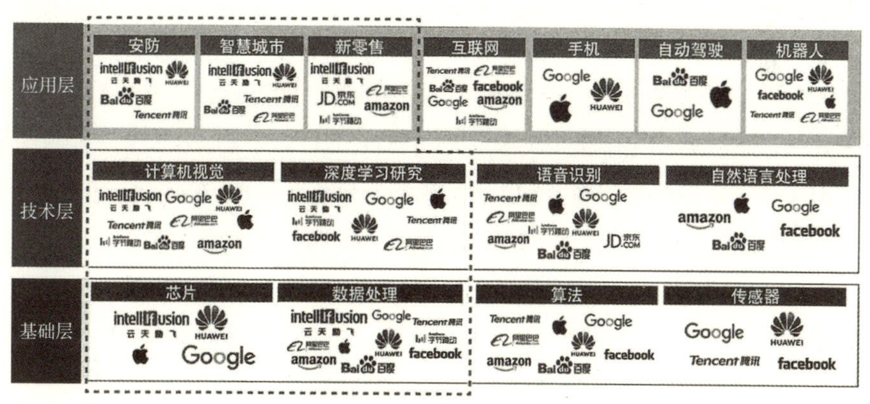

图 10-2　AI 企业的分类

从图 10–2 可以看出，美国企业更多地集中在右侧，而中国已经开始有一些企业在左侧全链条从基础层到技术层，再到应用层进行布局。尤其是中国有大量的 AI 应用场景，这是中国相比欧美国家较突出的优势，因为这一阶段 AI 的深度学习大多靠数据驱动。尤其是过去多年移动互联网的发展和爆发给了我们海量的数据，这些数据使 AI 不断地演进。

云天励飞的实践

我给大家介绍一下云天励飞团队是怎么做 AI 的。我们团队在 2014 年从美国回到深圳。云天励飞团队 2019 年在深圳刚刚过了 5 岁生日。我们可以说是国内第一支兼具 AI 算法、芯片和大数据的团队。在 5 年的时间里，我们有三个国际化团队分别在做 AI 的算法研究、人工智能芯片设计和人工智能的大数据分析。

“深目”

我们回到深圳后做的第一件事情是研发“深目”系统，从 2014 年到 2016 年，我们将科幻中的“天眼”带到了现实中，在深圳落地，打造了全球第一套城市级的动态人像识别系统，做到了全程的视频监控、秒级人脸检索。这套系统协助公安部门破获了数万起案件，到 2019 年 11 月陆陆续续被复制到全国 100 多个城市及东南亚的一些国家，助力平安城市的建设。云天励飞也先后参与了 G20 峰会、博鳌论坛、进博会等以中国为主场的外交活动。从 2016 年第一套系统上线到 2019 年 11 月，协助警方找回了 300 多名走失的儿童和老人。

在这个过程中，云天励飞不断地用算法、芯片、大数据的技术探索应用场景。通过“深目”“天图”“深海”一代代产品的演进，云天励飞始终在坚持“以人为本”的 AI。“以人为本”有两层含义：首先在技术路线上，我们聚焦在通过计算机视觉、芯片和大数据的技术去研究跟人的行为相关的应用方向和应用场景；其次强调要做有温度的 AI，因为 AI 有可能带来第四次工业革命，而目前的很多法律法规，甚至道德伦理观念都滞后于人工智能技术的发展。

把城市级的视频监控系统交给政府部门，用来抓罪犯、解救被拐的儿童和走失老人，这将助力平安城市建设，让老百姓有一个宜居城市。从 2016 年到 2019 年，深圳每年的警情下降 50%，相信在深圳生活的人们会感到越来越安全。在深圳待久的朋友可能会了解，"飞车抢夺"曾经在深圳（包括关内和关外）很常见，而 2018 年是"飞车抢夺"案件数为 0 的第一年，这是 AI 技术带给我们的安全感，是人类底层的需求之一。

我认为有两个技术领域对未来 10 年的影响会非常大，一个是 AI，另一个是基因技术。基因技术更多地研究人体内部的问题，AI 更多地研究人和机器等人体之外的技术。基因技术的结果难以预测，大概需要 5 年、10 年、30 年，甚至 100 年才能知道。但是只要外部和人机交互的东西能实现，其效果在短期内就能看到。

不管是基因、AI，还是其他领域的技术，发展速度都越来越快，我们也尝试着在深圳的 AI 领域做一些规范，能够跟国际接轨。

城市级的人工智能系统

我们做的城市级 AI 系统，已经被复制到全国 100 多个城市，以及东南亚的马来西亚、新加坡等国家。深圳是全世界第一座实现城市级跨行政区路面视频监控，并把视频监控数据实时汇聚、分析、检索的城市。这项颠覆性技术带动了深圳社会治安水平的快速提高。可以说深圳的很多公安部门已经做到了命案必破，2019 年甚至做到了很多案件"朝发夕破"。

2018 年年初东莞市公安局找到深圳公安局，说深圳的刑事案发率年年下降，但是东莞的治安比较差，可能是因为深圳的科技场景已经造成犯罪分子"溢出效应”，他们都跑到东莞去了。后来东莞上线了 2.0 的“深目”系统，我们在深圳积累了经验和教训后，升级的 2.0 系统快速在东莞几十个公安分局进行了部署，之后惠州也准备上线这套系统。

这些颠覆性的效果实际上只是浮在海面上的冰山一角，我们的努力和付出要远多于一套城市级的“天眼”系统，那只是在公共安全领域的一个应用而已。我们基础层的核心能力是芯片、大数据处理和算法。我用一个比喻来形容就是，对 AI 来说，芯片是躯体，数据是营养，算法是灵魂，只有把三者有机结合在一起，才能让 AI 这个小生命健康茁壮地成长。

算法解决的是从 0 到 1 的问题，因为有了算法，所以 2016 年 3 月才有了“阿尔法狗”战胜人类顶尖的围棋高手。当时的“阿尔法狗”1.0 版本用了 1920 颗 CPU 和 280 颗 GPU，也就是说，这款下围棋的游戏背后是上百万美元的硬件成本。在 2014 年“训练”一盘围棋的花费可能都要上千美元，所以算法虽然实现了从 0 到 1 的突破，但是没有办法大规模地产业化和应用，因为没有芯片支撑深度神经网络这样超级复杂的架构和运算。

如果用传统的 CPU 和 GPU 是不匹配的，这些处理器对算法而言，相当于 20 世纪五六十年代的大量计算机集群。而有了芯片的发展，有了 X86①、有了 ARM②，才让更多人感受到了机器智能带来的美好生活。AI 也一样，随着深度神经网络算法的提出，现在急需一系列面向神经网络和深度学习的芯片，需要高速运算和承载算法，才能为各行各业提供高性价比的产品，并让我们真正使用它们，所以芯片解决的是技术落地后从 1 到 N 的问题。

当 AI 大规模应用后，还需要大数据的应用，因为大数据实现的是让 AI 从

① X86 是英特尔公司于 1978 年推出的 16 位微处理器。

② ARM 是英国 ARM 公司设计的低功耗的第一款 RISC 微处理器。

N 到无穷，直至大规模的爆发。如果我们想让全人类都用上 AI，要靠大数据影响商业模式，以及数据的服务。所以芯片、大数据处理、算法在任何一个技术领域都是缺一不可的，这是云天励飞在创业之初就坚持在 AI 时代打造这三项技术的理由。因为 AI 时代和通信时代不一样，还处于非常早期的阶段，很多技术、算法不成熟，没有芯片，更谈不上大数据处理。当这三项都缺乏的时候，我个人认为只有具备软硬件和大数据处理的相应能力，才有可能让这些技术不再停留在 PPT 中，而是真正做到产业化。

这三项技术打造的是“端”到“云”的能力，在终端通过 AI 芯片加载在所有的万物智联设备、传感器中，给它们加上一个“大脑”，让设备变成带“耳朵”、带“眼睛”的机器人。经过提取和处理有用有效的数据，通过 5G 或者 6G 网络传输到云端，在云端进行大数据整合。所以在 AI 时代，必须端云协同，才能真正应对未来的万物智联和服务无处不在的智能，才能真正让 AI 实现服务平民化，走进千家万户。

大家觉得 AI 既神秘，又刺激，又恐怖，都在谈论人工智能，尤其在过去几年里，资本界对 AI 也趋之若鹜。但是实际上，AI 真正走进人类生活的标志是：人们不再谈论 AI，而是讨论被 AI 技术赋能的应用和设备。就像第二次工业革命（电力革命），对我们的影响根深蒂固，今天已经不会再有人讨论电是高科技了，大家享受的是被电赋能的设备。

我们今天已经离不开电，如果手机没电、电灯没电、计算机没电，如果我们生活在一个没电的空间里，我想除了睡觉，超不过 4 小时我们就会觉得非常抓狂。这说明第二次工业革命已经真正对我们产生了影响。AI 也一样，等大家不再讨论 AI，当 AI 的服务和技术无处不在地渗透到每一天的生活，当我们离不开它的时候，第四次工业革命才真正地到来。

视觉识别领域的算法

在 2019 年 11 月第 21 届深圳高交会的开幕式上，我们发布了“云天初芯”，这是我们开发的第二代芯片，也是第二代神经网络处理器，它可以实现每秒 2.0Tops 的超强算力，并且获得了国家三个部委的 AI 专项。它为云天励飞赢得了中国 AI 芯片标准制定的权利，并且也是科技部“2030 人工智能重大专项”二三十个获奖单位中唯一的科技公司，其他都是北京大学、清华大学、中科院等科研单位。

除了在算法、芯片等领域推动 AI 的应用发展外，作为 AI“营养”的大数据，也非常重要，也训练数据的平台更加重要。AI 的发展更重要的是让机器具备人的智能。怎么教会机器进行自学习，实现无人标注机器自主学习的训练方法非常重要，所以我们在每款产品落地的过程中都要不断提高机器自学习的效率。

2019 年 4 月，我们与国家超算深圳中心把一套内部的工具联合打造成 AI 操作系统，打造 AI 时代的 Windows，数据采集、管理、标注等五位一体，通过几个按键就可以完成一套 AI 算法的训练。目前看来，这套操作系统在智能制造领域有比较好的效果，比如用于生产线上一些产品的瑕疵检测。我们目前在与深圳上百家智能制造企业推进合作。

基于 AI 底层的技术，除公共安全领域外，我们还把它拓展到社会治理和商业等领域。在社会治理方面，其实我们国家在 2017 年就提出要打造共建、共治、共享的新格局，2019 年又提出治理机制和治理能力的现代化。这些都离不开科技力量，智慧城市的概念从 IBM 带到中国已有 20 年的时间，但直到 2019 年仍然没有一座城市真正实现了当年智慧城市描述的愿景。

智慧城市的本质是宜居的城市，是能够让居民的衣食住行变得非常方便的城市。我们怎么用 AI 技术去助力城市的治理，真正实现最终的智慧城市？我认为要有一个叫作“数字城市”的中间过程。我们首先要把城市所有静态和动态的过程数字化，通过数字化技术才有可能真正实现智慧城市。其实城市的数字化是非常有挑战性的一项工作，比如一座城市有多少建筑、道路，所有这些都是这座城市的“底座”，搭建 3D 或者 AR（增强现实技术）的数字模型叫作“数字孪生城市”。这个模型里面有多少人、多少车，甚至每辆车都可以做数字化模型，所有静态和动态的“底座”做成一个个数字化的模型，它们共同组成各个物理层次的数字孪生城市。

一旦有了这样一个数字孪生城市，我们就可以用数据更加精准地管理城市的运行，服务城市居民的衣食住行，这是实现智慧城市的一条路径。比如，在保护个人隐私的前提下，我们在深圳的龙岗、南山等区域探讨一些智慧社区样本，很多城市都有网格员负责人口普查，调研每个社区到底有多少人。但是，挨家挨户敲门去登记信息是比较突兀的，而且很多时候居民家里可能没有人，因此靠网格员统计网格数据和动态数据，准确率和效率都比较低，同时成本也非常高昂。但是通过数据和信息化的技术，我们可以精准地描述这些社区的人口，所以我认为智慧社区将是智慧城市下一步建设的可复制单元，而且社区学龄人口的统计会是刚需。

此外，校园安全也是一个问题，比如上海市某学校发生了一起恶性安全事件，我们配合该学校设计了一套方案，可以通过 AI 相关技术最大限度地预防校园恶性安全事件的发生。比如，在学校周边进行人像抓拍和人像布控，当有精神病人或者儿童猥亵案的罪犯出现在学校周边时可以实时报警，也可以在经过接送儿童的家长授权后进行人像匹配，确保儿童是被自己的家长接走的。

从社会治理到商业领域的应用

社会治理的应用

总的来说，AI 技术正在走进我们的社区，走进我们的楼宇。我相信用不了多久就会有人脸门禁、人脸闸机。景区里面的拍照系统全部是智慧的、智能的，在你出景区之前，走到一个大屏幕前刷一下人脸，你在景区的所有精彩瞬间都会在大屏幕上显示，扫描二维码付款还可以将这些精彩瞬间发送到手机上。

以上描述的不是未来的场景，现在已经可以实现了。深圳有 5000 多家民营诊所，有的诊所租用了医生的证件，可能给你看病的是没有行医资格的医生，虽然感冒发烧问题不大，但一旦出现医疗事故就是社会事件。怎么监管民营诊所的医生持证上岗？我们和深圳卫健局合作，打造了一个项目，通过人脸门禁对医生进行管理，即一位医生在一家诊所有一个证件，如果他一个星期都不在这家诊所出现，那这家诊所肯定是有问题的；如果天天打卡的人不在注册证件的人群范围之内，这些人也是有问题的。通过数据我们就能够实现精准管理。

当然还有像“智慧交通”之类的应用。根据交管部门的统计，致命的交通事故大概有 25% 是由行人闯红灯引发的，在 2017 年年初，我们配合深圳交管部门在北京大学医院门口搭建了一套行人闯红灯刷脸系统。在北京大学医院门口，当红灯亮起时，马路上的人像抓拍照相机就开始抓拍人行道上的人脸，如果行人闯红灯，他的脸就会被展现在马路对面的大屏幕上，还会显示打上马赛克的身份证或证件号码。

这是我们的工程师配合深圳交管部门做的一次创新尝试，2017 年年初系统首次上线，2018 年上海、山东等很多城市都上线了这套系统，并引起媒体的关注，大家就“中国式过马路”开始争论，行人闯红灯刷脸系统到底是对个人隐私的侵犯，还是 AI 技术对社会治理的有效探索。2018 年上半年，好像是《人民日报》有一篇评论，说这属于通过科技的手段对精准社会治理的有效探索，但是在探索过程中也要注意对隐私的保护。所以后来我们在马路对面的大屏上给人脸打了马赛克。深圳有很多部门是非常创新的，深圳交管部门在官网上搞了一个曝光台，滚动播出全市闯红灯人员信息。只要行人闯一次红灯，他的脸就会被显示在马路对面的大屏幕上和深圳交管部门的官网上，相信他一辈子都不会再闯红灯了。其实，媒体讨论“中国式过马路”问题，本身就是在提醒大家遵守交通规则和社会规则。

AI 的核心是用数据来做更加精准的治理和服务，我相信在不久的将来，在社会治理板块，我们可以通过 AI 技术打造一个公民征信系统。大家看过科幻剧《黑镜》(*Black Mirror*) 吗？《黑镜》所描绘的场景是：当你走在马路上抬头看到对面走过来一个人时，通过 AI 技术可以看到他脸旁的一些数据，这些数据就是他的征信分数；你乘坐飞机、高铁、地铁，或其他交通工具，享受的所有社会服务，包括能不能进图书馆、买什么样的东西，都跟你的征信分数有关，并且你的征信分数显性地体现在所有系统中，关注和记录着你的所有行为。当然，这只是科幻剧中的场景，大家都不想走到完全透明、没有任何隐私的场景里。现在和发达国家相比，中国的个人征信系统是相对缺乏的。我相信个人征信系统不仅对银行非常重要，对社会治理也非常重要。

商业领域的应用

除社会治理的应用外，我们还把 AI 技术拓展到了商业领域。比如，在过去 20 年的互联网和移动互联网时代，财富聚集最快速的行业是电商，电商对线下商业带来了碾压式的冲击。线下商业是人类代代相传的智慧，从最早的物物交换到邻里交换，再到超市、商场、拍卖场所，在近几年才被搬到网上，“双 11”的火爆程度更是线下商业场景无法想象的。

为什么电商对线下商业冲击这么大？我个人认为是因为数据，互联网使电商有了消费者的数据，平台就可以预测“双 11”有多少人会采购电冰箱；有多少人会采购手机，甚至采购哪款手机；有多少人会买衣服，买哪款衣服，都可以做到精准预测。虽然会有一些偏差，但没关系，电商们可以以这些数据为依据提前备货。但线下是怎么样的？线下全靠售货员或者店主的感觉去猜，靠售货员去记去年“双 11”有多少人，个人的能力，一双眼、一个脑子的能力跟数百万台计算机连在一起进行大数据分析的能力是完全无法抗衡的。

除采购以外，在互联网购物的过程中，人们一键下单就可以等着收货，还有物流和快递也可以通过互联网数据进行精准分析。顺丰快递就有一个非常庞大的数据库，以此实现了精准服务。

因为有了精准服务，整个电商平台的运行系统就极其高效、精准，所以成本大幅下降，电商卖的东西就比线下便宜很多。最吸引消费者的不仅有方便与否，也有便宜与否，所以大家都涌到线上去采购，既便宜又方便，这是大数据和售货员的竞争，是数百万台机器与人的竞争，引发了电商对线下商业的冲击。

AI 的发展给了线下商业一线生机，我们可以把互联网千人千面的技术带到线下。比如，通过传统的视频监控分析客流，分析进出商业综合体的男性、女性，以及他们的年龄。当然，在商业场景中要更加关注个人隐私和信息安全的保护，比如不存储人脸和人像的数据，只用于群体行为的分析。2018 年，我们与万科进行了战略合作，在万科全国 100 多个大型商业综合体里做 AI 改造。

关于客流分析，其实基本上所有的超市、商业场景都会在门口安装一个客流统计设备，但是传统的客流统计数据常常是不准确的。真正用人像聚类、AI 技术统计出来的数据可以去掉重复率，可以分析什么年龄的消费者从 H&M 出来以后到了电影院，有多少人从电影院出来以后到了麦当劳等场所的活动规律。

做这些精准分析有什么用呢？比如 H&M 有 200 个会员今天进了这个商业综合体，但是只有 37 个人进了 H&M 的店。H&M 的店长一定会关注为什么有 163 个人没有来？可能有 30 个人去了 ZARA。这些数据是非常值得商业运营人员关注的。

还有一个案例是深圳一个大型商业综合体关于雨天商场消费者平均停留时间

的变化报告。大家认为雨天顾客在商场里的平均停留时间是长了，还是短了？可能会有很多人觉得是长了。但报告跟我们的常识有所冲突，实际是短了。当我们的数据工程师拿到报告时，他第一感觉是这个数据错了，因为商场的运营人员会在雨天进行很多场内的运营活动，顾客的停留时间就变长了，然后就能吸引他们去购物。

但是为什么数据显示停留时间短了？我们经过对客流量的精准分析，把几个月内商场所有消费者的个人轨迹和停留时间进行分类，第一类顾客的平均停留时间超过 1.5 小时，第二类顾客的停留时间在 45 分钟到 1.5 小时之间，第三类顾客的停留时间少于 45 分钟。

原因终于被我们找到了！第一类和第二类顾客是喜欢逛街的人，但他们在雨天就不出门或者很少出门了。而第三类顾客雨天在商场的平均停留时间基本在 15 ~ 20 分钟之间，对整个商场运营的帮助并不大，第一类和第二类顾客才是商场运营人员更应该关注的。

像互联网和电商平台一样，大数据会告诉人们真相，掌握了大数据之后，就可以把传统线下的百货商店变成每个人的商店，提供 VIP 服务。因为一个品牌或者商家最关心的是下个月的销售额能不能比这个月有提升，如果这个月有 1 万个客户进了门店，下个月能不能有 1.3 万个客户进入门店？如果这个月有 1000 个客户在门店购物，下个月能不能有 1500 个客户来购物？

所以我们和万科成立了合资公司，研发的具体产品形态是立在商场里的 50 ~ 60 英寸的 AI 互动屏，这个互动屏相当于一个导购机器人，可以跟顾客交互。当顾客走到屏幕前面的时候，它会智能地帮助顾客推荐商品并推动消费进程。你可以把这个屏幕理解成一个线下的大的 iPhone，它在商场里帮助你更加便利地购物，甚至能打造一个全新的线下购物的社交和体验平台，因为未来不会有人为了买一个标准化的产品而走进商场、走到线下的商业场景里，更多的是为了寻找线上无法实现的体验和社交。怎样更加精准地通过千人千面满足顾客的需求，是AI互动屏正在探索的。

2019年中期，我们与深圳出版集团在龙岗书城和龙华书城上线了一款装在大屏幕中的“今日好书”App。现在很多小朋友基本上都沉迷于手机和游戏，很少去书店了，但读书是一件非常重要的事情，可惜的是书店传统的装饰和新华书店的传统布局很难具备吸引力。我们在龙岗书城和龙华书城布置了很多大屏幕，在后台通过自然语言处理对300万本书进行分析。当一个消费者站到大屏幕前时，大屏幕就进行一次推荐。自然语言处理技术会将不同属性的读者进行分类，第一次的推荐虽然比较粗糙，但是当消费者选择了感兴趣的书后，系统的推荐就会越来越准。深圳读书月的时候，很多书城会进行精准的读书推荐。我们还与巴士集团合作打造了一个流动书吧，未来大家可以通过扫描二维码看系统推荐了哪些书籍。

总的来说，我认为公共安全是第一个被AI颠覆的万亿级领域，商业将是第二个被AI颠覆的万亿级产业，无人驾驶可能要经过一段时间的技术和交通规则的探索与沉淀才会爆发。

愿景：“1+1+N”

我们做了芯片、大数据处理、算法这些基础层的核心技术，做了公共安全、社会治理、新商业等方面的应用。我们做了这么多，最终聚焦在哪个方向？我们推动的目标或者愿景是什么？这就要回到我上述所讲的，我认为实现智慧城市必须经过一个数字孪生城市的阶段，而我们将数字孪生城市的框架定义为“1+1+N”。

第一个“1”是指智联网，也是我们进入AI时代的标志，城市中传感器的数量在10年之内可能会发展到现在的30倍，会有越来越多的摄像机、烟雾传感器、电力传感器等分布在城市的各个角落采集数据。当然，这个发展过程需要法律法规的约束，我们再次强调社会需要对数据采集的所有权、训练权、运营权、使用权等进行一系列规范，但是技术一定会向智联网的方向发展，所以会有一张比现在织得更密、功能更全、更立体化的传感器网络部署在城市。

第二个“1”是一座城市的“超脑”，由一个计算机群组成，这个超脑通过5G把全城传感器采集到的数据实时传输到城市的数据中心，并进行统一的集中处理和分析，掌握着城市的一举一动。

通过一张智联网、一个城市超脑，去赋能这座城市的智慧安防、智慧社区、智慧园区、智慧校园、智慧医院、智慧商业等N项智慧化的应用场景。这个过程里最核心的是数字孪生城市的构建，所有数据采集的目的都是构建数字孪生城市的模型，所有城市大脑的数据都在数字孪生城市里运行，而数字孪生城市的构建和运行目的就是服务和赋能多个城市居民的衣食住行等应用场景。

云天励飞在这个过程中，就是用AI的算法、芯片和大数据处理去打造这张智联网的，通过把芯片装载在每个传感器，把算法和大数据处理的分析能力融入城市的“超脑”。通过端云协同的生态去构建数字孪生城市，可以让人类的生活更加安全、健康、便利和愉悦，这是AI未来会带给我们的美好生活。

精彩问答

Q： 2014年是出于什么样的考虑或者机缘让您带着团队回国创业的？

A： 有两方面考虑。一方面是我们在密切关注科技领域的变化。我们有两个联合创始人，我是做芯片和算法的，另一个是做大数据处理的王博士。我们当时关注到2012年谷歌在评估英国一家很小的创业公司，其实海外的公司并购是非常谨慎的，但在2014年的时候谷歌对这家十几个人的团队出手特别阔绰，大概用几亿美元收购了这家公司，这引起了我们的高度关注。

人工智能有很多分支，一直到2012年工业界投入GPU开始深度学习的训练，深度学习这个分支才引起了资本界更多的关注。而我们较早地看到了这种趋势，有了技术上的认知契机。比如，我们了解到“阿尔法狗”背后的海量处理单元，人工智能爆发需要这样一个全新的处理器。

另一方面是有一个推动力让我们真正来到深圳。2014年8月28日是电影《亲爱的》的全球首映日。因为深圳有很多吸引海归的政策，我们当时跟深圳的刑警大队和龙岗公安局交流了很多，一直在探讨《亲爱的》。我们当时就在讲，如果能够把AI的人脸识别技术应用到视频监控的以图搜图，也许深圳就不会再有走失的儿童。那次交谈又一次触动了我们，而当天晚上讨论的用AI技术去助力“天下无拐”，也变成了我们打造的第一款产品。所以我们于2014年8月在深圳注册了云天励飞。

因此，我想一方面是技术发展的大趋势，另一方面是我刚才讲的案例，“天下无拐”的初心，推动了我们回国创业。

Q： 您刚回国创业时遇到过什么问题？有没有什么印象深刻的事件？

A： 云天励飞创立的前两年，不像其他明星企业那么受欢迎，我们是没有融资的，没有资本的光环，而且当时团队规模不到10个人，尤其在第一年，我们是非常艰苦的。2016年年初，我们的系统在深圳市龙岗公安分局刚刚上线，第一次找到的走失儿童是龙岗的一对双胞胎，他们跟家里吵架然后赌气出走了大概两天时间。警方通过我们的分析系统在龙岗的COCO Park（深圳唯一公园版情景式购物中心）找到了他们。这个成功案例其实在支撑着我们早期的创业团队，每个案例成功时，我们开心的程度远远超过能够拿到一个订单或者一笔融资。我想这才是AI应该去做的事情，它让我们的生活更加美好。

Q： 在AI这条赛道上有许多玩家，从您的角度来看，云天励飞是如何脱颖而出的？

A： AI发展到今天，业界出现了两派观点，一派认为AI会跟2019年的资本寒冬一样，将全面进入寒冬，这是第三次AI发展的虚假高潮；另一派认为AI太危险了，靠AI技术的推动和发展，很有可能在30年后就会出现类人脑AI，甚至可能颠覆人类。

我个人认为应该结合两个方面来看。简单来说，强AI会进入寒冬，不仅是资本的寒冬，而且是创业的寒冬，所有的寒冬；而弱AI会在未来10年内真正推动科技发展进入第四次工业革命。所谓强AI就是类人或者超人的AI，真正实现自演进、自学习，这会像过去的两次高潮过后那样再次进入寒冬，因为很多技术确实还非常不成熟，并不像受资本追逐的一些明星企业所宣称的那样。但是弱AI是指单点技术，比如“阿尔法狗”背后的计算、人脸识别、语音识别等，其实当前已经远远超越了人类的单点智能，而这些单点技术确实已经成熟到可以大规模产业化的阶段。

因此，现阶段的AI既有虚假的泡沫，也有可以大规模落地的技术。一个科技创新或创业的团队最关键的是做什么？做减法。鉴别哪些技术可以在半年、一年内成熟，市场有什么需求，哪些行业会被这些技术颠覆。所谓颠覆是把原来的工作流程效率至少提升100倍以上，这才是真正的AI技术。如果只有50%的提升，那只是传统的电子信息流程的优化，不是AI技术的创新。所以我们要更加理智地看待AI，其实它已经不再停留在概念和技术的讨论以及资本的热议里，而是真正到了要落地应用的阶段。

在这个赛道上的玩家，无论是AI创业公司，还是头部的传统企业转型去做AI，脱颖而出的关键就是看谁对市场更加敏锐，谁对技术成熟度的判断更加精准，谁就能够选择更好的落地市场。

本文根据作者2019年11月21日在北大汇丰商学院创讲堂的演讲整理而成，经作者审阅并授权发布。

主编伴读

AI 改变了生活，我们应当如何与 AI 相处？

陈宁是一位创业者，更是一位科学家，多年的海外科研经历让他有了一个预判："这一次，由 AI 带来的工业革命也许是人类科技史上最后一次工业革命。"他充满技术细节的演讲带领我们了解了 AI 是什么，AI 可以做什么，并结合云天励飞的业务范围和方向，让我们对 AI 有了全方位的认知。

对于这种可以自演进和自发展的智能技术，人们自然会在心底有一些担忧和恐惧，当 AI 的智慧超越人类时，人类将走向哪里？但科学技术的进步是不会因为这种担忧恐惧就停滞不前的，目前看来，AI 的快速发展是大趋势和潮流，AI 在我们的生活中出现得越来越多、越来越频繁。人类在未来应该如何与 AI 和平相处？这是在技术浪潮奔流向前时，每个人都应当思考的问题。

有温度的创业

陈宁分享了一些创业初期振奋士气、给团队巨大信心的事件，并不是融资或拿到巨额订单之类的，而是通过 AI 技术打击拐卖儿童的罪犯，找到了走失的双胞胎，解救了被嫌疑人携带搭乘火车的孩子等社会公益事件。

他的分享让我们看到，这群硬科技创业者是柔软的、有温度的，愿意给社会创造价值的。希望 AI 能够带来更多的"光"，让这些"光"亮成一片，温暖整个社会。

第 11 章

共享创业，赋能小微企业成长

毛大庆
优客工场创始人、董事长，
共享际创始人、董事长

“跑过 100 多场马拉松”“跨界出版译著”“乐于与年轻人为伍”……这些“标签”让毛大庆格外引人注目。从职业经理人转型为创业明星，他的创业之旅光环萦绕。为什么要做“共享办公”这门生意？为什么跳出高薪职业经理人的舒适区，选择创业之路？2018 年 9 月 5 日晚，优客工场创始人毛大庆在北大汇丰商学院创讲堂，进行了以“共享创业，赋能小微企业成长”为主题的精彩分享。

我们处在什么样的时代

我们先了解自己处在什么样的时代背景下，再谈创新创业才更有意义。

乌卡时代焦虑症

“乌卡时代”这个词2018年上半年在网络上特别流行。现在得焦虑症、抑郁症的人越来越多，也有很多人常常说“感觉自己被时代抛弃了”。每天都有新生事物出现，人们经常会看到“平地起惊雷”的新闻。某人今天可能还是偶像，明天就塌房子。我们处在一个信息高度爆炸、很难辨别真伪的时代。我们究竟应该怎么样看待未来？答案应该从乌卡时代谈起，先看我们到底处在什么样的时代大背景之下。

这个时代会重复1870—1910年的科技颠覆史吗？

我想给大家讲一个故事。2015年10月，刚创业不久的我到美国东部走访，看了很多中国留学生的创业项目。其间遇到了一位老先生，他是爱迪生的第四代传人，他的曾孙子在美国研究企业行为学，我和他聊起中国的创新创业大潮。老先生说，其实中国创新创业的动静很大。他觉得人类社会有些时刻是非常独特的，到现在也没办法总结到底是什么原因导致这些时刻发生。比如我们经常讨论工业革命、蒸汽机和电，1946年又开始讨论微电子计算机等。但是大家有没有想过，为什么那会儿突然冒出这些东西来？这些东西给人类社会到底带来了什么样的颠覆性影响？

他说人类社会有三次技术革命，但颠覆人类对自然界几万年认知的只有一次，就是第二次技术革命。我们今天用的大部分工业品都是第二次技术革命的成果，包括摄像机、电灯泡。第一次技术革命可能改变的是我们的动力，包括蒸汽动力、机械车辆等。第二次技术革命是由电力引起的，尤其是在1870—1910年的这40年。老先生说：“中国人似乎特别不喜欢研究科技史。”后来他又说：“你知道吗？爱迪生也不是电灯泡真正的发明者。”爱迪生是位企业家，他量产了电灯泡；1821年有两个人发现了电磁波，50年以后工业国家成千上万的年轻人围着电进行创新创业，当然最后胜出者寥寥无几。在1870—1910年的40年间，科技史上出现了92项重大的颠覆式发明创造。电报、电话、飞机、电子显微镜、电灯泡全是在此期间出现的。电子显微镜的出现激发了微生物、生命、药物、外科手术领域的大量变革。所以一项科技的创新影响的是若干领域。那次回国后，我就去研究了人类近现代科技史。

科技的发明永远会导致人类社会发展的不平衡，这个问题到今天都没办法解决。谁掌握技术，谁就掌握资源，谁就能控制技术落后的地方。基于科技史的理论和法则，我相信在未来的世界里同样如此。我们虽然不知道为什么在1870—1910年的40年里世界突然间出现一大批智者，他们发明了一大堆东西来颠覆世界，但我们相信：在未来的几十年里，很有可能又会突然间出现一大批智者、一大批颠覆未来的人，来集中颠覆这个世界。

乌卡时代的本质是人文的进步远远跟不上技术的革命，所以人们出现了“精神的撕裂”和“价值观的分裂”，对世界产生种种不确定的看法。我特别想采访一位生存在1870—1910年的人，了解他经历了怎样巨变的人生，比如他们生活中突然就有了电灯，按一下按钮就亮了，这种巨大的认知改变作用在人身上会有怎样的变化？

电带来了什么影响？电使人与人的连接能力发生了巨大的颠覆。在没有电的时候，如果一个男人要对女人说我爱你，他需要将其写成一封信，靠什么东西当媒介传递呢？答案是马和鸽子。有了电以后，送信的人变成了电子、电流，我们年轻时还有电报，而在今天手指一按微信直接就发送出去了。用马化腾的话讲，再有几年微信就没了，人们交流可以直接用脑电波，眨眨眼睛信息就发过去了。技术改变了我们对外部世界的认识，没有电流、电报之前，人们传信息是如此缓慢，今天直接发个微信就可以。2011年之前我们还不知道微信是什么东西，我们还生活在短信时代。到了今天，一天没有微信我们的工作估计就瘫痪了，难以想象2011年之前我们是怎么生活的。

这个世界在过去30年里的快速变化是难以想象的。在2007年智能手机推出以后，人类社会被彻底改变。老先生告诉我，他认为这次改变所带来的颠覆性影响恐怕远远超过第二次技术革命，可能会把第二次技术革命时我们对自然界的认知重新“洗”一遍。比如，生命科学预测未来治病可能不再使用药物，而是使用基因编辑技术。也许以后病人治疗抑郁症不需要再吃什么百忧解，也用不着跑马拉松，直接修复基因就可以了。所以人类可能真的会活到120岁、150岁。这些事情都可能在技术革新中得到解决。我们所说的脑电波传输信息，非常可能在未来二三十年里实现。

我们恰恰是穿越这个时代的人。就像那些生活在1870—1910年的人一样，我们很有幸地赶上了一个割裂的时代。

人口呈倒三角增长

越是希望得到和平发展的国家，越希望推动全球化；而越是那些突然间发现别人对他产生了威胁，想迅速实现领先的国家，越想“去全球化”。其实，美国在中美贸易战之中的反应就相当于一个一直领先的人突然发现有人要超越他时的本能反应。

中国有一个非常棘手的问题就是人口问题。我们人为地制造了一个人口高峰，又人为地让这个高峰断崖式下跌。中国人口在2012年就开始衰减，15～64岁的人口在2016年出现了衰减，“90后”比“80后”少了5400万人，“00后”比“90后”少了4800万人，这些衰减都标志着人口红利时代的结束。也就是说，我们正处在中国人口和劳动力结构最好的黄金时代的最后10年。

现在的人口结构大约是9亿人养活5亿人，1949年我国的人口是5.4亿，2014年激增到13.7亿，根据各种维度测算，当中国人口总数达到14.6亿人时，基本上就到了天花板，人口总数要开始往下走了，无论怎样刺激生育都很难突破这个天花板。1966—1974 年，中国有 2.94 亿人出生了，这在中国是一个无法再次被超越的人口出生高峰。这段时间内的中国人口密度是人类历史上从来没有过的，到 2018 年只有印度有可能突破这个数字。这代人长大后带来了又一次人口生育高峰，他们在 1985—1996 年生育了 1.84 亿人。再往后，年人口增长数基本上只能维系在千万人这档了，所以基本上我们的人口在呈倒三角的状态发展。

这会导致什么问题？当“80 后”全部退休的时候，“80 后”所需的养老金将会面临大问题，这是一个残酷的现实。

“争生存”“争命运”，跨越 1：1 的时间窗口

在这个背景下，我们应该讨论的问题是什么呢？这个时代对中国来说不是一个“争面子”的时代，而是“争生存”“争命运”的时代。我们应该讨论为什么这个时代是中国必须抓住的最后一个时代，如果我们错过了这个时代，基本上到下一个时代都可能很难反转。我们在上一个 100 年基本上错过了第二次技术革命，这所带来的后果到现在都难以反转。

给大家分享一些我们当时研究人口老龄化的数字：人口抚养比例超过 1：1，就是一个非常严重的社会包袱产生的开始。我们现在是 9 亿人养活 5 亿人，大约到 2034 年，就会变成 5 亿人养活 9 亿人。这个天平在 10 多年间瞬间就倒转过来，这个倒转的力量有多大，大家难以想象。可能到 2026 年，我们走在马路上，3 个人里就有一个 60 岁以上的人。在这个研究中，我们分析了 25 个国家的样本。后来发现，其实分析没有什么意义，因为这些国家越过了人口抚养比的红线以后确实都发生了经济停滞、中等收入陷阱等问题，但是这些国家的人口总基数基本上都是千万级的，这对于一个 13 亿人口的国家是没有样本参考意义的。

只有一个国家在全世界范围内人口抚养比是 1：1 时就超过了 1 亿人，这个国家我们都知道，是日本。但是分析之后的结论令我们非常沮丧，因为日本人

口的结构和日本的发展节奏是高度吻合的，日本在 1945 年第二次世界大战结束后男性大量减少，1950 年日本政府颁布了一系列政策，鼓励生育，尤其鼓励生男孩。20 世纪 70 年代初，日本的人口迅速增长，生育率大幅上升。在 20 世纪 80 年代，中国的电器市场中基本都是日本货，美国的汽车工业就是在 20 世纪 80 年代被日本“干掉”的。1987 年底特律发生惨案，一对美国父子在酒吧里当场打死了一个日本人，就是美国汽车工业的衰落导致美国人对日本人的愤恨达到了一定程度的体现，到今天，美国的汽车工业也没有完全赢过日本。日本将大量的科技原创变成了科技产品，而且都是往上游转化，20 世纪 80 年代，日本 50% 以上的 GDP 贡献来自科技成果转化。到了 20 世纪 90 年代初，日本的人口增长出现了停滞，同时创造能力开始逐渐减缓。但是日本的 GDP 拉动结构远比我们今天要健康得多。我们分析过这个问题，再过七八年中国的人口抚养比就能达到 1∶1，大概就是从现在到 2025 年。我们准备好了吗？这是一个很大的问题。

国家鼓励创新创业

国家像一艘大船，人口问题是一座冰山，是撞在船的侧翼上，还撞在船尾上？我认为撞是避免不了的，因为已经躲不过去了，就算现在大家都回家生孩子，恐怕也来不及了。

那怎么办呢？中国过去发展靠人口红利，以后要靠科技、工业化、技术、效率。问题是，如果只给我们七八年的时间，我们能不能转化成效率型社会？这是最大的问题。现在大家谈的都是方向，而忽略了我们是否来得及，我们可能还没来得及转成效率型社会，麻烦就来了。所以，如果我们去讨论现在出现的种种问题，比如贸易战、新科技发展，其实很容易理解。大家在这个时代争夺的就是未来 30 年的发展。在掌握原创科技和技术能力面前，就是你死我活的争夺。这是我们必须认识到的问题。国家为什么要鼓励创新创业，让各种各样的创新创造能力在这个时代释放？这恐怕已经是一个时不我待的问题。如果在这个过程中我们仍然没能领先，恐怕上一次技术革命的噩梦又会在这个时代重来。到时候我们连还手的能力都没有，接下来这两三百年对我们来说会非常麻烦。这是我想在创讲堂上跟大家探讨的问题。我们每个人都要在这个时代思考。

共享办公

我再跟大家简单分享一下我们现在在做什么事情。

共享办公

○ 灵活办公室

现在很多公司都有工位是空着的，所以企业觉得既然大家流动性这么强，工作范围这么灵活，是不是还有必要弄这么多固定的办公室？因此，35 岁以下的员工在第三方办公场所工作的比例越来越高。共享办公是各种灵活办公室的形态之一，慢慢地变成了一种大家习惯的工作场地。

○ 创新文化

共享办公产生了创新的文化，开放创新、设计思维、客户合作、伙伴供应商的多元化的合作、推动创新的运营模式等，代表着这些公司已经开始真正地打破边界进行多元化合作，新的合作方式正在改变企业的创新机制，我相信没有参与合作的公司在当今社会是很难生存下去的。

○ 智能化

数字化驱动、集成化的科技和生态系统在不断地提升企业绩效，大家可能了解很多企业在物联网、人工智能上的投入越来越大，很多企业高管在访谈里都表示未来几年，会在各自的领域广泛应用人工智能，这已经是不争的事实。企业资产的数字化是当前所有企业都要思考的问题。任何资产都可能变成数字的表达，这是非常重要的。

那么在这个背景下，智能化变成了大家对办公场地、办公设备的要求，其实对我们做共享办公服务的人来说，特别重视的是房子提供的智能化能力。因为很多企业现在认为他们租的不是办公室，租的是智能化设备。我发现包括富士康在内的很多企业，都在开发各种各样的智能会议系统。我们用智能会议系统开完会，1 分钟后，会议记录就能被自动生成 8 个国家的语言。像这样的系统在办公空间里变得越来越普通和日常。现在每家企业都在越来越快地适应未来的变化，所以共享办公其实是一个让企业能够非常快地适应未来变化的领域。

○ 人性化

互联网是非常强大的。虽然互联网让人们的连接能力变强了，但它带来的孤独感也越来越强了。在这个时代下，有不少员工出现了心理健康问题。抑郁症、焦虑症，大多源于公司环境和人们社交环境的不健康，所以我们做共享办公特别重视基于心理学来设计办公环境，比如要特别研究色调、灯光、共享厨房等。美国人中午在一起刷杯子、煮咖啡，貌似很日常的生活状态，实际上有助于人的心理健康。

所以人性化和自动化就变成了好的办公空间的一个重要特质，我们在做共享办公时特别在意空间是否智能、是否人性化、是否让人高兴。我们研究了很多人的社会交互和交往问题，在一个强社交的环境里，让大家慢慢习惯这种状态下的工作，并打开心智，在这个过程中，人性化的设计是非常非常重要的。

○ 成本节约

我们现在为很多大企业做定制，罗辑思维、抖音、快手都是我们的客户。如果他们的办公场所装修施工四五个月，对当今快速发展的市场来说是根本不能承受的，所以我们提供的服务帮助他们节约了成本。在经济震荡时代，小微公司越来越多，我们除帮助大公司外，还帮助小微公司解决了成本问题。

优客工场发现了什么

我最高兴的事情是能够聚集 1 万多家公司，这让我看到了几十个行业的变化，也看到我国有一批人在这个时代真正做着对社会进步有用的事情。我们通过共享办公也看到了企业的变化。企业的变化来自人的变化，这是不以哪个企业老板或者投资人的意志为转移的。

○ 流动和临时性员工越来越多

我们分析了共享办公的企业形态，发现了一些共性的问题。我们发现从全球企业不动产的趋势来看，企业的员工队伍在急剧变化，流动和临时性员工越来越多，这不是指临时工，而是指员工的工作状态和方式越来越灵活，员工的跳槽率越来越高。新一代员工会选择为自己的爱好、理想，或者觉得喜欢、有意思的东西而工作。从长远来看，雇员与雇主的关系会越来越淡，大企业这堵墙早晚会被推倒。很多企业现在都在发生着这样的变化。

○ 灵活性与团队协作很重要

最新的研究显示，94% 的企业表示灵活性和团队协作对企业的成功至关重要。公司灵活不灵活、是不是足以与社会方方面面的资源对接，现在变成了企业考察自己行不行的标志。另外，很多企业表示，获取更高的员工生产力和保留率也是企业能不能适应社会变化的标志之一，如果企业越来越不能适应社会，员工是不会为这家企业工作的。我特别要强调的是，在人口结构急剧恶化的时候，从国家和社会的角度来说，最大的投资要放到培训和人力资本上，这是非常重要的。我们所有人其实都对下一个时代负有重大的责任，大家都应该思考下一步要怎么学习，怎么跟上这个时代，否则明天我们可能就被淘汰掉了，所以各种企业对再培训、再教育，以及员工的技能提升都越来越关注。

○ 社区型办公提升员工能力

我们观察到一个特别好的现象，在一个社区里可能有 50 家公司，如果其中有一家搞数字化工作的公司，有好多问题搞不清楚，不知道下一步怎么发展，他们甚至可以从旁边一家搞体育的公司那里得到答案。在这个过程中，公司的连接性和合作性提升了很多，在封闭成长中很多自己解决不了的问题，可能会从社区伙伴、邻居们身上找到了方案和答案。所以，社区型、协作型办公对员工的能力提升有好处，解决了很多人才培养问题。

○ 服务社群值得重视

这三年半我观察到一个特别有意思的现象，就是出现了叫“社群”的第三种社会组织。原来我们的社会组织要么是公司、企业，要么是机构，比如单位、政府、协会，现在出现了社群。

社群是非常具有时代意义和时代特征的产物，其力量巨大。我们知道，有千万级粉丝的读书社群，这些社群成员的职业、年龄可能各不相同，公司背景、教育背景也都不同，但他们都追求某个东西，形成了一种新的商业力量。现在很多做“互联网 +”、线上线下交易的机构都特别重视社群。

其实做共享办公还有一个很强的功能就是服务社群。现在很多空间都成了社群交易、社群交互、社群交流，以及释放和分享激情的地方，我们在共享办公的每个空间里，都做了这种功能报告厅。我们发现报告厅里几乎天天都有社群活动，来这里的有入驻企业的社群，还有大量的外来社群，他们来了以后，又和入驻企业的社群形成新的会员关系，所以社群在移动互联网时代是存在于社会中的另外一股商业力量。

我们现在做任何商业概念的时候，可能都要重视社群。就像跑马拉松的人已经组成了很大的社群，其他群体也可能细分出很多不同的社群。

优客工场预见未来

中国的存量地产已经到了不得不变革的时代，加上科技的力量使得人们没有必要非在哪个地方办公。优客工场搭建了一个很大的平台，让各种各样的企业可以展示自已，找到合作伙伴，从而打破垄断，让资源流动。

办公和工作是生活方式的一种表达

过去 5 年，中国共享办公的市场，无论销售额还是空间规模都以 120% 以上的增长率在增长。我们预见到当办公和工作变成生活方式的一种表达的时候，实际上人们的需求根本不是现在的办公场所能解决的。

我们预计大概 5 年以后，会有 1/3 的办公人群聚集在各种各样的共享空间中，而不再局限于传统的写字楼和办公室里。当然，人群聚集之后会产生大量的衍生业务，所以企业服务和企业的各种配套业务都会围绕着共享办公而产生。未来的共享空间会变成具有增长性、可持续成长的中小公司大量聚集的地方，很多资源会流入这里。未来的增值服务市场，特别是企业的增值服务市场会围绕这些中小企业的聚集地而产生。

人是场景的起点，办公和工作是生活方式的一种表达。未来人们对工作空间的要求会更多元化，远远不是办公室的格子间。人们会要求居家式的办公环境，要求可以团队协作的地方，要求有能够随时随地开放办公的地方，还要有小型团队的会议场所、大型活动的社群交流场所，包括个人隐私保障。我们认为人是场景的起点，把人和物连接在一起进行互动，是未来共享空间承载的内容，这远远不是房地产或者空间能够解决的问题。

我们的商业地图是做大型社会服务业

我们给自己画了商业地图，先做办公室只是底部问题，实际上我们是在做企业的推广营销助手，做企业面向普通用户服务的入口，做企业基础服务的平台，包括人才、设备、租赁、企业培训、教育资金对接等服务。实际上，这些业务可以与园区合作，与城市改造合作，包括和楼宇的管理输出合作，这是一个大型的社会服务行业。我们看见的是小微企业的成长和企业的变革所呼吁与需要的一种社会服务行业的产生。

在过去 3 年里，我们的共享办公进入了 40 个城市的 194 个社区，服务了 1 万多家公司，有 8 万多人使用过我们的空间，到 2018 年年底，我估计使用人数可能会超过 10 万。我们也像酒店行业一样分了产品线，针对不同的行业搭建不同的服务体系，一方面，企业入驻共享办公以后，变成了其他大量企业所需要的服务商，他们突然间在平台上找到了很多自我价值感；另一方面，我们也自建了一套服务体系，包括人力服务、培训服务、传媒服务，特别是知识产权保护服务等。不论是我们投资的还是孵化的服务体系，实际上都把我们变成了一个“服务器”。

企业价值源于入驻企业

其实最有意思的是，我们做了这么久，最后发现价值都源于入驻企业。我们的入驻企业里有 40 多家独角兽公司，如果政府想找各个地方的独角兽公司开会，会先来找我们，因为我们可以找到很多创始人。我们见证了很多大家耳熟能详的互联网公司的发展，我们每天都会看见很多好玩的人、好玩的事情。有的时候某家公司非常得意，可能下周就突然碰到了很多问题，我们团队的人就把这家公司的创始人找来问他发生了什么，还会帮他出主意，帮他做正面的公关等。其实，我们感受到的一个问题就是每天都有很多公司生生死死，但是我们也确实看见生的力量远远大过困难的阻力，所以我们的工作特别有正能量。我发现很多公司的生存能力是很强的，当它发现自己发展得不太好时，可能会马上跟另一家公司合作，变成了第三家公司。我一直在想什么叫成功，什么叫失败。其实也没有几家企业真“死”了，它可能改变、发展成另一种样子。其实，共享办公最有价值的是聚集了一群人和一批企业，企业越好，共享办公空间的价值就越高。

我们过去几年服务过 40 多家独角兽公司、150 家互联网企业，这些企业拥有 2000 多万粉丝及流量，拥有大量的知识产权和专利。我们有 3000 家入驻企业的估值超过 2 亿元，所以我们的共享办公空间是中国企业家的俱乐部。我们可以从这儿看见未来的力量，我相信这些企业展现了下一个时代的总体画面。

赋能小微企业成长

我们在后台的大数据里看到了很多人，他们来自什么领域，有多少是连续创业者等。企业服务未来可能会是一片巨大的蓝海，未来帮助小微企业成长会是非常大的一项工作赋能，这是非常有意义的事情。

在互联网建设上，我们从创业第一天开始就做了很多研究，现在已经形成了自己的系统，我们在空间租赁的自动化、企业的活跃社交、高效的需求、供应关系的连接和数据挖掘这 4 个方面设置了一套围绕空间的互联网应用系统。这是很智能的合约管理。我们把企业汇聚起来，进行企业数据分析后，把它们根据优先级建成一个企业服务商的社交平台。我们参照 Facebook 的办法，让企业在平台上组圈子、做信息流、发需求合作留言，包括视频的展播等。我们把优客工场做成跨地域、跨空间的企业，当做到 300 多个社区、5 万家企业的时候，这个平台的力量就是巨大的。这是我们在企业赋能上运行的一套逻辑，是我们的空间智能化。我们把共享办公做成了一个机器，有十五六个智能化的手段。当前，我们正在同联想集团一一落实，等全部做完以后，很多屋子和空间就由机器构成，事务性工作全部自动完成。人们进入会议室开完会以后，视频、音频转换的文字版会议记录马上就能拿走，基本上能达到这种程度。

实现了大量的智能化之后，我们在后台收集了很多的企业数据，包括每天多少人刷脸，多少人在里面开会，每天的用电量……我们做了很多总结，以便企业需要时能更好地为他们服务。我们也希望优客工场最后能变成一家智能化的公司，通过互联网和数据分析，利用智能硬件的空间联系，帮助企业形成一个商业社交平台。这是我们的真实目的。

我的创业感悟

前面提到的这些是我过去三年多时间里做的事情，虽然大多数企业不可能像阿里巴巴那样成功，但还有很多企业的生存能力和创造力是极其强大的。

我一直在想，在这样一个竞争激烈的时代，什么样的人会成为国家宝贵的财富？我希望国家高度重视并保护 1985—1996 年出生的这 1.84 亿可贵的年轻人。为什么特意指出这批人？因为这批人有一个共同特征，他们的家庭成员基本上享受了改革开放最早的红利，迈过了最低的进入市场经济的门槛。所以这批年轻人有比较好的家庭积累，比其他年代的人更从容，更不抱怨社会，更愿意去实现自己的理想。我认为这 1.84 亿可贵的年轻人，是中国社会革新与技术革命最中坚的力量。

这次互联网革命才走完了前 15 至 20 年。我认为真正的应用革命才开始，因为之后所有的东西都是应用，数据应用、AI、大数据、物联网等都与这次革命有关，都是移动互联网带来的。没有移动互联网，就谈不上数据积累；没有数据积累，就谈不上云计算；没有云计算，更谈不上 AI 了。之后 20 多年是特别关键的时期，而这 20 多年的创造力就来自这 1.84 亿人，时间正好合适。我们一直在讲，国家要把这批人引导到创新技术和创新领域上，不要再让他们从事那些不产生附加值的工作了。

我想任何时代可能都有一批这样的人，就像 20 世纪 50 年代邓稼先那批人投身国防科技一样，这对国家的影响是深远的。现在这种时代又来了，因为最后一个大人口高峰就是这 1.84 亿人贡献的。应用革命能不能成功就看这些人，今天的很多创始人也恰恰是这批人。

我一直都觉得人的生命特别短暂。我可能是个思想比较怪异的人，上小学四年级的时候，老师讲人是高级动物，直立行走，制造生产工具。我就问老师为什么两条腿走就高级，四条腿走就不高级。谁来证明和定义呢？我一直觉得我想的问题比较怪，所以我有一个特别强烈的观点想分享给大家：时间是一种拿什么都挣不回来的财富。我跟很多年轻人讲过，你浪费什么都可以，但一定别浪费时间。

我是一个特别坚定的过程主义者，结果是留给别人的，只有过程是留给自己的，不压抑自己的人生过程，不让自己的人生为那些不喜欢的时间买单。这个时代确实是一个变化无穷的时代，我们更应该有独立的思考和比较有主见的态度，我觉得这是特别重要的。其实我是个挺不喜欢创业的人，我一直认为我是个特别好的职业经理人，挺适合当老师，但我为什么选择了现在的事业呢？因为我觉得好像不做一家公司，人生就缺了一个过程，我得做一次。

企业家特别珍贵，是社会的财富。我以前没做过企业，有一次一位清华大学的女研究生问我为什么会选择现在的生活，在万科任职时前呼后拥、汽车接送，现在却背一个小包，打滴滴顺风车出行，这是干吗呢？我说我就是缺了一种活法的体验，我想看看自己到底有几斤几两，能干成什么样。大家如果把人生当作一个过程看，就会更在意过程是否丰富，但如果只关注结果，就会忽视很多事。

我想在这个特别不确定的乌卡时代里，我们如果能利用有限的时间让自己的人生体会更丰富一点，会更有意思。这也许是应对这个时代最好的办法，不要太在意结果是什么，因为没有什么结果是我们能控制的。

本文根据作者 2018 年 9 月 5 日在北大汇丰商学院创讲堂的演讲整理而成，经作者审阅并授权发布。

主编伴读

未来个人和组织的工作方式

毛大庆提出了未来生存、发展、工作的问题，回顾了科学技术史，认为未来的世界会发生很大的变化，这种变化聚焦在组织模式、个人的职业选择和工作方式，以及我们未来工作的定义上。

从他创办共享办公的实践经历和观察来看，组织可能会变得越来越灵动、敏捷，趋势在不断创新和发展。这也意味着人类生存、工作的方式将被重塑，人际关系将被重构，人类社会将会从物理世界的变化带动并深刻影响心理世界的变化。在此背景下，人应该如何成长和发展，应该如何重塑自己呢？

两种能力：主动和协同

毛大庆特别看重 1985—1996 年这个人口高峰时期出生的 1.84 亿人，因为这批人比之前的人受到了更好的教育，得到了时代给予的更大帮助，是中国社会革新与技术革命最中坚的力量。

创讲堂有许多听众和读者也是这个年龄区间的人，他们将在不同组织中工作，生活形态、工作形态会发生更大的变化。毛大庆试图去捕捉两种非常必要和关键的能力：

一是积极主动、自动自发的能力。这种能力包括自主设计、自我导向、自主创造、自我激励等，在将来是非常重要的。在未来的组织和工作中，我们也许不能再期待别人来告诉我们应该做什么，或者等着组织来要求我们做什么，而是需要持续长出自己的“新肌肉”，去主动探索应该做什么。未来世界对这种能力的要求更高。

二是协同能力，作为社群中的一员，我们不是独立存在的，要做成任何事都需要跟人协同合作。而未来所需要的这种协同合作能力，将在一种重构了的工作与生活场景中体现出来，超越了原有的组织边界，成为一种全新的生态世界中的协同合作能力。

如何看待过程和结果之间的关系

毛大庆说自己是一个特别强烈的过程主义者，结果是留给别人的，过程是留给自己的。对很多年轻人来说，这是一个非常有意义的提醒，我们应该关注当下，享受当下，并在过程中成长、创造和享受。这确实非常重要，我们不能光看结果。

毛大庆提供了一个非常重要的思考人生的方式，就是我们怎样看待耕耘和收获、过程和结果之间的关系。当我们的过程和结果失衡时，去尝试不同的过程，换一种活法，将是人生的一种突破或者重塑。

房地产的下半场，认知力决胜未来

陈劲松
深圳世联行集团股份有限公司联席董事长、创始人

房地产市场的上下半场的本质是什么？未来如何判断资产的价值？为什么说房地产行业会有更广阔的边界和内涵？2019 年 5 月 16 日晚，陈劲松先生来到北大汇丰商学院创讲堂，从信用、杠杆、债务、货币等方面分析了中国房地产行业 30 年一变的规律与具体演变规则，展现了其方法论与独特的思考方式。

“三十年为一世而道更”

这个题目我在 2015 年就讲过。张五常教授曾经长期居住在深圳，他给我讲过一个故事。他在读博士的时候，旁听一位知名教授的课，那位教授所教课程每年的考试题目都是同一个，从来没换过，这在中国的大学里几乎是不可能出现的。张五常问教授为什么，教授说题目虽然是一样的，但是你的回答可以不一

样。今天我希望在“房地产”这个旧命题上进行不同的阐述。阐述的重点是在发生中美贸易战之后，目前中国房地产行业的下半场跟上半场到底会有哪些不一样。

“三十年为一世而道更”，一世是多少年呢？依据《说文解字》解释，三十年为一世，一世过去之后道更。道更就是大道理、大规则发生变化，用通俗的话讲就是“三十年河东，三十年河西”。这个规律对中国房地产行业乃至中国经济都是适用的。此时此刻，它的基本规则会发生变化，为什么会发生变化？会发生什么变化？新的规则是什么？会不会马上就有一次巨变？这些事是我们这个行业乃至商学院的同学都应该思考的，这些问题可能会影响社会的方方面面。那么，当谈中国房地产行业和房价的时候，我们到底在谈什么？

1987 年是个重要的年份，因为当年深圳拍卖了第一块地。1987 年之前，房地产行业根本无从谈起，那我们谈房子的时候到底在谈什么呢？我们在谈大家都是哪个单位的。因为当时房子是分配的，我们还在谈单位凭什么分房子。也就是说，1987 年以前中国没有房地产行业。但是 1949 年以前中国有没有房地产行业？有。所以我说“三十年为一世而道更”，如果说得更清楚一点，大家就会觉得非常有意思。从 1889 年到 1919 年“五四运动”发生，这是 30 年；从 1919 年到 1949 年中华人民共和国成立，这也是 30 年，在此期间，中国发生了根本性的改变；而从 1949 年到 1979 年，中国同样发生了大的变化，大家开始重新讨论以前的发展规则是否合理。从 1979 年到 2009 年，又是 30 年。这期间我们经历了 2008 年全球金融危机，发展规则变化的节点推迟了 10 年，到 2018 年了。

2009 年中国开始进入新的 30 年，应该有新的变化，但因为 2008 年的全球金融危机，国家 4 万亿元经济刺激计划出台，使这个变化推迟到了中国共产党第十八次全国代表大会之后，市场环境、政治环境、经济环境都发生了变化。房地产行业的下半场这才开始。

1989 年到 1999 年，中国房地产行业突飞猛进地发展，1999 年到 2009 年，诞生了大型房地产开发商，这简直出乎所有人的意料。谁也不会想到我们在这个时期会出现那么多大型房地产商，全世界哪个国家的总房价都没法与中国相比，中国比同期的日本更是厉害很多。接下来的 30 年会怎么样呢？这就是我想跟大家分享的问题。大家跟我一起思考，我们在谈中国房地产行业的时候，事实上谈的关键词是不是信用、杠杆、债务，甚至是货币？大家千万不要小瞧房地产行业，也不要因为房价贵、买不起，而恨中国房地产行业。没有房地产行业，中国的城市不可能发展得这么快。

中国房地产是什么

房子代表信用，银行凭什么给抵押贷款人发放贷款？因为他们的房子有价值。很多创业者都是靠抵押房产来获得贷款资金的。中国前无古人、后无来者的城市建设速度令全球吃惊。中国的城市化发展没有房地产开发能行吗？完全不行。我们谈论的中国梦非常重要，关系到每一个家庭。因为大多数家庭 75% 的资产都是房地产。如果涉及债务问题，只要我们的主要资产中有房子，就能靠房产抵押解决一部分问题。

图 12-1 以 10 年为单位，展示了中国房地产行业的发展脉络，揭示了各个发展阶段的核心特点。

1988年	1998年	2008年	2018年	2028年
土地是什么	停止福利分房	金融危机	大型开发企业	?
房子是什么	房屋按揭	四万亿元刺激计划	从量到质	
城市是什么	资本短缺	房地产拉动经济	增速下滑	
人是什么	人才流动	房价重升	宏观调控	

图 12-1 中国房地产的发展脉络

1998年，中国基本停止了福利分房。银行推出房屋按揭抵押贷款，每个年轻人都可以用他的未来收入借钱买房，这件事在之前的中国基本没有过。大家知道，我们在1988到1998年这10年间遇到的主要问题是什么吗？当时整个中国房地产的参与者碰到的所有问题几乎都是资本短缺。当1998年房地产行业的发展规则改变之后，从1998年到2008年，中国的资本市场飞速发展。同时，房地产行业发展规则改变成功的前提和铺垫是，早在1949—1959年我们就已经全部完成社会主义改造，中国有了前面几十年的规划和铺垫，才有了后面30年的发展红利。我们停止了福利分房，让银行实行按揭贷款，这创造了第一种“货币”；土地可以抵押，这创造了第二种“货币”；房子可以预售，第三种“货币”也被创造出来了。由此，中国的房地产行业与资本市场出现了全球任何市场都没法比拟的增长速度。

1998年我们的资本相当短缺，但到2018年我们的资本就相对过剩了，那钱是怎么来的呢？是信用换来的。信用基于什么呢？基于房地产市场的发展。

2008年，中国为应对全球金融危机实行宽松的货币政策，同时放松对房地产的调控，因此房地产市场进入了极速增长期。人们在2008年以前买房子和在2018年买房子的价格差距太大了。2019年，我们为刺激经济发展采用的措施同样是放松房地产调控，希望再创之前30年的发展盛况，但这基本上不可能了。所以说这是前30年的房地产发展规则，而未来30年如果我们还采取同样的措施去发展房地产行业就会碰到很多问题。2008年全球金融危机之后，我们一路“狂奔”到2018年，诞生了大型房地产开发企业，万科是其中一个。

王石曾给我讲过一个故事。有一次他去和世界一流房地产开发商铁狮门的老板谈在旧金山的合作。当时对方跷着二郎腿，一副不怎么瞧得上他的态度。王石倒是无所谓，反正对方厉害嘛，他是向人家学习来了。铁狮门的老板问王石一年卖多少房子，王石说卖20万套，对方立马把腿放下了，因为铁狮门一年可能最多也就卖1万套房子。但现在的房地产交易数量还能继续保持这样吗？恐怕不能了。2018 年中国提出由数量发展转向质量发展是正确的。再一个 30 年，到 2028 年的时候，恐怕我们还会有不同的发展规则。

房子、货币和人口

我们先看房子跟货币的关系。如图 12-2 所示，中国很大一部分货币需求是由房地产创造出来的。中国房地产的未来跟社会信用息息相关。不仅如此，如图 12-3 所示，中国的城市化进程也与房地产行业的发展息息相关。

从长期来看，中国房地产的问题全是人口问题（见图 12-4）。中国目前的人口是这样分布的：20 ～ 54 岁的人口是近 10 年买房的主力，也是人口占比最大的部分，这些主力人口未来 30 年，不仅不会再买房，反而可能会卖房。世联行现在正在建青年公寓，我们未来 30 年可能会建老年公寓。我们的房地产发展前景跟日本比可能还要差一点，这就是中国房地产面临的最重要的问题。中国房地产行业走到今天，我们面临的是未来怎么看待中国房地产行业，大的规则会发生哪些变化。

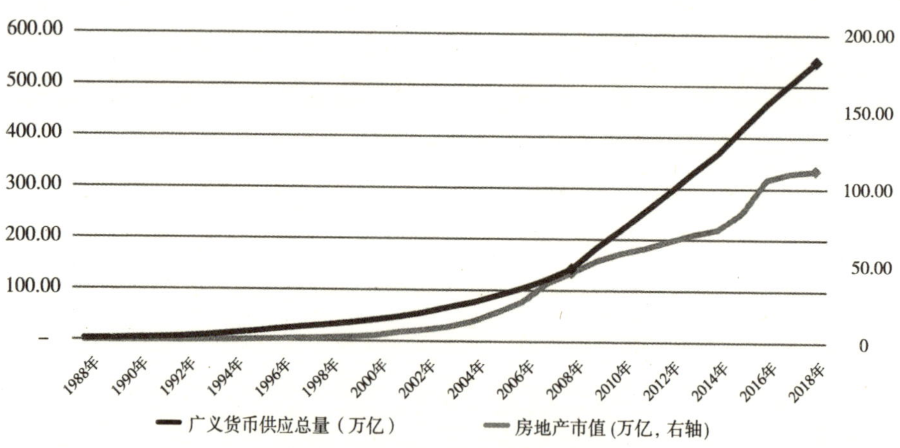

图 12-2 房地产市值拉动货币总量增长

资料来源：世联研究，Wind 数据。

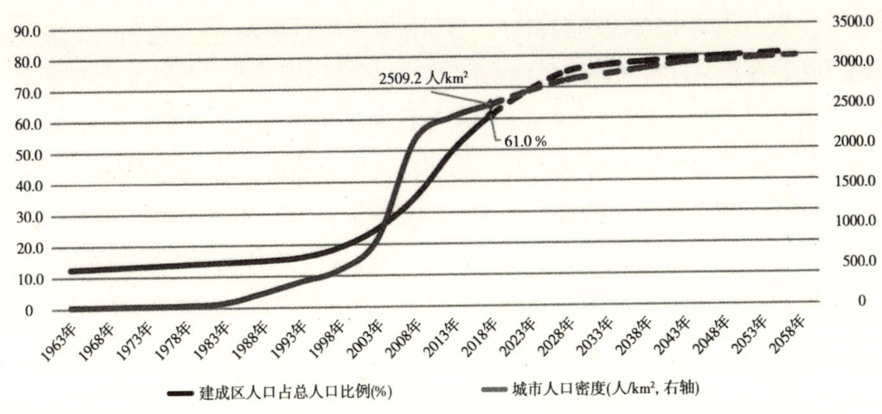

图 12-3　城市进程与房地产发展息息相关

资料来源：世联研究，Wind数据。

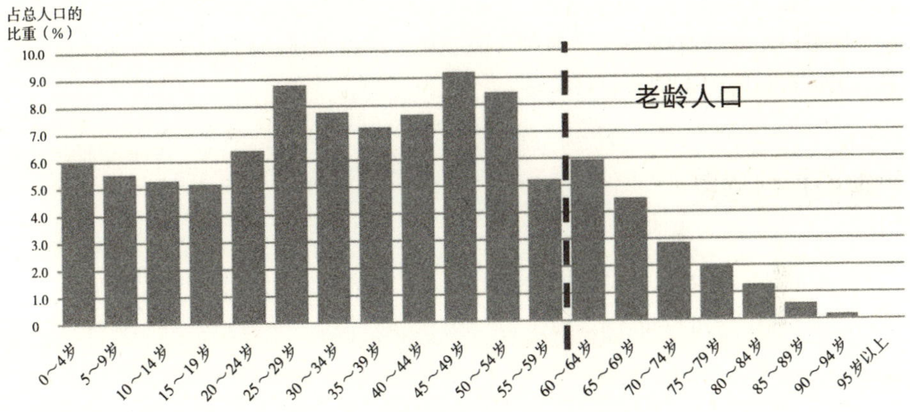

图 12-4　城市进程与房地产发展息息相关

未来 30 年的发展规则变化

房地产行业未来 30 年的发展规则变化主要有 4 个方向。第一是房地产价值的定义规则发生变化。价值指的是事物本身涨多少跌多少，发生变化的是定义价值的规则。第二是城市的分化。中国的城市能容纳 61% 的人口，但未来城市会进一步分化。城市分化的原则是什么？这是我们要探讨的。第三是中国房地产行业的定义非常狭窄，未来的定义会更为宽泛。以前中国房地产开发常指新增商品房的开发，但大家知道深圳的一半居民住在哪里吗？不是住在商品房里，是住在城中村的农民房里。北京和上海的商品房占所有建成房屋的比例是多少？是30% ～ 40%。那未来中国房地产行业的定义是什么呢？未来房地产行业所包含的房产体量会扩大到商品房的 1.5 ～ 2 倍。中国房地产的定义变得更为宽泛后，房地产发展规则会不会变呢？这就成为未来非常重要的一个研究方向。第四是中国房地产终于开始全方位地配合生活，创业的机会和空间可能会大得不得了。2019 年 5 月 16 日下午，我跟毛大庆一起参加一个首创集团的发布会，我们共同的结论是未来单纯的房地产开发已经不重要了，因为房子已经建了那么多了，现在重要的是生活。未来服务业会有巨大的发展，跟居住、生活尤其相关。

如果以上 4 个方向发生了规则上的变化，那么房地产行业的发展规则会怎么变？决定价格的因素到底是什么呢？

价值的规则变更

“房子是用来住的，不是用来炒的”这是总规则。我们怎么判断房地产的价格、价值？最重要的判断因素是人口。从专业角度讲，不动产与以下几件事密切相关。

第一是货币总量发了多少。比如俄罗斯的卢布对美元贬值，但同时俄罗斯的房价上涨了。为什么会这样呢？跟货币总量是相关的。

第二是房子与产权相关。我给大家做一点专业的关于产权的普及，产权就是不动产拥有者的权利。判断不动产价值的直接相关因素是权利，就是什么样的产权状况对应什么样的价格，而不动产产权是可以分拆的，比如将收益权与产权分拆，一个人可能对一栋房子没有产权，但是有收益权。我们可以将房子自持或出租，这是一种权利，还可以买了房子 5 年之后再卖，这是变现权利。不动产的权利可以从空间上分拆，也可以从时间上分拆。除了不动产，我们很难在其他地方找到一件能够分拆权利的商品。所以不动产产权的处理是一个专业的事，共产权利、预售等不动产的各种权利都是宏观调控的手段。我们可以把不动产的产权按时间、空间、流动性等几个条件划分。我从来没见过一件商品的权利能够这么丰富，因此它的价格一定是多元的，不同的产权对应不同的价格，创新也由此诞生。

价值最重要的部分首先是流动性，一件商品如果没有流动性，那它的价值会大打折扣。其次是功能。我们总结变更之道的第一条指导规则就是使房地产从原先的边际定价转化为收益定价。未来 30 年，中国房地产的价格或者价值是以收益定价为基准考虑的。在定价模式中什么叫边际定价，什么叫收益定价呢？比如我们在海南卖房子，打听到周围的房子每平方米卖 2 万元，我有精装修，那我就定每平方米 2.5 万元，这就是边际定价。那么买房的人会不会判断买这个房子的出租回报率是多少？不会，如果将出租回报率作为考虑因素为房子定价，那便是收益定价。我们房地产行业发展的上半场采用的是边际定价。大家相信未来房地产行业的发展有无限可能，因此也很相信这种定价规则。

下半场就相当于我们要看收益了。房地产不像股票那么容易变现，真正的收益看什么呢？看我们得到的回报。但回报是什么？住宅的回报还挺难说，商业公寓的投资回报就是租金。

我们上半场的定价有没有问题呢？边际定价没有问题，因为我们搞不清楚未来的收益有多少，但是大家都一门心思觉得未来行，都在这么做，于是社会全体的信用开始膨胀，下半场就要兑现了。那么，在下半场，以收益为基础的定价开始发生作用时，租金收益能不能涨？比如 1990 年左右，香港中海大厦、湾仔区这些自持物业，当时我们算的结果是，租金能达到每平方米 100 元就不得了，谁能想到截至 2019 年 5 月，每平方米的租金差不多达到了 6000 元。

城市的规则变更

城市之道有几个定律。

一是陀螺定律。哪部分房地产市场会崩盘其实蛮难预测的，但中国有几个城市的房地产市场已经崩盘了，说明实际上是有规律可循的。我就假设一个陀螺能一直转下去不停，是什么因素在起作用呢？肯定是质量、半径，还有抽鞭子的外力，我们考察三个对城市极其重要的要素。第一，质量方面我们要看第三产业GDP的总量，和增速是怎么来的。第二，半径方面我们要看人口的聚集方向，人口从哪儿来，凭什么聚集以及购房者迁徙的距离，比如深圳购房者迁徙的距离简直令世界惊叹。第三，外力就是钱，简单来说是本外币存款余额的增速，最终体现在本地存款有多少。外力的不断刺激使陀螺转得或快或慢，都不会出现大的问题。但如果外力消失了，房地产市场是有可能停摆的。深圳的杠杆率太高有没有问题，房价会不会崩盘呢？按照陀螺定律，只要深圳的银行本地存款多，外力还够，半径够长，第三产业GDP正在上升，那房地产就不会崩盘。房地产本身不是短期投资，失速和崩盘是两种完全不同的状态。

二是简·雅各布斯（Jane Jacobs）定律，即城市分化中的结构定理。第一，结构单一是城市停滞的标志特征。第二，城市若有进口转换为出口的能力，实现生产力的轮转上升这种了不得的事，那么这个城市值得马上投资。第三，向未来投资，如果一座城市以支出带来未来现金流，大家穷奢极欲地高消费，这就是城市衰败的象征。我们考察一座城市时还得看产业，看这座城市有没有高效的生产力以及能否对其他城市出口，还是已经开始从出口转化为进口了。

三是范围定理。我讲一个小案例，原先深圳的中心区罗湖和福田都有大量的农民村，如果没有这些农民村，深圳哪有这么高的发展效率？大家来了根本没地方住，何谈“来了就是深圳人”？所以，深圳的农民村发挥的作用超乎想象。我知道几个深圳精神：第一是深圳不相信眼泪。大家来深圳后，为了省钱，要与人合租在农民村里。在深圳合租不像大学生住4年宿舍那样，而要经常和陌生人住在一起，如果不想天天闹别扭，就必须建立与陌生人交往的规则，并自觉遵守。而陌生人交往的规则就是新城市的主要精神，所以大家首先在农民村里学会了包容与合作。第二是天天住在农民村里看豪宅，能够激发起人无限的动力。深圳精神也可以说是农民村精神。城市范围与存量有关，危改其实就是升级，比如白领和蓝领最好不要一块儿住，所以我们尽量将白领青年公寓跟蓝领青年公寓区分开。

在未来，中国房地产范围会扩大一倍，甚至是1.5倍。在扩大了存量之后，将会有一系列新的发展规则诞生，比如共有产权的规则等都会在未来10年内发生巨变。世联行在做一个叫作共享空间的创业项目，居住范围的产业里共享内容会越来越多，消费升级会创造大量基于空间的创新业态，时间和空间这两个哲学概念都能在房地产里体现，所以这个行业特别有意思。

未来价值从哪里来？一个跟生活联系更加紧密的中国房地产由此进入下半场。对于巨大存量的微调与产权的细致划分加工而形成新的经营方式所缔造的新动能，是房地产下半场的经营方向。

精彩问答

Q： 听完您的演讲，我想起了《教父》里的一句台词："一个一分钟可以看清楚事物本质的人，跟半辈子都看不清楚事物本质的人，他们的命运肯定是不一样的。"事实上，很少有人可以一分钟就看清事物的本质，像陈总今天这样，把中国房地产业以及整个经济社会的变迁统一梳理，在座的我们听完后感觉达到了一种通透的境界。这是我今天得到的最大启发跟收获。我很好奇的是，您平时这么忙，还要自己管理这么大的企业，是怎么获得这些感悟的？您的学习过程是怎样的？

A： 我跟大家出身一样，没有任何背景。当学生时愿意读书，愿意听人家的讲座，北京、上海有讲座我都去听。我下海的时候就知道的一点是我没钱，也借不到钱，银行根本不会理我，资本稀缺是我的第一个问题。第二个问题是我怕风险，我是风险规避型的人。我卖了 30 年房子，但王石跟我有一个约定就是不沾炒房。为什么约定这个？因为我们要先把不干的事确定了，那干的事就是我们比较擅长的、愿意的，这样做起来就不会累，就会更开心，也就能更专心致志干自己喜欢的事，这是我想跟大家分享的经验。

Q： 陈总，我想请问在 1996 年的时候，您是怎么做到让世联行成功地帮助宝安集团在 3 个月之内把烂尾的宝安广场写字楼都销售一空的？

A： 我们世联行的这些人始终在问自己凭什么挣钱，是我们能说会道吗？不是，能说会道的人多了。那我们凭什么挣钱呢？凭什么立足于房地产服务行业呢？

第一是降低交易费用。张五常先生的书里讲过，交易费用表现在三个方面。首先是找到客户的费用；其次是谈判签约的费用，就算我们找到了很多客户，如果条件谈不拢也达成不了交易；再次是监督合约履行的费用。如果我们能在这三个方面起到作用，就能挣到钱。

宝安广场这个案例特别有意思，当时经济一片萧条，宝安广场的写字楼基本处于烂尾状态，那些垫资的施工队都准备上街游行了。宝安集团得给工人发工资吧，毕竟那会儿马上要过年了。只有到这个时候，他们才会想到找第三方帮助解决问题，于是就找到了我们世联行。我们研究之后对这些房子重新定位，发现必须卖给个体户。当时哪些个体户能有钱买一层楼？几乎没有，所以我们首先得把房子割小，划小单位。

其次是找到客户，我们最后发现找客户太简单了，宝安广场对面就有一大堆小商人。我们就在广场上挂个条幅，上面写“小单位每套 30 万元”，就这样我们成功地找到了客户，降低了交易费用，然后履行合约。当时我们也怕宝安集团不能履行合约，世联行就要求和开发商以及施工方签订合同保证。施工方当时已经不太信任开发商了，因为开发商的资金拖欠得太久。但施工方比较信任我们，因为知道我们有客户。之后我们就拿着这个三方合同去卖房子，卖得非常紧俏，这个案例告诉我们一个道理：知识是值钱的。

Q： 您在演讲中提到了共享空间，能不能进一步分享一下？

A： 咱们先说共享空间的价值点。第一是空间的共享价值有没有实现，比如做到了让会议室被更多的人共享吗？第二是配置，如果共享空间的规模够大、够标准化，能让所有人进来都觉得很熟悉，那么有没有规模复制的能力？想做到这个非常难。第三，有没有附加值是很重要的。共享空间激活的最关键的价值应该是存量空间的价值。

Q：我理解的商品房房地产市场有两大类，一类是居住的公寓和住宅，另一类是写字楼，就是办公产品。我感觉从收益率看可能写字楼比住宅会更好一点？想请您给我们一个判断。

A：我预计各个城市的写字楼供应量都会有一个非常大的提高。疫情可能会使写字楼的出租在短期内出问题，写字楼的租金出问题后果会比住宅还严重。

涉及收益率我们要根据实际情况来判断。我觉得现在需要开发新的民间指数。1993年香港的开发商在一起讨论内地哪些城市能投资，最后总结出一条规律叫“电线杆指数”。意思就是电线杆太干净的城市不能投，深圳能投。原理就在于电线杆是一个非常明显的指标，反映了一座城市的人口变化，外来人口的激增和社会服务等需求都能体现在电线杆上的小广告数量变化上。中国房地产市场的下半场是要进入人们生活的方方面面的，所以做房地产的人必须是非常热爱生活的人。

本文根据作者2019年5月16日在北大汇丰商学院创讲堂的演讲整理而成，经作者审阅并授权发布。

主编伴读

认知力决胜未来

陈劲松是位企业家，但他像学者一样深入研究，提出自己对房地产行业的演变、游戏规则的变迁，以及对未来趋势的看法。身处乌卡时代，由于信息爆炸、环境动荡多变、游戏规则不断变化，未来呈现极其不确定和模糊的状态，企业要求领导人具有越来越强的审时度势和构建模型的能力。在这种情况下，企业家对规律和大势的判断、对本质的把握，都是有助于做情景规划、模式重构和战略升级的。这其实是我们所说的企业经营中“知行合一”中“知”的部分。

一家企业能不能看得更远，见解更加深刻，站位更具有战略性？企业家的认知力是出发点，也是影响企业决胜未来的重要特质。

30 年 VS. 20 年

“三十年为一世而道更”是陈劲松总结了房地产行业的发展后提出的框架，让我们看到了 30 年一变的大趋势和大规律，这个框架可以成为长期的战略判断、趋势判断以及战略规划的依据。有趣的是，我们创讲堂的另一位嘉宾，讲无人驾驶的科技型企业家吴甘沙，将个人计算机到人工智能的信息技术行业发展归纳为“二十年为一世”，即大的规则每 20 年就会变动一次，涌现出一批新公司。为什么信息技术领域的“道更”是 20 年，而其他领域的“道更”是 30 年呢？是因为信息技术的发展更快吗？这是一个值得我们探索的问题。

融会贯通看未来

陈劲松在演讲中做出预判，未来 30 年的游戏规则变化将集中在 4 个方向：价值、城市、范围和内涵。从他对这 4 个方向的解释可以看出他的洞见是非常深刻的，体现出他能够有效地把政治经济、行业的理论性知识，以及他在房地产中所获得的实践性观察和见解相融合的特质。

艺术印刷，以数字化工程做文化传承

万　捷
雅昌文化集团董事长

2019 年 6 月 13 日晚，雅昌文化集团（以下简称“雅昌”）董事长万捷做客北大汇丰商学院创讲堂，给大家分享了雅昌在一路发展中关于“融科技之力，传艺术之美”的创新体会。专注于印刷行业的万捷将传统与创新、科技与艺术的结合作为自身奋斗的准则，使雅昌连续 16 年荣获印刷界“奥斯卡”班尼奖，这也直接贯彻了他的奋斗宗旨：艺术为人民服务，为人民艺术服务。

1985 年，我从北京印刷学院毕业来到深圳，那时候很多朋友被迫改变了自己的专业，非常幸运的是，我大学学的专业和我的事业是合为一体的。

印刷行业非常古老，有千年历史。我读书的时候觉得印刷行业特别没劲，因为我特别讨厌机械，喜欢艺术。那时候我也没什么想法，当时没有民营企业，我的愿望就是去印刷厂当个厂长。开始做印刷这行之后我们就频频拿奖，改革开放初期，我代表国家去美国领一个奖，这个奖是颁给一个叫王祯的人的。大家都听过蔡伦、毕昇，那王祯是谁？其实我在去领奖前也没听说过他，到今天西方人并不承认是中国人发明的活字印刷术，他们认为金属活字才是真正的活字印刷。王祯是元代的一个人，他发明了木活字，并设计了转轮排字盘。

在过去 100 年里，中国企业对世界文化的贡献很少，但是改革开放 40 多年来，越来越多的中国企业对世界科技、文化开始有了不同大小的贡献。在过去的 16 年里，我们每年都去领奖。我同学说，你实现了你的梦想，连着 16 年都站在印刷界世界最高的领奖台上（班尼奖），雅昌变成了真正的世界第一。

虽然中国通过改革开放，让现代企业家将老祖宗的发明发扬光大，但我并没觉得很高兴，印刷是我的专业，可这里边并没有太多我们的创新和创造。我依旧记得第一次授奖时，外国人对毕昇泥活字印刷术的不认可。

融科技之力，传艺术之美

最近腾讯在呼吁“科技向善”，雅昌也有一句话，叫作“融科技之力，传艺术之美”。

雅昌希望用科技来帮助艺术界传承文化，我们的座右铭是“为人民艺术服务”，效仿了毛主席的“为人民服务”。在过去 20 多年里，我们一直为中国乃至世界的艺术家、摄影家、拍卖行、博物馆、画廊、收藏界、出版社服务。另外，我们建成了巨大的艺术品数据库，通过数字化版权和创意使艺术为人民服务。怎样为艺术家服务？首先要打造一座数字博物馆，将艺术品的创作、推广、交易、收藏和普及形成产业链，核心工具是我们的大数据。

1993 年，我们将雅昌的业务定位为艺术印刷，先打入艺术品拍卖市场。那时候我们的副总裁曾是佳士德国际传媒部的总经理。直到现在，拍卖行业 90% 的艺术品拍卖图录都是雅昌制作的，包括世界顶级拍卖公司佳士德。日本、德国、美国的拍卖公司都在我们这儿制作拍卖图录。我在 1993 年花了 1.35 万港币买了第一台苹果计算机，从那时候开始，我就帮客户保存数据，到今天有 20 多年了。当时中国恢复了艺术品二级市场交易，由于出口创汇的需要，20 世纪一些文物通过文物商店和拍卖等渠道流向海外，日本成为中国文物艺术品流向的主要国家之一。随着中国国力迅速提升，大量的文物通过拍卖及捐赠的方式开始回流。雅昌记录了从 1993 年开始，中国艺术品拍卖的全部图文数字资料和价格数据。中国有拍卖市场以来所有的交易数据都在雅昌保存着，在参与拍卖的作品中仅齐白石的作品就有 1 万多件。我觉得这个数据比获奖更有价值。

虽然中国以拥有“四大发明”而感到自豪，但事实上在我来深圳之前，大家要印制高质量的画册基本上都得去国外。所以在创业初期，我们选择了做艺术印刷。现在雅昌是全世界顶级的艺术印刷公司，国外一些艺术家、美术馆、博物馆都到雅昌来做艺术印刷，并不是因为雅昌的制作费便宜，有时候我们甚至比美国一些公司的收费还贵。比如，我们给苹果公司做书《纪念乔布斯》，雅昌是唯一要苹果公司先给预付金才开始制作，给全款才安排发货的公司。我们采用全世界最先进的技术去做艺术印刷，也有很多自己的专利，特别是在应用方面的专利。这些专利在实际应用中帮助了世界上很多艺术机构。大家如果去我们公司参观，就会发现我们更像一家创意公司，把世界上最古老的手工工艺和最先进的信息科技有机地结合起来，变成创作中心。

现在的书，除了功能性，更多的作为艺术品和收藏品存在。雅昌印的书基本上在新华书店都买不着，是非常珍贵的，可以当艺术品来收藏的。我们制作的所有的书都有很好的创意，拍摄了非常好的图片，色彩处理、制作都十分精良，还有很长的使用寿命。这是我们做的关于中国文化的东西。在互联网时代，图书在理论上是应该减少的，大家知道这几年电子书的发展很平稳，但是全世界的艺术图书数量每年却有 3% 的增长。我们家里应该有关于艺术的、值得收藏的书，比如我喜欢书法和摄影，到现在一直在收藏这类书，到全世界去收旧书。实际上中国是在通过电子艺术书补纸质书方面的空白。比如，浙江省委宣传部、浙江大学、浙江省文物局、山西省文物局走出去，基本上把全世界的中国古代绘画图像都汇总到了一起，出了“中国历代绘画大系”。中国只有在经济实力强的时候才能做这样的巨大工程，以传承中国的民族文化和整个人类的文化。雅昌在做书方面已经成了全世界的核心机构之一，客户分布在三四十个国家，全世界顶级博物馆、拍卖行的艺术印刷都是我们做的，世界顶级的几百个摄影家和艺术家的画册也都是我们做的。

我觉得最自豪的是，雅昌建立了全世界最大的中国艺术品数据库，真正地成为一家艺术和数子技术结合的企业。

现在我们把中国所有在世艺术家的作品的数据，包括色彩、颜料、材质全部提取出来，然后录入数据库，在国家版权局备案，未来用区块链技术把它锁定。这样就能保证，中国的每件艺术品从现在开始都可以真正做到传承有序，这是一个非常基础的工程，雅昌在执着地做。我们第一个提取的对象就是广东画家杨之光的作品，现在杨之光已经过世了。当时我们把他 3000 多幅作品的数据提出来，未来可先用人工智能鉴定，再通过人来鉴定，事实上这是一个大的创新。另外，我们每年把大概 6000 个展览全部用 VR 技术采集下来，比谷歌的精度高 50 倍。因为我们更注重作品，谷歌更注重效果渲染，那些大型设备都是我们同德国、以色列共同研发的，就是为了做数据采集。在全世界，我们是艺术数据最大的采集、存储、处理、应用者。

世界上有三个大型艺术数据公司，一个在美国，一个在法国，最后一个就是雅昌。美国和法国的艺术数据公司也跟雅昌有合作。这三大艺术数据公司掌握着世界上最大规模的艺术数据，前两个数据库收集的大多数是西方的作品，只有少部分是东方的。雅昌收集的全部是东方的作品，并且我们收集的东方作品是最全的。2019 年，雅昌派出 12 个人每天在故宫拍摄 8 小时，因为 2019 年是故宫建成600年，院长想把故宫的所有藏品都以数字化形式在网上展示。通过故宫的公开招标，雅昌中标并参与故宫186万件藏品的数字化工作中，在文物的数字化保护方面贡献了自己的力量。

另外，由于我们都知道的巴黎圣母院的大火事故，现在大家对文物的数字化需求是非常急迫的。实际上，在2004年我们就开始帮助中国的博物馆做数字化工作。另外，我们花了4年半的时间，把布达拉宫所有的建筑和壁画都做了数字化版本。中国的寺庙都是土木结构的，无时无刻不面临不可抗力带来的风险和岁月的侵蚀，因此储存并保护这些数据非常必要。

在开"两会"的时候，我有幸跟故宫的老院长商量，与王石、马化腾、冯仑、陈东升等9位企业家一起发起了故宫文物保护基金会，这是中国第一个文物保护基金会，平均每年给故宫捐款3亿元。同时，我们还帮助文博机构建立了数字化的管理系统和平台，与腾讯、苹果、惠普共同打造这个平台。

总的来说，雅昌的数据库是目前世界上最大的中国艺术品数据库，通过这些数据能够让更多的人来欣赏、研究艺术品。布达拉宫的壁画，总有旧的一天，那时可以通过我们的数据进行对比修复。在中国，大概有几百家博物馆的图像采集、存储和保护是雅昌做的。我们也去日本、法国采集艺术品图像。目前我们通过艺术家、博物馆、拍卖公司、画廊去做拍卖和交易的服务。2000年建立的雅昌艺术网在行业里面已经很有名，拍卖市场中的每个人都用这套工具来查数据。中国艺术品跟电影市场差不多，有五六百亿元的规模，但是涉及的人挺少的，可能就十几二十万人，这些人天天在雅昌艺术网上待着。这些数据我们越做越觉得沉重，但还不能轻易丢了。我们大量地做这些大数据给大众消费者估价，因为这些东西卖给别人还是很有价值的。

让艺术为人民服务

中国的很多古代书画都是从日本回流的。日本的老一辈很喜欢中国书画，但是现在日本的年轻人可能不喜欢中国书画，所以很多书画回流到中国，我觉得正好跟中国经济发展有一个机会匹配。实际上，我们做的是一个大的平台，研究的是怎么把这些数据最大化地应用起来。另外，我们有个交易平台——雅昌得艺。过去大部分老百姓不知道怎么消费艺术品，有的人会去深圳的大芬村买画。现在不同了，小孩子都在学绘画、艺术、设计，按照他们自己的爱好来学，家长没过多要求了，我觉得挺好。孩子们先学艺术，未来可能还会学经济，这样可能对拓展人的知识面更有好处。所以这时我们又做了一个专门给年轻艺术家做交易的平台。过去，年轻艺术家的作品大家不敢买，因为艺术品是非标产品，我们就用大数据把它做成标准产品，让大家很轻易地了解艺术品。

中国的艺术品市场实际上就这么大，我们坚持用工匠精神来服务它。对雅昌来说，我们不光做印刷，实际上我们的大数据采集工作更重要，并且这些数据可能越来越有价值。在我们的监测中心，每位艺术家都有单独的走势图，有各种子指数、作品数据。未来我们将完全通过科技与艺术结合的手段来鉴定当代艺术家的价值。在这个平台上，人们可以系统地了解每位艺术家的动向，甚至在手机上就可以查看他们的图书、展览、拍卖等情况。以前我们在艺术品的交易上主要做 To B 的生意，现在尝试与一些电商合作，思考未来怎么做 To C 的生意。相信我们在艺术品领域内的传统经验和互联网结合后，能够成为核心竞争力。

为人民艺术服务是我的专业，那怎么样实现让艺术为人民服务？这需要创造和把握很多机会，现在可能都是小机会，但是我觉得在一个细分的领域可以创造很多机会。未来的企业家光有激情不行，还得有热爱，有热爱才能走得长久，因为现在经济发展不好，创业并不是好时候。我们当初创业的时候随便做都能成功，但现在各种需求都不一样了，现在的创业需要人们更有定力、更执着。

艺术家吴冠中老师有句话:“今天中国的文盲不多了，但美盲很多。识字的非文盲中倒往往有不少不分美丑的美盲！”随着经济的高速发展，即便在偏远山区，人民的温饱、子女的教育都得到了长足的改善。但由于我国多年来在艺术教育方面的重视不足，导致我们在美育教育上的缺失。我们希望未来能够通过艺术教育提升国人的文化素质，进而把下一代的综合素质全面提升到一个新的高度。

中国的老话是“艺不压身”，我把它衍变为“艺术不压身”。我觉得艺术对未来年轻人的价值观、世界观大有影响。乔布斯去日本时，除了禅修，他更多的是感受艺术。所以我也在政协呼吁，要系统地增加在校非艺术专业大学生的艺术教育课程，系统地对他们进行美学基本教育，比如色彩、图形，美的教育对人的一生都有好处。

我从 23 岁开始为中国的摄影家服务。1985 年能到深圳来做一本画册的摄影家一定是大腕儿，他们大多从事新闻工作，比如新华社的摄影部记者。中国大概有 900 万名专业的摄影师和摄影发烧友，是全世界进口照相机最多的国家。中国人特别舍得买照相机，而且都买最好的。影像的价值要展示出来，做展览或者做成册子收藏。现在雅昌的摄影生意，一类是传统的项目；一类就是重 IP，和故宫、布达拉宫、少林寺和韶山开展各种形式的战略合作，我们做成系列产品，让去这些景点参观的游客能够分享；还有一类是做家里的老照片，把父母的老照片和他们的孩子、兄弟姐妹的照片合起来，编成相册送给老人，估计老人能看一年。

我们也是苹果公司的合作伙伴，因为现在的年轻人只要涉及图像和设计，基本都用苹果计算机。雅昌的大方向一个是跟苹果公司这样的平台合作，另一个是跟强 IP 合作，做大影响力，毕竟我们在印刷行业是全世界最大的摄影画册制作中心。

我心中最好的图书馆有两个，一个是洛杉矶的亨廷顿图书馆，另一个是耶鲁大学的图书馆。我们在深圳也做了一个这样的图书馆，里面有一个 30 米高、50 米长的书墙来展示我收藏的书。每年我去全世界买书来收藏，跟中国文化有关的、跟艺术有关的、跟印刷和设计有关的书我都买。

最后我想说，我是一个幸运的人，因为我从事的是自己热爱的印刷行业，这个行业非常有意义。雅昌也在打造新平台，希望能让更多年轻人，特别是学生在我们的平台上创业。在我创业的年代，由于经济形势的不确定性很高，创业是条不归路，必须执着才能成功。现在的年轻人创业，喜欢变成了一个重要因素，这关系到热爱，但无论如何，创业都应该以客户为导向才更容易成功。

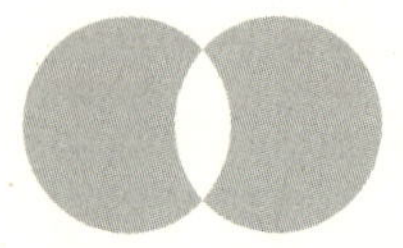

The Great Era of Innovative Entrepreneurship

精彩问答

Q：您在大学学的是印刷机械，是很“硬”的专业，但是艺术又是很“软”的专业，这是个什么样的组合呢？

A：我从小爱画画，喜欢艺术。上大学时我想学两个专业，一个是电影导演，另一个是幼儿智力开发。我在学校不是好学生，如果能去博物馆、音乐会，即使逃课我也会去。我在大学里担任过最大的干部就是“企业管理课”课代表，因为企业管理课有点艺术性，管理也是艺术。

Q：所以您觉得艺术性、美感是天生的吗？

A：艺术性、美感可能有点遗传，也会受家庭熏陶，我爸也喜欢音乐、美术。但是也得有创新，把一家很工业化的企业做成一个跟艺术有关的企业，并且得到世界同行和客户的尊重，我觉得也挺享受的。

Q：我们应该怎样去推动中国年轻人的艺术教育，并把这种灵性和对美的感觉发掘出来？相信这对未来的创新创造有非常大的价值。

A：我认为在未来的竞争中，知识竞争是一方面，文化竞争是更重要的一方面。文化不仅是美术，还包括建筑设计、音乐，比如音乐与抽象画，它们很难表现一个故事，不像电影、戏剧或者摄影，都能够表达一个故事，抽象的美术和音乐一样，都很难表达特别详细的故事，实际上只能表现情感。我觉得未来中国人的素质提高，应该通过综合艺术的提高，这样才能够使我们的国力真正达到一个新的水平。

Q：您刚才提到了大数据这样的科技在艺术中的应用，您觉得现在最热的项目，包括区块链等技术有没有什么能在艺术领域中应用的？

A：过去的艺术品大多通过人工鉴定，成本较高，我们现在已经在用区块链对艺术品进行锁定了。在未来的区块链技术下，所有的艺术品可能一创作完就拍照上传；原来艺术家到国家版权局备案的费用是500元钱一幅，现在都免费。

Q：我是一位“90后”创业者，也是书法爱好者。想问万总，您觉得书法艺术行业未来的前景怎样？

A：2017年国家把音乐课和书法课列为小学生考试科目，将来大家不用担心孩子不会写字，他们的字一定比咱们写得漂亮多了。书法艺术本来是技能，不是艺术。在中国和日本、韩国几个东亚国家才有书法艺术。实际上，书法跟摄影一样，比较容易上手。但书法是中国文化的一个重要特征，不像音乐，人们可以听录音来学习音乐，书法需要手把手地教，需要大量的师资。另外，书法确实可以修身养性，所以现在学书法的人越来越多。我觉得书法教育未来的问题可能是急缺教师，但用什么方法可以速成教师？我觉得这是一个挺大的机会。

本文根据作者 2019 年 6 月 13 日在北大汇丰商学院创讲堂的演讲整理而成，经作者审阅并授权发布。

主编伴读

幸运的万捷

万捷说自己是一个幸运的人，因为从事着自己最热爱的职业。

他的幸运在于，他发现、找到、实践着自己的使命。而这一使命融合了科技与艺术，这一使命驱动了万捷在国民意识到艺术和科技融合的重要性之前，建成了全球最大的、中国和东方艺术的数据库。

我有个感觉，100 年或者几百年之后，中国人将比现在更加深刻地感受到万捷现在所做的事情的重要性，把中国最灿烂的文明和艺术，以数字化的方式保存、整理、发布和分享。

艺术和美的修养是当代中国人的短板

尽管越来越多的人意识到，艺术和美的修养对于中国人、中华民族的未来的重要性，艺术是想象力和创造性的基础、来源、催化剂，但对当代中国人而言，艺术和美的修养依然是一块短板。

万捷和雅昌所做的庞大的中国和东方艺术的数字化工程，为中国和人类的传承都做出了独特的贡献。这个数字化工程本身就拥有无限的想象空间和价值，可以被用来对整个民族的艺术修养水平进行教育、熏陶、浸润、创造和升华，在很大程度上激发了人的创造力。

艺术的商业化进程

雅昌建立数据库是用市场化、商业化的过程完成的，而非借助政府的力量。这种市场的力量、民间的力量、商业的力量，反映了中国社会的活力和创造力。

当我们想到，有一天，故宫的186万件文物以及中国巨大的博物馆馆藏和文物艺术品都以数字化的方式保存下来，这些艺术的宝藏可以被无限地挖掘、开发、使用，这里面有多少可以想象的未来啊！

通过万捷的演讲我们发现，他确实找到了自己的使命，并且乐在其中，觉得有意义，这是他给世界带来的价值。

中国新制造，打造创新环境才是取胜之道

秦　朔
人文财经观察家，“秦朔朋友圈”发起人，
中国商业文明研究中心联席主任

实干兴邦。做好实业的关键是什么？如何获得总收益和总成本之差的最大化？企业如何跑赢成本竞争线，如何应对全球化贸易变局？过去几年，秦朔老师对制造业，特别是生产资料制造业做了大量研究。2019 年 11 月 27 日，秦朔来到北大汇丰商学院创讲堂，分享了他对以上问题的精彩解答。

不性感的制造业：大趋势与小数据

过去几年，我对生产资料领域的制造业企业做了研究，借这个机会向大家分享一些看法。

制造业是一个特别“不性感”的概念，很长一段时间里被大家提得非常少，但我从 1990 年开始做新闻工作时主要就是报道制造业。当时深圳的创维、

TCL、华为、康佳，珠江三角洲的美的、格力、神州热水器、康宝消毒碗柜等，都在我的采访名单中，我的工作经历中有很多制造业的痕迹，我对制造业比较有感情。我最早去美的采访的时候，它还是做电风扇的，正在研究怎么做空调，现在美的已经是世界 500 强企业了。从另一个角度来看，2019 年 11 月 26 日我在香港参加了阿里巴巴二次上市的活动，我也曾参加过它在纽约的上市活动。为什么中国可以出现阿里巴巴这种市值排在世界前十的公司？很多人说是因为它利用互联网“弯道超车”，我觉得最重要的是，阿里巴巴的本质是卖东西，进行商品交易，这些商品背后是中国制造。阿里巴巴的成功在某种意义上意味着中国制造业以新的形态跟消费端结合在了一起。

当然，在中国制造业发展的过程里，很多西方公司最早帮助我们建立了系统，要感谢邓小平同志的改革开放让我们跟国际接轨。我采访过宝钢的负责人，宝钢起步时从日本等国引进了当时最先进的设备和技术。由于一开始就用最先进的东西，他们得以快速向前发展。

我国 GDP 从改革开放初期占全球的 1.8%，到 2019 年年底大概占 16%；从占美国 GDP 的 6.5% 到占 65%，最重要的原因是中国制造业的崛起。中国制造业的产出，在改革开放初期占全球总量的 1%，到 2019 年年底占 25%。中国货物每年的出口在全球市场份额中大概占 12% ～ 13%。中国经济的成长背后离不开制造业。

在制造业中，大家比较关心的是 To C 企业，而从事生产资料和中间产品生产的 To B 企业往往不被关注。比如张士平先生是山东魏桥创业集团（以下简称“魏桥”）的创始人，魏桥的电解铝和纺织业在世界排名第一。我曾和张士平相约去魏桥调研，但很遗憾一两年内没有去成，他却不幸去世了。

在当今中国民营制造业 500 强企业里，排名前 30 位的东方希望集团是非常优秀的。我到新疆五彩湾看了它的产业链，发现做制造业的人，特别是做生产资料的人，懂得天下大势，道法自然，同时也非常关心小数据，点点滴滴地追求最大限度的管理合理化。

在大趋势方面，五彩湾一带有几千亿吨的煤炭储量，露天矿很浅，下挖 40 米就能出煤，煤顺着传送带传输到一个转换站，在那里开始下一程。这里 1 吨煤的售价只有 60 多元，但如果运到内地，运费比煤价贵很多倍。就地发电成本低，但几千千米的输电过程会有较大损耗。东方希望集团的做法是连着“五彩湾二号”露天矿转换站，修了一条 26 千米长的传送带，每小时可以把 4000 吨煤运到发电厂的煤棚，因此这里是中国最大的火力发电厂之一。一年几百亿度电发出来干什么呢？它没有进入国家电网长距离输送，而是就地在沙漠中使用，一方面用来做电解铝，生产液态原铝。铝水一部分用来生产铝棒、铝板、铝杆和汽车轮毂，另一部分由周边的铝制品生产商（如苏泊尔的供应商、兴发铝型材等）就地转化，生产深加工产品。另一方面用来做半导体硅。硅原料就是石头，当地的沙漠、河滩上到处都是。从硅石加工到工业硅、多晶硅、单晶硅，甚至是晶圆的过程，需要大量的电，电是主要的成本，而其他原料全部来自戈壁、沙漠和河滩。此外，东方希望集团还利用富余的资源和资源循环，做了化工和生物产业。

这就是我在新疆看到的煤谷、电谷、铝谷、硅谷、化工谷、生物谷“六谷丰登，相融相生”的生态圈。生态圈里每个环节都是互相关联的。比如，碳素用石化产业的废渣——石油焦为原料，生产出预焙阳极炭块，它是电解铝的配套产品。又比如，整个工厂所用的砖都是用粉煤灰等工业废料生产的，全厂的建筑用砖也全部自己生产。

做大型生产资料的制造，固定资产投资非常大，资本消耗非常大，所以效率要非常高。这类资源大多在中国北方，从施工角度看是非常不经济的，因为在北方一年里可能有 6 个月因为冰天雪地而不能施工。但东方希望集团在包头的做法是建大棚，非常非常大、一望无际的大棚，不是用来种蔬菜而是用来建厂房、建基地，把资金使用效率发挥到最高。这就是创造奇迹的方式，道法自然，循环不息。

而在小数据方面，东方希望集团的董事长刘永行有句话是“我是董事长，我是管小事的”，这句话被贴在一些办公楼的楼梯里。他最关心各种小数据，比如糖酸转化率是多少，多大面积的库房能装多少料，1 吨赤泥能耗多少电，怎么节约 1 吨水、1 度电，怎么减少一个劳动力消耗，为什么大电流交流电绝不能用钢管套，工业硅电炉能不能做到 100% 高温烟气回收，达到同样产能的土地面积能减少多少……他的观点是，只有做好小数据，把每个耗用指标降低，把消耗指标变小，把各种排放降至世界最低，追求点点滴滴的改进，才能提高竞争力。

重化工业是高耗能的工业，投资巨大，但刘永行一直能做到轻量化投资。他从设计环节开始，和设计院一点点地抠细节，把“要消除一切形式的浪费”的投资理念从原点开始落实。消除一切浪费，就是要消除大家认为贵的、大的、进口的就一定是“好的”的片面想法，同时防止采用低质低价品；就是要在保证安全和质量的前提下，生产建设得更快一些，这样能降低折旧费、减少财务费，提高人力资源效率，还能抢占市场先机，赢得更多的机会利润；消除一切浪费还体现在以“少”为美，以“小”为好。比如，同样产能的工厂，能用沙漠、戈壁就不占农田，10 亩地能保证功能，绝对不用 11 亩地。刘永行说投资要以“现代化、信息化、自动化、规模化、集约化、露天化和多用机器少用人”为目标，这样对大自然的索取最少，资金占用最少，对大自然的精华——人力资源的消耗最少，财务费用、折旧费用、原料费用更低，竞争力就更强，从而让消费者的付出也更少。

刘永行把小数据做到极致，他甚至会细到规划工人洗澡的热水器究竟用 6 升、9 升，还是 12 升的水量？既要保证工人洗干净，还要保证不浪费。他甚至在坐飞机的旅途中还在想食堂洗手池的水龙头究竟用多大直径的最好，飞机乘务员给他发了一个小杯子倒可乐，他都在估算大概几秒倒满，有多少水可以用，还到洗手间里去试。

在这样的精益化管理下，即使在其他企业没有办法挣钱，项目叫停、延期时，东方希望集团也因为效率高而能生存下去。

我在生产资料方面的研究样板——中国巨石，是世界规模最大的玻璃纤维制造商，它的净利润率比格力电器高9%，比云南白药高12%。我们通常认为生产资料型的制造企业没有技术含量、污染环境，现实完全不是如此。而且格力电器和云南白药这样的企业，收入主要来自中国，但中国巨石的一半收入来自国外，它在埃及、美国都投资建设了工厂，非常国际化。这就是我要研究生产资料型的制造企业的原因。

我对中国未来的经济充满信心

2019年年底有一句刷屏的话，“2019是过去10年最差的一年，是未来10年最好的一年”。未来是不是越来越差？我非常坦诚地说，我认为根本不是。

首先在近现代商业文明历史上，几乎不存在某一年的经济竟然比之后10年都好的情况。1929年是20世纪资本主义危机最严重的时候，但那之后的10年美国的资本市场和经济恢复得非常快。2008年约翰·保尔森（John Paulson）说，如果不进行全球经济协同，整个世界经济会毁灭。事实上，虽然2008年出现那么大的经济危机，但美国经济很快就恢复了，股指也不断创新高。每代人往往都会高估不好年份的影响。

其次涉及中国的潜力。中国当前的人均GDP仅是美国的1/6，而中国的人口是美国的4倍。因此，如果中国能达到美国人均收入的一半，经济总量就是美国的2倍以上。中国不像德国和日本，德国和日本在国际贸易层面挑战美国的时候，人均收入水平跟美国差不多，日本在泡沫经济时期人均收入水平就已经超过美国。而中国国内的人均GDP水平也有很大差距，不是每座城市都像深圳、上海一样发达，所以不是中国的发展到头了，而是下半场才刚刚开始。

最后是中国的奋斗精神还很旺盛。“20后”的企业家，像2019年去世的褚时建先生，由于身体原因医生不让他去山上工作，但是他每个月都要去，检查阳光是不是均匀地晒到果树上，肥料、排水、灌溉等系统是否正常。“30后”的中国企业家现在还在奋斗，我曾经接触过云南白药的第一任工程师，现在八十几岁还在做研发，开发了一款中草药配方的洗发水。这些人都还在创业，更不用说“40后”的任正非，“50后”的中国平安保险集团董事长马明哲，以及之后的代际企业家了。

从“20后”到现在的“00后”，9个年代的人都在奋斗，这就是企业家精神。我读过美国的商业文明史，美国历史上最旺盛的企业、最富有的人基本上都诞生在19世纪30年代，在他们的而立之年美国发生了南北战争，1865年以后美国统一了市场，基础建设形成，电气化时代到来。这个时候的美国出现了石油、钢铁、金融、运输业大王，他们在19世纪30年代出生，60年代真正创业，赶上国运隆盛时期，到19世纪90年代，美国经济发展超过英国，成为全球第一。

中国呢？能跟美国19世纪30年代相比的时代就是现在，如果以互联网的明星来对应，马云、李彦宏、马化腾、刘强东、雷军等出生在1960—1970年，他们在而立之年赶上互联网时代。中国跟美国的不同在于中国的延续性可能更强，现在BAT一代非常强大，特别是阿里巴巴和腾讯都完成了互联网向移动互联网的过渡，似乎没有市场空间了。但是美团、拼多多、头条、滴滴又兴起了，20世纪80年代出生的创业家明星正在崛起。过去我们觉得似乎已经没有空间的市场里，美团却闯了出来，并发展成为中国市值第三的互联网公司，所以“江山代有才人出”的现象非常旺盛。不要因为在某个时间段上，由于体制性、政策性、外部性问题的叠加造成了困难，就怀疑没有未来。

2019年11月26日，阿里巴巴在香港上市之后，我们跟张勇有过一次会面。他谈话的关键是“2036年要服务20亿消费者，解决1亿人的就业问题，要扶持1000万个可以盈利的中小企业”，这是真正的企业家状态。当时是2019年，他却在想 2036 年的事情。中国的发展空间足够大，企业家精神比美国旺盛，2019 年怎么就到头了呢？这是不靠谱的，可以让事实做印证。

制造业有哪些难题？

中国的制造业有没有问题？有问题，而且我也很担心。制造业问题的核心在哪儿？

第一是供给侧的问题。以前的增长方式本身要改变，那是一种纯粹的成本竞争和仿制，没有创造出差异化的创新价值。

第二是我国早就提出来要做集约型的增长，但是因为发展速度太快，只要有增速就有收益，所以大量企业没有考虑做集约型增长。

第三是聚焦和扩张。中国企业的技术创新不够，不完全是因为没有钱，不少企业挣钱以后并没有真正进行长期的研发和创新投入，而是去做多元化了。华为现在这么强，是因为有十几万人聚焦主业做研发。不少民营制造业遇到困难，还是因为核心能力不足。当然也有经济增速放缓、贸易摩擦以及资本市场调整等原因。

第四是去杠杆、去产能“一刀切”，特别是没有污染的制造业为什么要关呢？早几年下减排指标，一些地方在上报工厂能耗时往少里说，上面来检查的时候就暂时停掉。但现在督察巡视非常严，打“擦边球”不行了，所以很多企业被迫关了。有的小高炉确实该关，但有些企业刚刚引进先进技术，本身可以运转得很好，这时说要关或者让银行抽贷，那企业就“死”了。

第五是产能集中度提高，“马太效应”明显。很多行业都是集中度越来越高，不少中小企业就会被淘汰。

第六是互联网、AI 对传统产业的冲击。

第七是国企相对主导的上游生产资料领域不断涨价，下游的企业就很辛苦。

最后是税费负担。还有一点要说的就是，年轻人不愿意当工人，就算车间里恒温恒湿，自动化水平很高，大家也不太愿意去。

从外部环境看，制造业向东南亚等地迁移，这种压力也是存在的。越南人口只有中国的 1/14，越南的人均 GDP 只有 2800 美元，很多基础设施也不完善。但是大家有没有想过，越南、泰国、马来西亚、印度、印尼这些国家加在一起会怎么样，这个边际的变化就很大，一个国家给我们“蚂蚁搬家”一点，全部加起来就能“吃掉”我们一块，就算“吃掉”15%，边际的影响也是很大的。

做制造业很苦，民企比较多。中央反复强调要解决中小微企业融资难的问题，但实际上还是非常难。展期违约、技术性违约、交叉违约、担保违约的主要是民企。民国著名企业家荣德生曾说“能用民力、不必国营、国用自足”，现在对民企的支持还要进一步制度化地落实。

如何成就中国好制造

前面从宏观上讲了中国制造业的发展、重要性、面临的挑战，以及我们应该从自身的角度提升竞争力，走集约型增长之路。

中国巨石集团（以下简称“巨石”）就是中国好制造的典型。我把巨石做好制造业的八大心法和大家分享一下。

巨石是世界规模最大的玻纤生产企业，在多个国家和地区都建有生产基地，其产能占中国玻纤业的 40% 以上，占世界的 20% 以上。2015—2018 年，巨石的综合毛利率都在40%以上；2018年其营业收入突破100亿元，净利率达到23.8%。巨石申报的“高性能玻璃纤维低成本大规模生产技术与成套装备开发项目”荣获2016年度国家科学技术进步二等奖。巨石的创始人张毓强1955年出生于浙江省嘉兴市桐乡市石门镇，初中没毕业就到一家镇办的布厂当挑水工，无论从背景还是学历上，大家没有理由推断出此人日后会成为中国乃至世界玻纤行业的引领者。他的身上突显出企业家精神，这种精神正是中国经济活力的微观基础。

心法之一：制造业成本的降低要靠规模经济

做制造业不是一蹴而就的，需要漫长的时间。巨石的前身是桐乡市石门镇东风布厂，1973年元旦前后，工厂拉出第一根玻璃纤维（以下简称“玻纤”）。经过20年努力，到1992年玻纤产量为1000吨。1993年张毓强发起组建巨石，建设先进的池窑拉丝项目，产能为8000吨，这在当时是不可想象的一个大数字。再奋斗十几年，到2008年巨石的产能达到60万吨，成为世界第一。规模经济能带来明显的成本优势。比如，巨石1993年启动的8000吨池窑拉丝项目，相当于大机器生产，而之前所用的代铂炉拉丝方法相当于个体作坊，8000吨池窑等于200台代铂炉的产量，而所需人工是代铂炉的1/10，成本当然降低。

为了形成规模经济，张毓强采取了贷款投资、联合投资、股权融资、兼并收购等多种方式。1999年他将巨石的资产注入拥有上市指标的央企，为此他不惜放弃上市公司第一大股东的位置，但抓住了融资扩产的机会，使巨石的产能遥遥领先于对手。通过规模经济降低成本，最大的好处是使玻纤的应用更加普及，做大了市场，让这个行业在国民经济中的地位得到了提高。

心法之二：制造业成本的降低要在供应链上下功夫

决定制造业成本的一个重要因素是供应链的稳定性和经济性。拿原料来说，玻纤的主要原料是叶蜡石，通常 1 吨玻纤纱需要 0.8 吨叶蜡石，浙江、福建的叶蜡石储量约占全国的 75%。巨石在桐乡和九江的生产基地毗邻资源丰富区，运输费用低，在丽水松阳县建立了明石矿业公司，主营高岭土矿石和叶蜡石，从纵向一体化的角度建设了扎实稳固的供应链。

2004 年，巨石着眼于西部大开发，在成都建厂。由于矿石要从浙江运过去，运费比较高。巨石成都团队和当地高校的专家一起探讨，能不能因地制宜，利用四川多山的优势就近找矿。他们最终找到了替代品，不仅节约了物流成本，而且原材料本身的成本也降低了。这就是在实践中对供应链的优化。

漏板是拉丝的关键设备，技术含量很高，我国企业以前是交给日本公司加工的。1 块 2400 孔的漏板的加工费是 4.5 万元，1 克漏板的加工费是 6 元多，这还没有算铂耗（1 块漏板要加 1.5% 的铂耗损）。巨石自主探索做成以后，1 克漏板的加工费只要 0.5 元。自己做还有一个好处是利于创新，原来是双底漏板，改进为单底漏板后，一年减少使用铂金 1 吨以上，省下了数以亿元计的开支。板子轻，电耗也降低了。

当年巨石在做项目工程时用水量很大，如果全部从市政自来水公司购买，每吨要 2 元多，张毓强决定把生活用水和生产用水分开，生活用水由桐乡市统一供应，而耗费最多的生产用水改用附近康泾塘的水，每吨成本 0.6 元，污水净化后还可以循环使用，成本更低。类似这样的例子在巨石、振石非常多。成本竞争力是从供应链的各个环节用拧毛巾的方法拧出来的，而且这是一个永无休止的过程。

心法之三：制造业成本的降低要在生产和工艺流程上做文章

巨石的玻纤生产，从矿石矿粉到拉丝织布，空间距离很长；恒石的风电基材生产，从玻纤材料到玻纤织物，空间距离很短。张毓强很朴素地说，距离长短就是价值链环节的长短。如果价值链环节短，则产品质量主要靠设备来保证，关键是要采购一流设备；如果价值链环节长，就要在整个生产和工艺流程上做文章。

2004年前建成的池窑，在通路布置上都采用国外通用的横向双“H”结构，张毓强发动大家集思广益，将结构改为纵向双“H”结构，使单条作业通路的炉位增加不少，从而配置更多的漏板。纵向双“H”结构的主通路长，也为玻璃液的温度下降提供了充分的时间，能更好地控制通路中玻璃液温度的一致性。

玻璃液熔化的传统方法是用空气燃烧。空气的含氧量约为21%，含氮量约为78%，在燃烧过程中，氮气吸收了大量热量从烟道排走，造成能源浪费。巨石通过创新，采用了纯氧燃烧法。纯氧燃烧可以获得温度更高的火焰，有利于提高窑炉熔化率，改善玻璃液质量，还可以将氮气排除在燃烧过程外，减少了80%以上的废气和99%的氮氧化物排放，同时避免了气体排放时大量热量的流失。

早期玻纤生产中产生的废丝很多，通用的处理方法是深埋，但废丝不能降解，会占用土地。张毓强和技术人员就考虑能不能将废丝回收利用。他们通过不断改变废丝的投入比例和频率，以及投料技术的改进，最终在2001年年底投产的一条年产6000吨环保池窑拉丝生产线上，实现了全部以废丝为原料组织生产。

让通路容纳更多漏板，让燃烧更充分，让废丝能利用，这些生产过程中的创新都起到了降低成本的作用。

心法之四：制造业成本的降低和投资速度与资金成本高度相关

巨石是重资产，投资规模很大，巨石比竞争对手的毛利率高出一筹，和投资过程中的速度与资金成本是分不开的。1999年中国化建（巨石的前身）上市后，2.1亿元募集资金中有超过1亿元可以用于巨石发展。巨石决定建一条1.6万吨无碱玻纤池窑拉丝生产线。按一般进度要18个月才能完成，但张毓强希望8个月就完成，2000年5月打桩，年底前点火投产。他和董事会签下项目责任书，将项目分解为14个子项目，层层落实。最后在2000年12月20日点火。由于节约了时间，并在引进设备时精打细算，巨石的工程投资从预计的2.5亿元降到1.98亿元。而之前一家国企的1万吨池窑项目，对投入已经抓得很紧了，还花了4.5亿元。

巨石较早和央企进行了混改，在获得银行贷款支持以及上市、增发方面，带来了很多好处。2015年巨石在A股增发募集资金50亿元，用于埃及项目、国内生产线技改，以及偿还银行贷款。2014年巨石的财务利息支出为7.7亿元，增发完成后财务利息支出降到4亿多元，减少了40%多，大大降低了财务成本。

心法之五：制造业成本的降低离不开全员支撑的系统竞争力

2008年，1吨玻纤的成本平均是4000多元，现在所有要素成本都增加了，如一线员工工资增加了两三倍，电价也贵了很多，但巨石通过成本管理，不仅消化了上涨因素，成本还下降了不少，除有规模优势外，主要是因为巨石从原材料到物流所有环节都自主掌握，自己设计生产线，可以输出全套技术工艺，也可以根据客户需求改造生产装备，在各个环节上都没有短板。这种系统竞争力背后，是全员投入、全员参与、全员发挥能动性的文化和制度。

巨石有一套“增节降”体系。最早是鼓励职工小改小革的激励措施，后来发展为涵盖了创新、增收、节支、降耗、减损、节能、减废、减排的全面创新体系，运用目标管理、项目管理、品质管理、持续改进等基本管理方法，通过逐年环比、月度考核、年度兑现等激励约束制度，协调各级企业、各个部门、各类工段持续开展。“增节降”的项目申报面向所有员工，每年大大小小有500项左右，有1/8到1/7的员工可以获得奖励。

巨石每个月都与竞争对手对标，将销量、价格、技术等几百个数据全方位对比分析。巨石内部的子公司之间、子公司与总部之间、海外公司与国内公司之间，也进行对标，比学赶帮超。

通过对标改进和挖潜创新，巨石将玻璃熔化率从早期的每平方米 1.5 吨 / 天做到了每平方米 3 吨 / 天、3.5 吨 / 天，现在正向 4 吨“不可能的目标”前进。玻纤行业的劳动生产率，在美国算高的，一年人均产量为 100 吨，而巨石三分厂可以做到 300 吨，智能化的六分厂目标是 390 吨。巨石拥有 80 万吨产能时有 1.1 万员工，现在接近 200 万吨产能，还没有当时的员工多。张毓强说：“讲到最本质的东西，就是员工的工资要涨，但每吨纱的人工成本要降，一涨一降，这个剪刀差怎么解决？这是巨石管理中最大的强项。”这又涉及自动化、智能化、精益生产等减少对人员数量依赖的问题。

成本竞争力是中国制造的核心竞争力。但单有成本优势，并不能确保在全球市场中获得领先的份额，还需要好的质量和产品创新。

心法之六：收益和质量的稳定性（开机率）高度相关

规模经济的好处是降低成本，但需要一个前提，即这种规模是有效的，产品质量没有问题，又便宜又好。池窑投资的一次性资本支出很大，固定成本占比高，且停窑容易造成耐火材料等资产的损坏，再启动需要 3 个月烤窑期。所以玻纤企业轻易不选择停窑，都是一年 365 天每天 24 小时运转。

1994 年巨石的 8000 吨中碱池窑拉丝项目，在行业里放了一颗“卫星”，引起轰动，但投产后有两年时间其实非常辛苦。张毓强说：“投产看起来是好事，但如果投产后出不了好产品，还不如不投产，因为一上马就停不下来。”当时最大的问题是作业效率低，也就是成品率低、废丝多。今天巨石的成品率基本在 95% 以上，有些分厂可以达到 98%，废丝极少，但当年成品率最低时只有 50%。

作业不稳定是一个结果，实际受很多因素影响。比如原料，要熔化出高质量的玻璃液，各种玻璃原料的化学成分、颗粒度和含水率 3 大指标都必须稳定，具体又牵涉叶蜡石、石英砂、石灰石、硼钙石 4 种大料，萤石、芒硝 2 种小料。有的原料质量稳定，有的则成分有波动，有的要在堆场或库房均化，使用时还要注意原料易吸潮，接触空气时间不宜太长。最初巨石只是笼统地掌握了原料的知识，原料来了之后把几个主要元素检测一下，觉得符合主成分要求就过关了。后来突然作业不稳定了，谁也不知道是原料问题还是配比问题，今天稳定明天可能又不稳定了。经过一两年的研究改进，巨石才用玻璃的氧化还原系数、微量元素含量、矿物结晶情况等更专业的指标，实现了对原料的质量控制，这才真正掌握了规律。

心法之七：企业家应该是企业的头号销售员

“客户给企业发工资，企业才能给员工发工资，所以必须高度关注客户与市场。”这是张毓强的一句口头禅。他将大量时间用于跑市场，对客户问题高度重视，将客户提供的商机牢牢抓住。

1996 年巨石出口到美国的产品遭到退货，张毓强由此领悟到“所有影响客户体验的问题都是质量问题”。比如，玻纤生产中有个烘干环节，含水量要烘干到 0.2%，然后才能装入集装箱。美国客户投诉说，打开集装箱，所有装玻纤的塑料袋里全是水。巨石赶紧分析是不是集装箱漏水了，检查后发现不漏。自此每个集装箱装货前都用高压水龙头冲一下，看漏不漏水，不漏才发货。结果发到美国，塑料袋里还是有水。

张毓强说，产品本身好好的，烘干后的水分率在 0.1% 以下，怎么会有问题呢？他们一路排查，最后发现产品下面有个托盘是木头做的，40 千克一个。他们把木托盘拿到烘箱里去烘，烘了 12 小时后拿出来，发现托盘的质量变成了 20 千克。还有 20 千克去哪里了？是水，蒸发掉了。夏天把货装进集装箱，这个

“闷罐子”里非常闷热，装玻纤的木托盘里的水分没地方挥发，全部积在塑料袋里。巨石把这个问题以及其他一些问题解决后，出口又恢复了。只要以客为尊，紧紧和客户联系在一起，就有解决办法和出路。

心法之八：收益来自技术创新和产品结构创新

说到创新，人们往往理解为产品高端化和附加值提高。但事实上，创新的含义要丰富得多。

巨石是中国玻纤行业第一个敢于自主研发高性能玻璃配方的企业。国际玻纤行业用的大部分拉丝原料是 E 玻璃，E 玻璃配方中有一种重要材料是硼钙石，要从土耳其进口，1 吨 400 多美元，1 吨玻纤产品要配百分之十几的硼钙石，需要大量外汇，还有汇率风险。巨石 2008 年自主研发出 E6 玻璃配方，使 1 吨的配合料成本从 1300 元降到 500 元，不仅降低了配合料进口比重和配合料成本，而且提高了产品强度及耐腐蚀性能，在 E6 这一全新平台上还可以为不同客户提供全新的解决方案。玻璃配方技术的突破优化了巨石的产品结构。基于 E6 配方开发的抗变形能力很强的高强高模产品（如复合绝缘子用纱）在市场上大受欢迎。2009 年，巨石高端产品的比例从原来的 5% 提高到 15%。

在降低成本的同时提升产品的附加值，把“成本领先”和“高价值创新”这两种迥异的竞争战略结合在一起，既实现了总成本领先，又实现了高价值的产品结构，在竞争中取得压倒性优势。这是巨石特别了不起的地方。

中国制造业是一部博大精深的书

作者写完一部作品以后，作品的生命力来自读者，每位读者都会从自己的角度去思考。中国作者写生产制造行业的非常少，我的这本书《新工业时代》带有填空性质。

我们总以为自己可以指导企业家，事实上企业家走在我们前面。在中美贸易战刚刚开始时，巨石下面有两家物流公司，一家是做本地物流的，另一家是做跨境物流的。张毓强让做跨境物流的公司赶快到东南亚去，为什么呢？出于关税的原因，他觉得一定会有一些中国制造企业迁移到东南亚。果然他刚刚布局，生意就开始增加了。

在中国大市场中，通过资源集中，中国可以发挥市场的规模优势，加上民企精打细算的管理，能够带来显著的成本优势。越充分竞争和参与国际竞争，接受国际客户的检验，越能够倒逼企业提高产品质量和服务能力。而企业家精神驱动的全员参与管理和创新的机制和文化，则是不断超越自己、追求极致的根本保证。这像是“三级火箭”，分别对应着做大、做强，以及成为伟大的企业。所有人心往一处想，劲往一处使，力出一孔，就能攻坚克难，应对任何挑战。

中国制造业是一部博大精深的书。优秀的企业家一方面在成本上追求最大限度的合理化，另一方面通过可靠、顾客至上和富有创新的产品与服务，力求创造收益的最大化。在全球经济风云变幻的今天，中国制造业遭遇了许多困难和挑战，但支持制造业做大做强、做优做精，应该继续成为全社会的共识。对中国制造业来说，更艰巨的路在前面，更多的辉煌也在前面。

精彩问答

Q： 在演讲前半部分，秦老师有一段话让我很受震动，这是我从来没有想过的一点：中国企业家确实是“20后”“30后”一直到“90后”，甚至“00后”都有，所有跨代际的企业家都在不断地创造，这是世界级的奇迹。秦老师跟企业家的交流非常多，可以有近身的观察，你怎么看不同代际的企业家呢？在这当中我们可以领略到什么风景线，产生什么样的见解？

A： 我的博士论文主题是“中国企业家的驱动力”，当时我对300多位企业家做了调查，包括柳传志、郁亮、陈天桥等著名企业家。的确可以从中发现一些规律，最有意思的结论有：

第一，董事长兼总经理，驱动力打分是最高的，其次是董事长，当然总经理也不低。如果一个人既是创始人又是总经理，那他的驱动力会非常强大。

第二，中国企业家的自我认知驱动力非常强。有一个打分项是评估自己的驱动力，很多人打了10分，换而言之就是已经没有更多的努力余地了。很奇怪的是现在的年轻一代也在这样不分昼夜地奋斗。为什么会有这样的情况？因为中国人太注重现实的成功和攀比了。比如，虽然胡润榜是“杀猪榜”，但上胡润榜的竞争还是非常激烈。

Q： 新生代像拼多多的黄峥他们应该都是“80后”了，您从他们身上看到跟前几代人有什么重要的差别？

A： 他们跟前一代相比，在全球化和国际视野方面更强，很多人认为自己做的事情有世界维度，甚至认为要在全球做。另外，他们对国际前沿知识的学习比前一代更好。我看过黄峥写的东西，也跟他交流过，知道他们会有一些更加前沿的，甚至哲学意义上的思考。

Q： 你的人设是什么？

A： 我看到你们的目光和微笑，你们非常年轻，我很羡慕你们。我在这个行业正式工作 30 年了，我认为我是一位知识分子，任重而道远。现在我的人设或者说我的动力是什么？就是解决自己的思想问题。我在改革开放后接受大学教育，见证了改革开放的全过程，见证的方式不只是看到中国，也看过世界。但是，关于中国的道路、道理是什么呢？我的认识还在海里，没有游刃有余，还有一些困惑。这是什么人设呢？我是一位写作者，从现实中找到解决思想问题的答案，大概是这样。

Q： 秦朔老师有一个“秦朔朋友圈”的自媒体，您觉得未来企业要不要建立自己的自媒体，通过内容做传播和营销呢？

A： 非常好的问题，我觉得现在越来越多的共识都是营销即内容，很多传播的方式包括对产品的接受都是基于内容的，产品的介绍是越来越多的视频，视频本身是内容。未来的传播是基于内容的传播，直播也是讲内容，所以基于内容的营销和传播会是基本的态势。

但是内容要更新，做内容的人很辛苦，而且会不断遇到挑战，因为他们不知道自己是否可以真正生产出不同的内容，更不要说非常优质的内容，所以内容需要特别长期的经营。我相信，只要我们多向实践学习，多向大家提问，多看，就总有新的东西被激发，所以做内容也是很有趣的。

本文根据作者 2019 年 11 月 27 日在北京大学汇丰商学院创讲堂的演讲整理而成，经作者审阅并授权发布。

主编伴读

作为中国最严肃、最深刻的企业与趋势洞察者，秦朔从一家企业案例中，看到了中国制造业的破局之道。

秦朔撰写的《新工业时代》，从一个宏观的战略性问题“中国制造业的未来”出发，深入探讨、研究了一家 To B 的生产资料企业。这是秦朔写的第一本关于企业案例的书，这家生产资料企业从小镇布厂做到世界隐形冠军，其历程可以说是一部中国工业精神的奋斗启示录。

中国的制造业要破局，关键在哪里？

光靠成本优势、低价取胜将会越来越难以为继。从中国巨石的案例中，秦朔提出了成本优化、差异化价值创造的关键路径，并总结了八条“心法”。这些心法包括规模经济、供应链优化、生产与工艺流程上的创新与优化、投资速度、资金成本、全员支撑的系统竞争力、质量的稳定性等等。这些心法，并不只是来自企业领导人的英明领导，更是创造性环境中集体探索、集体智慧的结晶。

这些心法，基于实践、高于实践，为中国制造业企业提供了一条重要的转型、升级、破局的思考模型和框架！

第四部分

新探索，洞察开启未来

走出危机，着眼经济增长的源动力

王鹏飞
北京大学深圳研究生院副院长，
北京大学汇丰商学院副院长

截至 2020 年 4 月 30 日，美国新冠肺炎患者确诊人数已超过 103 万，是全球确诊人数最多的国家。短短 5 个星期的时间，美国申请失业救济的人数飙升至 2650 万，“真实”失业率高达 20%，直逼“大萧条”时期的峰值。新冠肺炎疫情危机是否会引发“大萧条”？无限量化宽松政策能否救经济？新冠肺炎疫情结束后会有“V”形复苏吗？中国经济应该如何应对？2020 年 5 月 8 日，王鹏飞来到北大汇丰商学院创讲堂，分享对疫情中经济增长的源动力的思考。

今天跟大家分享我对新冠肺炎疫情所带来的危机的一些思考。我作为经济学研究者特别想知道，新冠肺炎疫情是通过哪些方面影响美国经济的？另外，美国在新冠肺炎疫情出现之后，出台了很多刺激政策，包括财政政策和货币政策，特别是无限量化宽松政策。那么，无限量化宽松政策对经济的刺激效果到底如何？

如果美国的新冠肺炎疫情能够在短时期内结束，经济上会不会有“V”形反弹？

美国是否会出现像2008年那样的金融危机，或者像1929—1939年那样长达10年的“大萧条”？比“大萧条”更可怕的事情是什么？中国应该如何应对？

关于经济的预测，经济学家经常说不准，我也不例外，只希望借助一些理论思考，帮助大家来试着理解这些问题。

美国抗疫大事记

美国对疫情真正感到紧张是在2020年1月26日，那时加州出现了第一例社区传播病例。在此后的美国新闻中，关于新冠肺炎疫情的报道就明显增多了。从1月21日出现第一例确诊病例，在短短1个多月内美国的疫情就变得不可收拾。截至2020年5月8日，美国已经累计感染了120多万人，是全世界感染人数最多的。

我们也看到，美国的新冠肺炎疫情到2020年5月在全国范围内没有得到明显控制的迹象，每天新增的感染人数还是维持在2万～3万，中间有一点点波动，有时候高，有时候低，但是没有明显下降的趋势。很多病毒学者研究估算美国目前的基本传染数R0还是在1左右，也就是平均一个得新冠肺炎的病人可以感染一个人。这是比较危险的情况，一旦出现一个超级传染者，情况就会变得非常不可控。

另外，在2020年5月之前，美国每天因新冠肺炎死亡的人数维持在2000人左右，这是非常可怕的。也有一些预测说，即使美国当前采取严格的社区管理措施，每天的新冠肺炎疫情死亡人数也会在很长一段时间内保持1000～2000人，预计要持续到2020年8月底。这还是在美国不复工、不复学，保持目前非常严格的社区管理（距离控制）的基础上。总死亡人数预计很快会超过10万，保守估计 2020 年 8 月底会到 16 万，那又将是一个非常可怕的数字。

但是，为什么很多人没有预料到美国会出现如此严重的新冠肺炎疫情危机？因为美国的医疗卫生支出基本上是全世界最高的，跟中国、韩国、新加坡等国家相比，明显高出一大截。美国的年医疗卫生支出在 2000 年之后平均是在 16% 左右，而且这个比例还在不断地上涨。从医疗卫生条件来讲，美国比东亚几个新冠肺炎疫情控制得比较好的国家，比如中国、新加坡、韩国都好很多。

另一个指标是每 10 万人拥有的 ICU 病房的病床数，美国接近 35，这是什么规模？中国香港整座城市大约有 750 万人，ICU 病房也就只有 250 多个床位，而美国纽约人口（850 万左右）和中国香港差不多，却有 1400 多个 ICU 床位。按照这个指标，美国的医疗条件也比中国和韩国好很多。

但是美国每 10 万人中的死亡人数，目前已经达到 20 人，而且还在不断增加。我们刚才提到香港和纽约这两座城市，总人口和人口密度都比较接近，从这个意义上是可以拿来比较的。截止到 2020 年 5 月 5 日的数据，美国纽约已经确诊了 17 万多人，总共检测了 38.9 万人，就有 17 万人确诊，44% 的确诊率。而在香港，到 2020 年 5 月 5 日确诊 1041 个病例，香港整体检测了 15 万多人，确诊率不到 0.7%。而纽约的死亡人数已经接近 2 万，香港的死亡人数是 4。在医疗支出方面，纽约远远超过了香港，纽约有 17% 的 GDP 花在医疗支出上，而香港的医疗支出只占 GDP 的 6.2%。

通过香港跟纽约的对比，我们就可以知道美国的新冠肺炎疫情为什么会失控，主要在于美国没有做到非常密切地跟踪调查。

美国从 2020 年 3 月 21 日之后，检测的人数大概是 25 万人 / 天，确诊比例也一直在 10% 左右的高位。美国没有做到像中国这样，对所有可疑的患者都隔离起来进行检测。因为美国的社会做不到，有很多轻症的患者居家隔离，他们可能感染了自己的家人。纽约的地铁在新冠肺炎疫情很严重的一段时间都没有停运。总之，美国没法做到像中国这样，保持高强度的病例跟踪、高强度的隔离措施。

新冠肺炎疫情对美国经济的影响

我的一个判断是，新冠肺炎疫情危机的冲击会比 2008 年金融危机的影响大很多。2008 年资产价格下降，导致了一些流动性的危机，工厂还能生产足够的产品，只是大家没有钱了，流动性枯竭了，需求不足导致产能下降。而这次危机在经济学里有一个英语词汇是“Sudden Stop”，就是突然冻结了，劳动市场失血非常明显，资本市场的不确定性和恐慌蔓延，家庭和企业资产负债表恶化。

我的另一个判断是：如果新冠肺炎疫情在比较长的时间内不能控制的话，美国有很高的概率会引发比 2008 年更大的金融危机，甚至是大萧条。我看了一些关于美国的研究数据，美国在 2020 年 1 ～ 3 月消费是有增长的，这个增长主要是由于人们担心以后买不到东西而引起的恐慌性购买。大家囤积食品、纸巾等各种各样的必需品，这属于恐慌性购买。也就是说，在美国 3 月末宣布进入紧急状态之前，美国人的恐慌已经出现了。

恐慌之后，消费量就悬崖式下降，大概跌了 80%，而消费占了美国 GDP 的 60% ～ 70%。这并不是在美国采取强制社区管理政策之后才出现的，大家对新冠肺炎疫情的恐惧自然表现在消费上面，不愿意再去餐馆吃饭。

餐馆就座率的下跌也是很快的。2020 年 3 月 13 日，美国进入紧急状态之前，餐馆就座率的下跌就已经非常快了，进入紧急状态之后也没有特别明显的趋势性变化，基本上是在平稳下降。由此可以看出，美国人对新冠肺炎疫情的恐惧是自发的，不是因为政府限制大家出门。很多人自愿不再去餐馆消费，因为怕感染新冠病毒。

酒店的入住率下降也非常快，到 2020 年 3 月底，下降了 50%。这意味着旅游收入也没有了，公务出差很受影响。2020 年 3 月之后，航空业基本上停滞了，几个能够代表消费的指标数据下降得非常快。

另外，新冠肺炎疫情影响了美国的劳动力市场。美国是一个以服务业为主的国家，服务业占 GDP 的比重很大，制造业和农业占比很少，制造业占比甚至不到 10%。很多服务业需要人与人的接触，在疫情期间是高风险的行业。大家在新冠肺炎疫情影响下，首先减少的就是这种需要密集、密切接触的消费，服务业是首当其冲的。

美国从 2020 年 3 月最后一周开始，受疫情影响的情况就显示出来了。在之后的 5 周内，首次申请失业救济的人数累计达到了 2600 多万。美国总共有 1.6 亿个工作岗位，2600 多万人在工作岗位中占比 15% 以上，这是很惊人的。在整个 2008 年金融危机期间，美国总体只损失了 880 万个工作岗位，而现在 5 周时间内的数字是当年金融危机时期的 3 倍。失业对家庭收入是很有影响的，收入减少会导致消费减少，消费减少又会导致企业的收入减少，很可能出现恶性循环。

新冠肺炎疫情还导致不确定性飙升。美国的不确定性出现了几次大的峰值，经济学家分析了美国几十年的数据，这几次大的峰值都发生在比较大的危机情况下，比如在两次石油危机时，美国出现了特别严重的通货膨胀，导致美元与黄金脱钩，当时的不确定性很高，还有一次就是 2008 年的金融危机。

而关于这次新冠肺炎疫情的影响的数据很少，目前只有 2020 年 3 ～ 4 月的数据。这时的不确定性峰值跟 2008—2009 年时的峰值差不多。这个不确定性对大家的消费有很强的影响，人们不知道未来还有没有工作，对一些耐用品和奢侈品的消费可能就会先等一等。企业的思维也一样，雇一个人需要很大的投入，还要保证付他很长一段时间的工资，在不确定性高的时候，企业也愿意等等再投资人力物力。家庭消费愿意等，企业的投资也想等一等，所以整体的经济形势肯定不会太好。我们发现不确定性对经济的影响是非常持久的。2015 年一篇发表在《美国经济评论》上的文章，研究了美国几次较大的不确定性及其对经济的影响。研究显示在大危机时，不确定性基本上增加了 3 个标准差左右，1 个标准差代表 2% 左右的产出，3 个标准差代表 6% 左右的产出，而且这个影响会延续到 20 个季度之后。

不确定性对就业和对产出的影响，在数量级上是很接近的，不确定性和需求的萎缩，会从另一个角度影响家庭和公司——影响了资产负债表。人们的资产价格是活的，而负债是死的。比如你欠别人 100 元，哪怕你今年收入不行，也还是欠人家 100 元；但是资产不同，如果你去年有一只股票价值 100 元，今年经济不行，股票价值可能就变成 50 块钱了。资产价格下降就会影响资产负债表的基本面。2020 年大型资产跌得都很惨，美国的道琼斯指数跌了很多，石油就更惨了，这些都会影响大家的资产负债表、还债的能力，以及债务到期续约的能力。美国家庭和公司的很多债务都是滚动的，资产受损，有些债务可能就没办法续上了，人家原来能借给你钱，现在可能就不愿意再借给你了。

美国大部分家庭的储蓄率是很低的，基本上靠每个月的工资来过每个月的日子，财务负担很重。2008 年的金融危机让大家吸取了一些教训，美国的家庭和企业都"去杠杆"，但是即使这样，他们的负债比例还是不低，有 15%，就是可支配收入有一大部分要用来还债，而且不是还本金，是还利息。比如还信用卡，很多美国人不愿意把信用卡欠款完全还掉，只还一些利息、财产税，这些他们必须支付的刚性需求就达到了 15%，这是很高的。

美国大部分家庭是没有储蓄的，有 45% 的家庭 1 美元的储蓄都没有。包括无储蓄的人在内，有 70% 的家庭只有少于 1000 美元的储蓄，也就是不到 7000 元人民币。在中国生活，靠 7000 元人民币撑不了多久，在美国就更撑不了太长时间。12% 的家庭的储蓄额是 1000 ～ 4000 美元。相比较下，我国大部分家庭还是有些储蓄的，失业对美国人的影响比对我们的影响大很多。

美国的家庭财务健康指数在金融危机的时候达到了 3。金融危机之后，美国经济增长了，房价回去了，财务健康指数回归正常，而现在又飙升了，甚至还没有到峰值，2020 年 4 ～ 5 月比金融危机时还高，因为失业的情况没有改善。

再看美国公司的财务状况，他们借钱的利息差是什么样的？小公司与大公司的利息差是多少？在经济形势好的时候，大家不担心别人还不上钱，公司小一点，别人也愿意借钱给他，虽然借钱的利率比国债高一点点，但是高不太多，不离谱。而在金融危机的时候，谁都不想借钱给小公司，如果借就是高利息。金融危机的时候，利息差很高，达到 20% 以上。新冠肺炎疫情的时候利息差也上升了，但还没达到 20% 那么恐怖的程度。

企业的利息差直线上升可能导致什么？可能导致恶性循环。

需求减少，企业的收入也相应减少，就开始裁员，使得就业机会减少，又导致家庭收入减少，家庭收入减少就导致恐慌，进而导致资产价格下降，再导致需求下降。这不只是单向循环，还可能有各种交叉式的相互影响。比如家庭收入下降直接导致大家对资产价格，特别是对风险资产价格的承受能力下降，于是资产价格就会下降，还会直接导致需求下降。在经济冲击比较小的时候，经济增长有所谓的“负反馈”，比如，供给减少了、稀缺了，价格上升了，就有更多人愿意生产商品，然后导致价格回升。但是在大的冲击下，经济里经常有这种恶性循环，就变成了“正反馈”：需求下降，收入减少，经过一段时间后，需求量进一步恶化，这个时候大家靠自身力量很难走出去，就需要一些刺激措施。

大部分刺激措施无非财政政策和货币政策两个方面。美国 2020 年 3 月发出了 2 万亿美元的超级财政大包，相比金融危机时亨利・保尔森拿出的 7500 亿美元刺激，这个数量是很大的。但美国确实也需要这么多刺激，因为美国人确实失业很严重。失业导致很多人的房贷交不上、保险供不起，这是很严重的。这些刺激主要是给大家发钱，年收入低于 7.5 万美元的个人将收到 1200 美元的支票。

一些原来不能拿失业救济金的人，现在也享受了失业救济，美国向他们提供了额外 13 周的失业保险；向企业提供政府贷款和担保；支持医疗机构。这是美国目前的刺激政策，使美国 GDP 增长了 10% 左右，力度是很大的。

美国的货币政策是一系列常规和非常规的政策，在金融危机的时候都没有完全降息到 0，现在降到了 0。同时，美国政府把存款准备金率也降到了 0，另外还推出了无限量化宽松政策，并且在 2020 年 3 月扩大了量化宽松力度，扩宽了资产购买的范围。比如人们可以买一些企业债，而原来美国人是不能买企业债的，只能买国债和一些抵押的证券。企业的利息差没有上升那么快，跟这次美联储量化宽松有很大关联。

除此之外，美国向货币市场、信贷市场和商业票据市场注入流动性，以防止出现系统性崩盘；跟很多国家进行了货币互换，因为很多国家都需要美元。

美国的基础货币，在 2020 年 3 月底之后就迅速上涨。在 2008 年金融危机的时候，上涨的力度都没有这么大。还有就是对 Repo① 市场注入的流动性比金融危机时还高，现在基本上是金融危机时的 4 倍。美联储资产也呈直线式上升，美国从 2014 年就在说了好长一段时间要让货币政策回归正常化，花了好长时间才真正回归了一点点，但是现在一两周的时间就又涨回去了。

无限量化宽松政策到底能不能救经济

量化宽松政策最早是在日本实施的，在金融危机的时候被美国和欧洲借鉴，确实有一定作用，可以缓解金融恐慌，防止经济超调，但是需要以外部力量切割

---

① Repo 是卖掉某一资产并承诺在未来特定一天买回，本质上是有抵押的贷款。Repo 的期限一般是 1 年以下，主要集中在 3 个月以内，少数可以长达 2 年。抵押品常见的有国债、高质量抵押支持债券、联邦机构债券、公司债及货币市场工具。

经济螺旋式下降的力量。量化宽松政策在2007—2008年金融危机的时候，确实缓解了美国的经济衰退，也在某种程度上使美国避免进入类似1929年的大萧条。

美股在2020年3月中旬时非常危险，在量化宽松政策出来之前，到3月23日2周时间出现了4次熔断。有一个段子说：巴菲特一生就见过5次熔断，第一次在很多年前，2020年他见到了4次。但是在量化宽松政策推出之后，这种迅速下跌的趋势基本上就消失了。在推出这个政策的当天，美股就到底开始反弹了，到2020年5月8日，没有再出现熔断，没有出现1天跌掉1000点的情况。从某种意义上讲，无限量化宽松政策有一定用处，主要是防止系统崩盘。

但是，很多人研究发现，量化宽松政策对经济的刺激作用是有限的。另外在理论上也有人提出质疑。美国有一位叫迈克尔·伍德福德（Michael Woodford）的经济学家，他是有可能拿诺贝尔经济学奖的，主要研究的就是货币理论，他对量化宽松政策的一个理论基础提出了很强的质疑，量化宽松政策的一个主要理论是：如果资产在市场上变少了，那么资产价格就会上升。比如国债，要是政府买走了一部分10年期国债，老百姓手里的国债就变少了，这时人们就愿意以高一点的价格来买它。迈克尔·伍德福德不认同这种说法，我个人也对这种说法有一定疑虑。因为按现代资产定价理论，一项资产的价格应该等于它未来的现金流折现的和，当然这个折现是以风险因子调整来定价的，跟资产供给没有多大关系，所以量化宽松政策在实践中的效果并不明显。欧洲从2008年就一直在实行量化宽松政策，而欧洲这10年的经济状况基本上是很弱的，美国的经济复苏也是很缓慢的。

量化宽松政策在金融危机的时候有用，在新冠肺炎疫情的时候有没有用呢？我认为不一定有用，金融危机时主要是资金流动性不足，钱在社会上不流动，因为有一部分人没有收入，没有消费，资金就不流动了，大家既没办法消费，也没办法扩张，所以在市场上注入新的流动性，是可以带动经济发展的。

但是新冠肺炎疫情对经济的影响，不只是流动性的问题，还有很多基本面的问题。比如，企业没法复工，美国2020年疫情初期很多动物屠宰场没办法复工，导致肉类的供应很少，消费者买不到肉。同时，养猪、养牛的农场主就很惨，因为屠宰场不开工，他们的猪和牛就卖不出去。这种情况是没办法通过给大家发钱解决的，新冠肺炎疫情跟其他导致金融危机的原因不一样，量化宽松政策对经济的刺激效果就大大减小了。

另外，我一直有一个理论是，货币政策就像一根绳子，可以承载拉力，但是不能承载支撑力。比如经济是一块砖，通过往下拉绳子是能把砖拉下来的；但如果想通过推绳子把砖头推上去，是不可能的。主要原因是在大部分时间里，货币的增加会被货币流动速度下降抵消。

在美联储无限量化宽松政策出台之后，2020年4月底美国的广义货币供应量（M2）上升得很快，货币流动速度下降也很快，这两个能相互抵消一部分，所以这个刺激效果就会打折扣。

虽然可能性很小，但是假如2020年6月新冠肺炎疫情突然结束，美国经济会不会有“V”形反弹？我个人的判断是，即使新冠肺炎疫情在短时间内结束了，大家也不能太期待这个“V”形反弹。

因为大的冲击经常会有永久性的影响，比如之前的两次石油危机、2008年的金融危机，影响都是很持久的。很多制度都会发生改变，不太可能短期内就消失掉了。而且，经济周期本身是非对称的，这是指从衰退到繁荣一般都很慢，而从繁荣到衰退却很快。跟建楼一样，建一栋楼可能要几年时间，但是楼塌可能只需要几个小时。这是经济的普遍规律，无论是在中国还是美国，资本和人力资本的积累、关系网络的建立都是很慢的。经济周期一来，很多关系网络就没了，企业供应链可能就断了，企业的客户可能也没有了。这不是一朝一夕就可以重建的。

另外，即使新冠肺炎疫情在短期内结束了，也还存在反弹的不确定性，这让大家特别谨慎，至少很多人都想等一等。企业是不是马上要雇人？如果雇人之后新冠肺炎疫情再暴发了怎么办？我要不要去买一辆豪车？我买了车以后突然失业了怎么办？

所以在大的投资、雇人和家庭耐用品的消费上，大家都是非常谨慎的，会取消一些可以等、可有可无的消费和可有可无的支出，把自己的消费放到刚性的需求上。我们可以预见，在新冠肺炎疫情结束之后，大量的经济活动很难在短期内恢复。

再有，就是企业的资产负债表修复是需要很长时间的。现在很多企业没有收入，不裁员还得付工资。中国的企业跟美国的企业一样，大部分企业的现金流只能支撑两三个月的营运支出，所以企业的资产负债表需要很长时间修复，它的影响是非常具有持续性的。

会出现金融危机或者“大萧条”吗

在 2020 年 5 月的时候还很难说，答案是病毒说了算，我们说了不算。但是，如果美国的新冠肺炎疫情到 2020 年 8 月底还不能控制的话，大家就没办法安安心心上班和消费，那将会有灾难性的影响。到那时，第一批失业的人数，加上美国原有的 4.1% 的失业人数，就超过了美国正常失业周期 122 天。而再往后拖一点，失业救济金就没有了，这会导致人们的房贷、车贷都还不上，还有一大堆的保险交不上，这些刚性支出就断流了，那么房地产的抵押贷款、消费贷就面临着巨大的风险，可能会导致像 2008 年金融危机时那样的恶性循环，把实体经济问题转移到金融机构上。

因为房地产抵押跟消费贷的大部分借款机构是银行，银行受到影响就会把新冠肺炎疫情导致的需求下降转化成金融危机，这是很可怕的事情。

我个人有一项研究：以美国得克萨斯州的数据来看，失业率每上升3%，房价就会跌10%。如果按照圣路易斯联邦储备银行的说法就不得了，它预测失业率会升到30%，那房价就要跌100%了。我们打个折扣，如果失业率为20%，那房价差不多也有50%～60%的下跌趋势。虽然在金融危机之后，美国房地产次贷的人已经比较少了，大家的抗风险能力也加大了一点，但是50%～60%的房价下跌，还是会导致一大部分人违约交易。美国文化和东亚文化不一样，美国肯定会有一大部分人选择违约交易。这就会形成一个滚雪球的影响，如果到2020年8月底新冠肺炎疫情还不能得到控制，整个情况就会像多米诺骨牌一样，失业会导致人们违约，企业也不会再招聘员工，这又会导致更多人陆陆续续陷入违约状态。

有一点值得注意的是，美国在经济状况好的时候已经把这些刺激性政策基本上用完了。比如，2017年美国就开始减税，美国的联邦债务已经占到GDP的100%左右了，这次推出的2万亿美元，又占了GDP的10%。即使美国现在减少税收，但这么大的财政窟窿总要在以后还上的，所以美国以后的税费也是会增加的。美国的财政刺激政策在税收领域已经实施很多了，现在可发挥的空间比较小。

货币政策已经做到无限量化宽松，利率是零、存款准备金率是零。当然也可以实行负利率，欧洲曾实行过负利率，但是效果不好，而且负利率会导致很严重的道德风险，大家都去借钱，谁存钱呢？负利率在经济学理论中属于刺激理论，本来就是一个悖论。

“大萧条”和金融危机虽然很恐怖，但毕竟是短期的经济波动现象。“大萧条”的影响持续了10年左右，更可怕的是“大萧条”之后的长期经济放缓。

2008年之后美国经济的增长率比较低，2009—2019年美国年均真实GDP增长率只有2.16%，远低于1994—2006年的3.82%。也就是说，美国根本没有出现经济超长，如果要回到原来的趋势，2009—2019 年的年均增长率要大于 3.82% 才可以，金融危机导致了永久的缺口。欧盟的经济状况也不太好，中国在金融危机之后，GDP 增长率也回不去了，现在是新常态，是“L”形增长。

这只是一个现象，原因是经济增长的核心动力不足了，经济学家说的是所谓全要素增长率，通俗来讲就是科学技术进步越来越难了。在金融危机前美国的年生产率是 1.44%，大部分是靠效率提高带来的；金融危机之后增加了 0.65%，且大部分是靠要素提高带来的，而要素提高带来的增长是不可持续的。科学进步放缓特别明显的是半导体行业，摩尔定律濒临失效，科研投入产出比已经越来越低，现在需要 18 倍努力才能保持 1971 年的摩尔定律，即要增加 18 倍投入才能保持当年的科学进步速度，而且还是不可持续的。

摩尔定律失效，科学技术进步速度下降，短时期内看不到特别能改善的绩效，这都是因为基础科学的突破停止了。在爱因斯坦的广义相对论之后，直到最近大的科学成果都还是在验证爱因斯坦的一些预言，尽管他的预言都是 100 多年前提出的。

逆全球化的趋势在 2008 年之后比较明显，全球的贸易保护开始抬头，而且这个趋势可能会愈演愈烈，不只会对美国有很大的影响，还会对很多国家有很大的影响。但是摩尔定律失效对中国的某些行业来说是有利的，因为我们的科技发展还在追赶阶段。别人已经不跑了，在那里等我们了，而我们还没有追上他们的步伐，短期来说这是好事，但长期而言还是需要科学技术的进步。

中国如何应对

就经济学的基本原理而言，应对可能出现的一系列经济问题需要政府干预，那政府应该怎么干预？政府需要干预的是问题的根源。而当前问题的根源当然是新冠肺炎疫情，所以最重要的就是控制新冠肺炎疫情。中国必须在控制疫情二次暴发的基础上恢复经济常态。我觉得中国有这个基础，因为我们的检测能力已经很强，大数据的应用可以保持密切跟踪人员。在疫情初发期，由于新冠肺炎疫情不明确、检测能力和一些防御物资不够，大范围隔离是不可避免的，是没办法的选择，但现在可以控制了，因为我们可以大规模检测疑似患者、跟踪密切接触者，从而减少对生活、生产的影响。

经济刺激也能够解决由新冠肺炎疫情引发的市场超调，就是把引起市场恶性循环的链条割断，然后弥补市场不足。长远来说要更加关注增长的问题，然后继续深化改革，这是中国的措施。

在经济刺激方面，我觉得我国在医疗支出方面还是有很大空间的。中国每 10 万人拥有的 ICU 病床数才是 3.6，美国接近 5。通过这次新冠肺炎疫情看出，我们确实需要扩大公共医疗和卫生方面的支出，美国的此项支出占 GDP 的 17%，而中国现在只有 4% 出头，还有很大发展空间，政府确实可以弥补一些市场的缺失。

现在是就业形式很紧张的时候，中国应该借鉴发达国家的一些做法，扩大失业保险的涵盖人群。这次美国原来没有交过失业保险的人也可以领保险金，中国应该借鉴这种做法，特别是农民工，可能没有保险救济，而现在应该加大对他们的保障力度。深圳的人均失业保险金是 2000 元，而在发达国家，失业保险金为失业之前工资的 2/3 左右，有些国家甚至可以达到 90%。当然，这也有一定的缺陷，就是造就懒人。但我们可以在财政的基础上，给每个地区采取更宽松、支持力度更大的经济刺激，比如减税、降费，特别是降低民营企业的税收和费用。

另外，我觉得要解决供给端的问题，要着眼经济增长的原动力，主要有以下 3 个方面。

- 提高资源分配效率，使市场在资源分配中起决定性作用。

研究表明国内贸易的潜力还是很大的，但要建立一个统一的国内市场，还有很多事情要做。有些行业可以放开行业准入，允许民营企业进入，特别是一些处于瓶颈期的行业。扩大开放，使所有企业在同一基础上竞争，才能提高效率。

- 技术进步。

  政府有很多事可以做，比如增加研发投入，我国的研发投入相比发达国家还是比较低的。另外可以借鉴一些国家的做法，扩大科研人员的自主权，不要让研究人员把大量的时间耗费在跟研究关系不大的事情上。同时可以建一批国际化研究型大学，吸引全世界优秀人才。中国香港就有好几所非常不错的国际性大学，我们可以在海南、深圳等地建设一大批国际化的研究型大学，因为这些地方可以实现比较高度的国际化。

- 产业升级，防止产业空心化、过度金融化。

  美国这次也开始反思，是不是有一些制造业过早地过渡到了服务业，我们要预防过度的金融化。

最后强调一下贸易政策。每个国家的情况不一样，在某些国家主张“去全球化”的时候，我们坚持全球化，是因为全球化是经济增长的源泉，贸易是很好的互利的经济活动，我们应该想办法扩大贸易合作，促进双边贸易。

同时，美国现在的规模刺激导致财政支出增加，他们的钱是怎么来的？必须要靠贸易赤字，所以美国的贸易赤字肯定会增加。美国如果既想保证对经济的刺激、减税，又不想有贸易赤字，就会导致挤出效应，即政府花钱多了，老百姓就花钱少了。这个钱必须来自贸易赤字。在这种时候，谁还可以跟美国有更多的贸易合作？只有中国。我们复工后就可以生产商品出口到美国了。

最后，我觉得也可以适度推进人民币自由兑换，实现人民币国际化。自由兑换是人民币国际化的前提，当然要防范由于金融开放带来的金融风险。但是，从长远来说，人民币有国际化的条件，因为我们确实是世界第一大贸易国家，从世界角度来看，其他国家有两种储备行货币是一种较好的制度性安排。

本文根据作者 2020 年 5 月 8 日在北大汇丰商学院创讲堂的演讲整理而成，经作者审阅并授权发布。

主编伴读

每当发生像新冠肺炎疫情这样的大灾难，对国家、组织和个人都是一次重大的压力测试。而这些压力测试的维度各不相同。

从健康医疗角度出发，个人是否拥有足够强大的免疫系统，可以抵御疾病感染和攻击？组织能否敏捷运作，既保证人们身体健康，又确保复工生产？国家是否拥有足够强大的治理体系和医疗体系，避免在新冠肺炎疫情中遭遇体系崩溃？

除健康医疗角度的压力测试外，还存在经济范畴内的压力测试。在社交隔离、停工停产的背景下，个人和家庭是否拥有足够的现金，可以正常生活下去？企业是否能够千方百计地管理现金流，可以持续生存和经营？国家能否迅速反应，动用各类经济杠杆，帮助个人、企业等各类组织生存下去？

王鹏飞教授引用美国的大量即时数据，让我们看到像美国这样的大国，是如何从个人、组织和国家层面，应对新冠肺炎疫情这样的灾难的。

对很多人来说，也许是第一次意识到，美国竟有那么多家庭没有 1 美元的存款，竟有 70% 的家庭只有低于 1000 美元的存款。美国家庭的这种现金流管理，使得他们在大灾难面前只能依靠国家或其他社会机构的帮助渡过难关。

面对如此现实，国家就需要运用多种经济手段和工具加以干预。王鹏飞教授举了量化宽松政策的例子。在新冠肺炎疫情时期，美国实施的量化宽松政策，在一定程度上稳定了股市。

经济学家们谈论的是经世济国的战略问题。从王鹏飞教授的分享中，我们需要认真对待这次新冠肺炎疫情带来的压力测试的意义，以及对中国未来发展的启示。

毫无疑问，我们需要持续提升大国治理体系和能力，大幅度提升医疗健康领域的投资和建设，扩大失业保险的覆盖范围，大力推动科技发展，不断提升资源分配效率。

未雨绸缪，洞悉灾难下的认知模式

何　帆
北京大学汇丰商学院课程教授，
中国社会科学院世界经济与政治研究所副所长

当灾难来临时，我们的认知模式应该如何调整？2020 年 3 月 27 日，何帆教授在北大汇丰商学院创讲堂演讲中，从“3·11 日本地震”中的大川小学、1918 年大流感、第二次世界大战之前的苏芬战争这三个灾难案例展开本期话题，讨论个人、企业和国家在应对危机时需要考虑的关键因素，并推荐了三本关于灾难的图书:《巨浪下的小学》《大流感》《剧变》。

我这篇文章要讲的是三个关于灾难的案例，其实跟我们现在经历的新冠肺炎疫情是有关系的。

不知道大家有没有这样的体会，现在每一个微信群里，几乎每天都有人在讨论新冠肺炎疫情的消息，有关于国内情况的，也有关于国外情况的，可以说，所有的信息铺天盖地地涌来了。但是，有一件很奇特的事情，就是当你掌握的信息越多时，反而越不容易看清楚，因为这里面的噪声会越来越多。所以我认为要更好地理解新冠肺炎疫情，最好的办法就是后退一步。退一步可以让我们从更长的时间维度、更广阔的背景出发，将疫情看得更清楚。

实际上我们现在遇到的问题是世界出现了一种灾害，当然对那些亲身经历这种灾害的人来说这是一场灾难。每一个人、每一家企业、每一个国家，都有可能会在某一段时间遇到这样的灾害或灾难，那我们该怎么办？这就需要转变我们的认知模式和行为模式，而行为模式转变的背后是认知模式的转变。如果人们到北大汇丰商学院读 EMBA，会在我的课上听到很多关于认知模式如何影响行为模式的内容。在遇见灾难时，认知模式需要进行什么样的调整？

我讲三个案例来说明，第一个案例是 2011 年在日本的东北地区发生的“3 · 11 日本地震”。事实上，当时有地震、海啸，还有核泄漏等一系列灾难。在地震、海啸中有一所很悲惨的小学，叫大川小学，当时有很多小学生在灾难中不幸身亡。

第二个案例是 1918 年暴发的一场席卷全球的流感，如果我们在历史上去找跟我们正在经历的新冠肺炎疫情相似的案例，那就不得不提从 1918 年一直持续到 1920 年春天的那场大流感。

第三个案例可能关注的人会比较少，是第二次世界大战之前，一个小国和一个大国之间发生的战争。这个小国是芬兰，而大国是苏联，芬兰当时面临生死存亡的挑战。

大川小学的故事

大川小学的案例非常悲伤。有一个长期住在日本的英国记者理查德 · 劳埃德 · 帕里（Richard Lloyd Parry），围绕“3 · 11 日本地震”中大川小学的故事写了一本书，因为写了很多活人和死人灵魂的对话，所以这本书的英文名字是“*Ghosts of the Tsunami: Death and Life in Japan's Disaster Zone*”，中文名是《巨浪下的小学》，我觉得中文名字更贴切，因为这本书的核心讲的是大川小学，大家感兴趣的话可以读一读。

2011 年 3 月 11 日在日本的东北地区，发生了 9.0 级的大地震。按照震级测定，这是截至 2011 年有史以来全世界排名第五位的大地震。地震引发了很多次危机，最高的海啸浪头达到 40 米，地震还引发了福岛核电站的核泄漏，更伴有多次余震，大概有 50 多万人流离失所，当时整个日本的东北地区基本都瘫痪了。无论是从波及面、经济损失，还是人员伤亡来说，这都是日本历史上最大的一次自然灾难。地震过去之后，基本上没有几栋幸存的建筑物，尤其是在日本农村地区以传统木质建筑居多，根本没有办法抵挡海啸。

大川小学位于日本东北地区的宫城县石卷市，在这次地震和海啸中受到的损失尤其大。大川小学有 108 名学生，当海啸发生的时候一共有 78 名学生在学校，而其他学生请假待在家里或者被家长接回去了。这 78 名在学校的学生有 74 人遇难，大川小学一共有 11 名在校老师，有 10 名老师也在这次海啸里遇难了。

我为什么讲这个案例呢？因为这件事很离奇。设想一下，假如我们遇到一次大地震，在哪个国家生存下来的概率最大呢？答案肯定是日本，因为日本处在地震带上，经常会遇到地震和海啸，日本国民每天都生活在灾难的阴影下，所以他们时时刻刻都有对灾难挥之不去的恐惧感、危机感。因此日本的防灾工作是做得最好的。

在日本面对地震、海啸时，什么地方的生存概率最大？哪个地方的防灾工作做得最好？答案肯定是学校。因为孩子的安全是大家最关心的事情。事实上，在“3 · 11 日本地震”里，孩子的伤亡概率是很低的，占总伤亡人口的 20%，而且这 20% 的孩子绝大部分都不在学校，有很多被爸爸妈妈接回去了。显然，他们和爸爸妈妈一起待在家里遇难的概率，比留在学校和老师在一起遇难的概率高。因为每一所日本学校都有应急手册，也会经常组织学生做救灾演习，这些救灾演习非常逼真，甚至每个孩子都要操演一遍。

那为什么大川小学还会出现这么惨痛的悲剧呢？在“3·11日本地震”里所有学校的在校学生都由老师看护，最终在地震和海啸中失去生命的学生一共有75名，而大川小学占了74名。还有一个是附近学校的学生，在跟着大家往山上撤退的时候，不小心掉到水里淹死了。

下面复盘一下当时发生了什么情况。大川小学的教学楼旁边是操场，当时海啸是从操场的方向过来的。值得注意的是，大川小学的旁边有一座山，所以当时最好的应急办法应该是赶紧让学生们跑到山上去，因为距离较近，大概5分钟就能够跑到山上，更何况还有校车可用。正常情况下，校车大概开两趟就能把所有的师生都安全运送到山顶上。那为什么大川小学的师生最后没有逃到山上呢？

上文说日本每所学校都有一本应急手册，手册上会清楚说明遇到危险的时候该怎么做。在大川小学的应急手册上也确实有一条遇到海啸时应该怎么办的说明：遇到海啸时要撤到旁边公共的空地或者公园里。但是在海啸发生的时候，大川小学的一位副校长拿着应急手册却傻眼了，因为附近没有公园，他在想什么叫公共的空地。他当时想让大家撤到安全岛，就是和学校一条山路之隔的北上川附近，那里有一片公共的空地，非常适合师生们撤离到此处。当时副校长带领全校师生向北上川的空地撤离。可是在他们撤离的过程中，海啸已经越过北上川，到达了公路附近。跑在前面的大孩子看到这种情景又赶紧疯了般返回，而后面跟着跑的孩子看到前面的人疯狂返回，当场就蒙了，不知所措。

最后学校里的师生及当地的村民一起待在操场上。因为日本是个老龄化国家，年轻人比较少，很多年轻人尤其是年轻的男子都在外面打工，留在村里的大多是老人和妇女。当时村主任、校长，还有家庭主妇在一块讨论逃生问题，甚至有学生也在跟老师说，老师大事不好了，咱们赶紧往山上跑吧。老师说你们保持镇定。村里的妇女也跟村主任说，咱们赶紧往山上跑吧。村主任说你们懂什么，我们世世代代住在这里，从来没有遇到过海啸，你们为什么要这么慌张？大家就这样讨论、犹豫不决了有半个小时左右。

这件事情告诉我们，由于失去了非常宝贵的逃生时间，错失了良机，一旦海啸来临就无路可逃了。灾难过后遇难学生的家长非常愤怒，他们对大川小学提起了诉讼，在 2018 年 4 月 26 日，仙台高等法院二审判决宫城县政府赔偿这些学生家属 14.3 亿日元。这次的判决对家长来说，可能多少有一点安慰，这也是日本因为防灾政策不周全而被诉讼，最后要求赔偿的首例判决。但有什么用呢？学生们的生命都已经不在了。在《巨浪下的小学》这本书里，可以看到作者对灾难到来时的人性描写是非常生动的。

当遇见灾难时，如果孩子在灾难中失去了生命，我们会觉得这些孩子的家长应该抱团取暖，对吧？但实际上这些家长又分不同的派别，有很多家长在互相指责。为什么呢？因为在灾难之后马上就找到孩子尸体的家长，和没有找到孩子尸体的家长，想法是不一样的。有一位母亲一直没有找到她女儿的尸体，后来她去学开挖掘机，学会之后借了辆挖掘机在泥土里挖掘，希望能找到女儿的尸体。还有一些家长要起诉政府，这位母亲就对那些要起诉政府的家长很不满意，因为开挖掘机需要得到政府的燃料补贴和必要的审批，她担心状告政府会得罪政府，之后就没有办法去寻找女儿的尸体了。所以灾难之后的人性，有闪光的地方，也有很多复杂得我们无法想象的地方。

这个案例告诉大家什么呢？在过去，我们即使在正常的环境中生活和工作，有时也会遇到意想不到的灾难，我们要学会在正常和灾难两种模式之间切换。正常模式下的认知与行为和在灾难模式下的认知与行为，是不一样的。怎样才能应对灾难呢？我曾经给人讲过一个美国黄石公园的故事，我特别喜欢这个故事。以前黄石公园在防范森林火灾时有一个传统做法就是“零容忍”，只要发生森林火灾，公园管理人员马上就派消防员去扑灭。可是后来他们发现火越扑越多。为什么会出现这种情况？是因为火苗刚冒出来就被消防员扑灭了，这种做法使森林里堆积了很多枯枝败叶，都是易燃物质。一旦堆积过多，当真正的森林大火到来时，就会使整片森林毁于火海之中，而且会导致森林老化的速度越来越快。所以，小的风险对人们其实是没有多大损害的，人们害怕的是大风险，而我们要防范的也是这种系统性的大风险。后来黄石公园找到了一个防范森林火灾的最好办法，就是先放一把火，这样就可以烧出一个隔离带。等再次发生森林火灾时就不会整片森林全部被烧了。

生活中我们要准备两个方案 A 和 B，A 是正常模式下使用的，B 是为应对灾难而提前准备的。和投资类似，我们投资的时候经常会讲锁定损失，放飞收益。意思就是我们要先想好止损线，即能容忍多大的损失。当想好了止损线，进入行情后，虽然我们不知道最后能挣多少钱，但也可以自由地放飞。

这样投资的好处是如果损失到了止损线，我们就能及时止损，虽然也会有损失，但每一次的损失不会导致倾家荡产。如果真的来了一次大的盈利机会，可能一次性就把损失赚回来了。A 和 B 背后的认知模式是什么？是我们对风险的判断。

实际上我们的认知模式是有缺陷的，人在遇到大的灾难、风险的时候，往往会变得无所适从，主要是由于我们没有办法去量化风险的损失。退而求其次的办法是，我们自己要拟定一个能够容忍的最大损失限度，什么东西是我们觉得必须力保的，需要留出多少资源才能够东山再起？哪怕别的都没有了，我们在这个限度内也还能够再起来。

一旦我们把退路都安排好了，再去追求更大的收益、承担更大的风险时，心里就没有那么害怕了。所以 A 和 B 的模式，教会我们在正常模式和灾难模式之间，要进行很好的切换。

当灾难刚刚出现的时候，绝大部分人的正常认知模式是会低估风险，但当越来越多的人认识了风险之后，他们又会不约而同地高估风险。那我们从大川小学的案例中能够学到什么呢？

第一，真正有风险的时候，经验是救不了人的。为什么操场上的那些老人、村主任和校长那么自信，不带着孩子逃难，不让大家到山上去？因为经验告诉他们，那个地方从来没有发生过海啸。但是人们的经验其实是不够的，谁都没有办法用过去的经验去应对未来的新风险。

第二，别人救不了你。尽管学校里面制定了应急手册，但在实际执行的时候肯定会遇到很多无知、偏见、傲慢等情绪。面对风险时最好的办法其实是相信自己的直觉。为什么要在这个时候相信自己的直觉？因为尽管人们的直觉看起来好像并不理性，但直觉很可能蕴藏了人类在几万年，甚至更长时间的进化过程中的一种本能。人们会本能地意识到可能会遭受什么风险。这时就要基于生存的本能来做出自己的判断。所以，面对风险时其实是要相信自己的直觉的。而且在这种时候，女人的直觉要好于男人的直觉。因为女人在做出判断的时候，更容易依赖生存的本能。

在大川小学的案例里，为什么村主任不让大家到山上去？因为他觉得如果带着大家很狼狈地跑到山上，会挑战他村主任的权威，不利于他在村民心中树立威信。为什么校长会让大家在操场上等着？因为在学校的整个官僚体系中他是按照规则来行事的，他担心贸然做决策上级可能会怪罪他。而只有个人基于生存的直觉做出的判断，才有可能是最准确的。所以最关键的时刻就是灾难刚刚来临的时候，这个时候，最能够救我们的，就是我们自己的直觉，这是我给大家的第一点忠告。

1918 年大流感

第二个案例是 1918 年大流感。对于这个案例可能大家现在多多少少都有所耳闻，我给大家推荐一本书，书名是《大流感》(*The Great Influenze*)，讲的是 1918 年暴发的大流感，其导致的具体死亡人数实际上并没有清晰的记载，因为在一些地方，尤其是在一些经济发展相对缓慢的国家，实际死亡人数并没有完全统计进来。但是学者一般认为，当时大概有 5000 万～ 1 亿人丧生，那个时候全世界的人口总数还不到 20 亿，按照这个比例，如果再发生一次像 1918 年大流感那么严重的传染病，我们现在的地球上，大概得有几亿人要死掉，那是很恐怖的事情。

其实直到 1918 年大流感结束的时候，大家都不知道流感暴发的原因是什么。因为当时的医生认为流感是细菌感染导致的。直到 20 世纪 30 年代才有科学家发现一种名为“H1N1”(甲型流感病毒)的流感病毒，1918 年大流感就是由这种病毒传播的，这种病毒跟我们现在关注的新型冠状病毒类似。流感病毒以后还会不断地出现，它们非常讨厌，因为是通过空气传播的，所以传染性非常强，传染的速度也非常快。

1918 年大流感是人类历史上最致命的自然事件之一。因为这场大流感在一年之内夺走的生命数，比欧洲中世纪曾经出现过的黑死病在上百年的时间里夺走的生命数量还多。美国在 1919 年一年的时间里就有 25 万人因为这种流感死掉。实际上 1918 年大流感不止出现了一波，而是三波。

第一波发生在 1918 年春季，首先暴发在美国堪萨斯州，当时有一个村民参军，到了堪萨斯州的军营里。因为军营里面人多，大家又都吃住在一起，所以很容易传染。感染了的美国士兵被派到欧洲战场上去，接着又传染到了法国、英国、西班牙。这个流感后来被大家称作“西班牙流感”。

当1918年秋季的时候，第二波流感发生，这是死亡率最高的一波。之后到了1919年又来了一波，这次的死亡率比第一次高，但是比第二次低。到1920年春季的时候，这种流感突然就没有了。

当时已经实现了全球化，太平洋岛上的萨摩亚人也被传染了，萨摩亚当时大概有22%的人口都死掉了，因纽特人死了好几个村庄的居民，此前因纽特人从来没有感染过这样的疾病。据说只有亚马孙河河口的马拉若岛，是世界上唯一一个没有报告感染病例的人类聚集区，所以这种流感病毒实在可怕。

新冠肺炎疫情对老年人或者本身有其他疾病的人而言，病死率会很高。但是，1918年大流感和新冠肺炎疫情不同，当时年轻人的死亡率很高，很多感染的人只有十几二十多岁，他们都在正当壮年的时候死去了。所以流感病毒是从来不按常理出牌的，这也说明我们平时在网上讨论的很多问题都是毫无价值的。我们应该学会敬畏流感病毒，因为流感病毒没上过大学，没受过高等教育，也没有经受过西方启蒙思想的教育，它不分民主国家和非民主国家，也根本没有上级和下级的概念，更没有东方文明和西方文明的概念。流感病毒是一个“试金石”，专治各种傲慢和偏见。

面对病毒，很多时候人们以为自己做得很好，其实不然。我们要学会真正地敬畏流感病毒。

在《大流感》这本书里有一个细节给我留下了特别深的印象，就是作者讲到在第二波流感到来的时候，旧金山是做得最好的。其中有几个原因：首先是旧金山有其自身的历史记忆。在这次流感暴发的12年前，旧金山曾经发生过一次大地震。所以旧金山对于各种危机的防范意识非常强。旧金山当时的市长是一位很有领导力且非常能干的人物，他很早就告诉旧金山的人民，说流感疫情来了，大家要共同防范。旧金山的人民也非常配合，大家各司其职，都做得非常好，最后才能齐心协力把流感疫情控制下来。所以当时旧金山有理由说这是由于他们防范措施做得好，才能把流感疫情控制下来。但其实，只是由于旧金山的运气好。但他们的运气不可能永远那么好，很快第三波流感疫情来了。

这次旧金山变成了大流感中美国西海岸死亡人数最多的一座城市。所以，当流感病毒来临之时，人们最后能否生存取决于病毒，而不取决于人类自己。因此我们真的要放下自己的傲慢和偏见。

前面说到一个奇怪的现象，在 1918 年大流感的时候，年轻人的死亡率比老年人高，这跟人类的免疫系统有关。人类的免疫系统为了保护我们的身体创建了不同的防线，第一道防线就是鼻腔里的黏膜和鼻毛。我们的喉咙是弯曲的，所以很多病毒在入侵我们的身体时，都被喉腔里的黏膜粘住而无法前行了，而且我们的唾液也能杀死很多病毒。第二道防线是人体内的免疫系统，外面带病毒的细菌在入侵时，会遇到人体内的免疫系统产生的抗体而被杀死。

但人们怎么产生抗体呢？人们在产生抗体的时候，经常会感到很不舒服。比如发烧，当身体的温度提高之后，很多病毒会死掉，可是身体也会很难受。

此外，免疫系统也会产生炎症，因为它要通过炎症杀死病毒。在这次新冠肺炎疫情暴发时也会出现这种情况，很多人死的时候像被淹死了一样，感觉呼吸困难。为什么会这样呢？是因为免疫系统在要求人们大力呼吸来对抗病毒，到最后肌肉就会完全疲劳地死掉。所以免疫系统虽然能够帮助我们去战胜病毒，但同时也会给我们带来很多麻烦。青年人的免疫系统是相对较好的，可它带来的副作用也会更大。我们现在防范新冠肺炎疫情，其实也在靠社会的免疫系统，比如封城、停课、停工。社会的免疫系统会不会像身体的免疫系统一样，给我们带来发烧、炎症等不舒服症状，让我们感到不适？这时候就需要把握免疫系统反应不够和反应过度之间的平衡。

其实，病毒比我们人类的历史更悠久。人们普遍认为免疫系统无非就是把外来的入侵病毒给挡回去。其实不是，很多病毒在最后会学会和人类共存。如果有外星人看人类的话，他会觉得人类其实就是一个微生物的运载工具，我们体内存在着非常多的微生物。

医学界有两个假说，对我们思考如何应对灾难和疾病，非常有帮助。

第一个假说叫“卫生假说”。如果一个孩子一直生活在无菌环境里，家里面特别干净，妈妈天天用消毒水把细菌都杀死了，他会更容易得病。我们中国有一句俗语叫“不干不净，吃了没病”，是有一定科学道理的。那些生活环境相对没有那么卫生的孩子的抵抗力可能会更强。这跟美国黄石公司防范森林火灾时采取的措施的内在逻辑是一样的。因为吃得不干不净，所以人经常会得一些小病，但每得一次小病后，人体内的免疫系统都得到了进化，最后反而能够帮助人们去防御大的系统性风险。

第二个假说叫“老朋友假说”，很多免疫系统产生的抗体，是我们在漫长的进化过程中累积下来的。因此，很多病毒是我们的老朋友，流感病毒也是我们的老朋友，大部分的流感病毒是从鸟类身上传过来的。人类跟鸟类接触的历史由来已久，所以“老朋友假说”，是说我们遭遇的很多病毒，都是我们的老朋友，其中一些甚至是人类还在狩猎和采集社会的时候就已经熟悉的。由此可见，每个人都有必要重新反思一下我们正在经历的新冠肺炎疫情。

美国作家苏珊·桑塔格（Susan Sontag）有一本书叫《疾病的隐喻》（*Illness as Metaphor & AIDS and Its Metaphors*），写得很好，推荐大家阅读。在这本书的开篇她写了一句非常触动人心的话：“疾病是生命的阴面，是一重更麻烦的公民身份。”我们每个人都有两本护照，我们经常拿着的一本是健康王国的护照，但是我们不能忘了，在生命的某一阶段，我们一定也会拿另外一本护照，进入疾病王国。我们总觉得自己会永远停留在健康王国，会忘记我们还拥有疾病王国的身份，会忘记抽屉里的这本护照。我们要把疾病王国的护照拿出来，考虑怎么处理。像对待新冠肺炎疫情一样，在健康和疾病模式之间转换。

我们现在在学术里把新冠肺炎疫情叫新发流行病，我的初步判断是新发流行病以后还会不断暴发。截止到 2020 年 3 月美国的病例已经超过中国，这意味着第二波新冠肺炎疫情很可能还会再来。但是，从本质上来说，新冠肺炎疫情是一次外部打击，就像海啸、地震。而一般来讲外部打击对经济的冲击会比较短暂。1998 年的特大洪水，对中国经济有特别大的影响吗？没有。“5 · 12”汶川地震对中国经济有特别大的影响吗？没有。“非典”事件对中国经济有特别大的影响吗？没有。

如果这次新冠肺炎疫情没有出现次生灾难和次生危机，当疫情过去之后，我们的经济还会恢复得比较快。但是，这次的新冠肺炎疫情提醒我们，原来在健康王国里考虑很多问题，尤其是考虑生产和经营的时候，坚持效率至上原则。以后我们要兼顾效率和安全原则，因为我们毕竟还有另外一本护照，还是另外一个王国的国民。

在新冠肺炎疫情结束之后，大家非常关心的问题很可能是，会有什么风险和机遇？风险和机遇其实是同时存在的。下面先说坏消息，再说好消息。

第一个坏消息，以后我们肯定会遇到全球化退潮。很多人说现在我们应该利用新冠肺炎疫情加强国际合作，但不能有这样的幻想。我们做好自己的工作，就是最重要的。

那么，如果未来遇到全球化退潮，会带来什么样的机会？我觉得在未来，进口替代将会是最好的生意。从事 IT 行业的人都知道，过去几年马云一直在讲去 IOE，即服务器提供商 IBM、数据库软件提供商 Oracle、存储设备提供商 EMC。我们把这些去掉很难，但在以后，这是大势所趋。同样，在全球供应链里，谁要能够把一些关键的短板补上，都是非常好的生意。

第二个坏消息是，很多人担心新冠肺炎疫情之后，生活方式会不会出现大的改变。我认为不会，因为人的记忆力没有那么长久，所以生活方式也不会有特别大的改变。但很可能会出现一些新的商业模式，这些商业模式可能原来已经有了，借着新冠肺炎疫情的机会，到了更高的层次，我把这叫作“鲤鱼跳龙门”，没有“鲤鱼”是不行的，但如果只有“鲤鱼”没有机会，它也跳不了龙门。实际上是在外部环境波浪一般的冲击之下，把一些“鲤鱼”送上了龙门。

2003 年“非典型性肺炎”时有哪些行业被送上了龙门？2003 年之后，中国汽车行业和电商行业的发展速度非常快，那么这次也一定会有很多新的行业出现。在互联网思维的影响下，以后的所有生意都是互联网模式。原来是线上为线下服务，以后可能是线下为线上服务，这又会产生很多新的商业模式。在此不再一一细说。

第三个坏消息是，在这次新冠肺炎疫情中“集中力量办大事”的大国模式非常成功，但这种模式也是需要改进的。比如在封城之后我们才发现，其实我们对社区的管理非常落后。社区里有哪些弱势群体，他们需要什么？我们并不知道。我们以前经常说智慧社区、网格化管理、社区服务很好，为什么都没有做到？其实，是我们没有把社区合作做好。

而好消息则是经过这次新冠肺炎疫情之后，社区层面的协作，包括很多电商从业人员想做的社区电商，很可能因此萌芽了。所以大家要记住，其实好消息就是坏消息，坏消息就是好消息。

第二次世界大战前的苏芬战争

第三个案例是苏联和芬兰在第二次世界大战之前发生的一次战争。同样，给大家推荐一本书，是贾雷德·戴蒙德（Jared Diamond）的《剧变》。他在这本书里讲了个人和国家，在经历剧变之后会发生哪些改变。书中有一个很有意思的案例就是苏芬战争，芬兰是一个很有趣的国家，有很美丽的风景，包括漂亮的极光。在第二次世界大战之前的 1939 年 10 月，芬兰的邻国苏联向芬兰提出了一个要求，希望芬兰往卡累利阿地峡后撤。因为苏联要保护其门户与战略要地列宁格勒。另外，为了自保，苏联希望在赫尔辛基附近建立海军基地。

芬兰毅然拒绝，因为他们担心苏联得寸进尺，在自己得救后咬芬兰一口，如同“农夫与蛇”的故事所讲的那样。当时有一部分芬兰官员认为苏联在虚张声势，还有一部分芬兰官员认为只要他们奋起反抗，其他西方国家，如英国、法国会帮助他们对抗苏联，制止苏联。

基于这样的判断，芬兰拒绝了苏联的要求。而之后苏联就开始入侵芬兰。1939 年 10 月 30 日，苏联开始对芬兰进行轰炸。轰炸的第一晚，芬兰的平民伤亡人数就已经达到第二次世界大战期间他们伤亡总数的 10%。但是不要低估芬兰，在之后的冬季战争里，芬兰军人滑着雪橇，披着白色风衣，神出鬼没。晚上他们住在帐篷里甚至是不点火的，因为害怕暴露行踪。而苏联的士兵会待在一起烧火取暖，这时芬兰的士兵躲在树顶上，借着火光能够看到哪个是苏联的指挥官，接着把他一枪击毙后就跑掉了，留下一群没有带头人的苏联士兵，像没头苍蝇一样不知道该怎么办。

但苏联毕竟是个大国。第二次世界大战的时候，芬兰跟德国一起攻打苏联都失败了，所幸芬兰不是纳粹德国的同盟国。当第二次世界大战前的这场战争持续到 1940 年 3 月的时候，芬兰不得不接受苏联更苛刻的条件，割让了更多的领土。

虽然战败，但这场战争也不算白打，之后芬兰痛定思痛，做了很多反思。如果我们遇见芬兰人，他一定会讲两句话。第一句是“我们是个小国”，第二句是“我们的地理位置，永远不会改变”。苏联这么大一个“拳击手”，芬兰这么小一个“拳击手”，两个国家的实力永远不对称。所以，在第二次世界大战之后，芬兰改变了对苏联的态度，认为不被苏联欺负的最重要的办法就是赢得苏联的信任。

此后，很多西方国家说芬兰屈服于一个庞大的帝国，而对当时的芬兰来讲，虽然他们一直在调整战争策略，但冬季战争不得不打，冬季战争之后也不得不求和。现在芬兰和俄罗斯的关系还非常好。

戴蒙德在他的这本书里想讲的也是为什么有的国家能渡过危机，而有的国家只能在危机中灭亡。同国家一样，每个人也会遇到自己的人生危机。我们可能失恋、离婚、失去工作，可能高考不顺利没能考上一流大学，还可能遇到中年危机。有的人会顺利度过危机，也有的人在危机之后一蹶不振。为什么会有这样的不同？戴蒙德在他的书中讲述了影响个人危机的 12 条因素，其中最重要的一条就是个性要灵活。

那些在危机之中生存下来的人都有一个共同的特点，就是他们会对自己的人生做出取舍，舍弃旧有的不好的部分，加入新的好的部分，用戴蒙德书里的话讲就是，让过去和未来有一个马赛克式的共存。就像芬兰和苏联的战争，芬兰觉得有西方国家支持，应该和苏联打仗，可实际上并没有国家支持他们，于是他们放弃自尊，接受现实，和强大的苏联搞好了关系。

求和的芬兰人民丢弃了自己的民族自信心吗？没有。芬兰人仍然有自己的自信心。只是他们的个性很灵活，懂得妥协，懂得变革。

以前人们经历的是小时代，可以不在乎各种危机，只要随大流，做好自己就行。但现在我们遇到的是一个大时代，大时代有大的机遇，也有大的风险。在这样一个时代，我们不仅要关心自己的利益，还要思考整个社会和国家的利益。耶鲁大学有一位叫蒂莫西 · 斯奈德（Timothy Snyder）的历史学家讲过一句话："老友是你能依赖的最后依靠，而结交新朋友，则是改变现状的第一步。"当出现最糟糕情况的时候，只有我们自己知道哪些人是可以信任、可以依靠的，所以，一定要去寻找那些和自己有相同人生观、世界观和价值观的志同道合者，形成新的团体。这就是人们报考北京大学汇丰商学院，并且来这里读 EMBA 的原因。

本文根据作者 2020 年 3 月 27 日在北大汇丰商学院创讲堂的演讲整理而成，经作者审阅并授权发布。

主编伴读

天灾人祸是人类生活的一部分。人类的历史很长，个人寿命很短。每个时代的人，在遭遇天灾人祸的时候，往往只有历史记忆，而缺乏个体记忆。因此，个人在应对百年一遇的大灾难时，“吃一堑长一智”是很难用得上的。

何帆老师的演讲，旁征博引，分享了全球范围内几次大灾难的历史，以及这些大灾难对人类和个体的意义与价值。他引导并帮助我们学会，如何从大灾大难的经历中，升华我们的认知和行为模式，并产生应对未来的智慧。

我们从何帆老师分享的高见中受到很多启发：

1. 大难当头，经验不可靠，别人不可靠，能救自己的很可能是我们的直觉。
2. 永远要有备选方案；永远要清醒地认识到，每个人都持有健康的护照和疾病的护照。健康的时候，要未雨绸缪，善治未病。
3. 灾难出现的时候，千万不要低估人们所面临的危险，自以为是可能会要了你的命；灾难肆虐的时候，也切忌高估灾难的负面影响，乐观积极可以帮助我们战胜灾难。
4. 个人也好，国家也罢，总会经历暴风骤雨，总会遭遇倒霉的事情，要保持灵活性、适应性。大灾之后，要做些减法，去掉那些不适应未来的东西，同时也要做些加法，添加一些适应未来的新“肌肉”。
5. 持续进化、迭代更新才是硬道理！

第 17 章

长期主义，展望中国未来的投资

欧阳良宜
北京大学汇丰商学院副院长、金融学副教授、EMBA 主任

尽管中国大陆受新冠肺炎疫情影响非常严重，但是实际上我们的股市并没有跌得太惨；而在中国新冠肺炎疫情基本结束的时候，全球股市就开始下跌。这背后究竟是什么道理呢？2020 年 3 月 6 日，欧阳良宜教授在北大汇丰商学院，和大家共同探讨疫情中的资本市场。

新冠肺炎疫情的发展现状

从现在的社交网络数据来看，新冠肺炎疫情究竟发展到了什么地步？

我们从百度指数可以看出，2020 年 1 月 21 日武汉封城后，中国社会群体的恐慌程度达到巅峰。“新冠肺炎疫情”和“口罩”等关键词的搜索数都急剧攀升。随着政府对新冠肺炎疫情的有效控制，从 2020 年 3 月社交媒体上的表现来看，新冠肺炎疫情对老百姓情绪的影响已经逐渐淡去了。现在整个社会的主题是

复工，这从新冠肺炎疫情统计数据可以看出。2020 年 3 月 5 日，中国大陆除湖北外共有 17 个确诊病例，这已经是那段时间比较高的数据了，而其中有 16 个确诊病例是从境外输入的。从医学角度来看，中国大陆的新冠肺炎疫情已经得到了很好的控制。但是如果从经济角度来看，没有任何人能置身于疫情之外。我们可以发现，欧洲各国、美国基本上已经进入新冠肺炎疫情的快速发展阶段。我们为他们争取了 2 个月的时间，但他们并没有被把握住。从社交媒体上的各种报道来看，欧美国家是把新冠肺炎疫情当成大型流感在处理。但我们知道这不是流感，且比流感严重得多。

如果从世界地图上看新冠肺炎疫情的分布，大家可以发现，受新冠肺炎疫情影响严重的城市，大多集中分布在北纬 30° ～ 50° 的位置。武汉大概位于北纬 29°，美国受新冠肺炎疫情影响严重的华盛顿州大概位于北纬 47° 。可以说气温跟新冠肺炎疫情有很大关系，而且气温是会逐渐变化的。北半球很快会升温进入夏季，但是到秋冬季会再次降温，所以病毒可能不是这一波就能结束的。

世界卫生组织发布的一幅图显示，2020 年 2 月 15 日以后，新冠肺炎疫情对中国的影响已经得到了很好的控制。在 2020 年 3 月之前，我们认为新冠肺炎疫情对中国最大的冲击是供给冲击。大量中国人在春节回到老家后，无法返回工作地，导致 GDP 严重下降。但到了 2020 年 3 月，这个情况已经逐步缓解了。那么接下来我们应该关注什么？需求冲击。因为中国是世界供应链的核心，我们有大量订单来自境外。虽然截止到 2020 年 3 月，境外经济还没有停摆，但我们很担心两个月之后，境外经济压力会传导回中国。

新冠肺炎疫情对经济的影响，主要体现在通过社交媒体和交通隔绝所造成的经济冲击上。有了抖音、微信、Facebook 之后，这些社交媒体传播的“恐慌病毒”对全球的冲击非常大。虽然中国大陆的民众不怎么抢购物资，但是新加坡、韩国、意大利、美国，乃至全世界的人都在抢购物资。实际上，新冠肺炎疫情对人类的影响更多是通过人类的恐惧、“羊群效应”传播的。

1918 年 10 月，美国曾暴发过一场大流感，但 1918—1920 年美国的国民生产总值（GNP）基本上保持稳定，经济没有下滑，为什么？我个人认为是因为当时没有 Facebook 和微信这样的社交媒体传播恐慌，也没有像现在这么发达的航空业和高铁实现人群的大规模流动。1918 年大流感对整个道琼斯指数造成的短期冲击是 10.9%，当时道琼斯指数从 90 点左右掉到 80 点左右，之后又上升到 100 多点。此后，美国股市就一直处于繁荣阶段，直至 1929 年道琼斯指数到了一个几乎不可能的高点，然后就开始出现“大萧条”。

1929—1933 年的大萧条和 2008 年的全球金融危机，给我们带来的经济冲击更大。这两次危机跟病毒对经济造成的影响类似，也是通过群体性的恐慌传播的。

中国目前所处的宏观经济

1978—2018 年，中国通货膨胀调整后的 GDP 年平均增速为 9.4% ～ 9.5%，（见图 17-1）。中国经济增长的特征是增速周期性起伏。但是从长期趋势来看，我们接下来即将经历的增长模式可能和过去不一样了，过去的一些动力已经不可延续，比如人口红利。

和我们一衣带水的日本在人口红利结束之后，整个经济增速降到 4% ～ 8%，之后经济泡沫破裂，1990 年之后日本的房价一落千丈。

如果不是因为新冠肺炎疫情，我估计中国第七次全国人口普查已经要开始了。而第六次全国人口普查数据显示，2020 年 10 ～ 19 岁的人群，也就是“00 后”有 1.46 亿人，30 ～ 39 岁的“80 后”有 2.28 亿人，“80 后”比“00 后”多了 8000 万人。几十年后，中国劳动力就不够了，届时所有劳动力密集型产业都将面临一个大问题。中国未来很难再享受人口红利带来的高速增长。

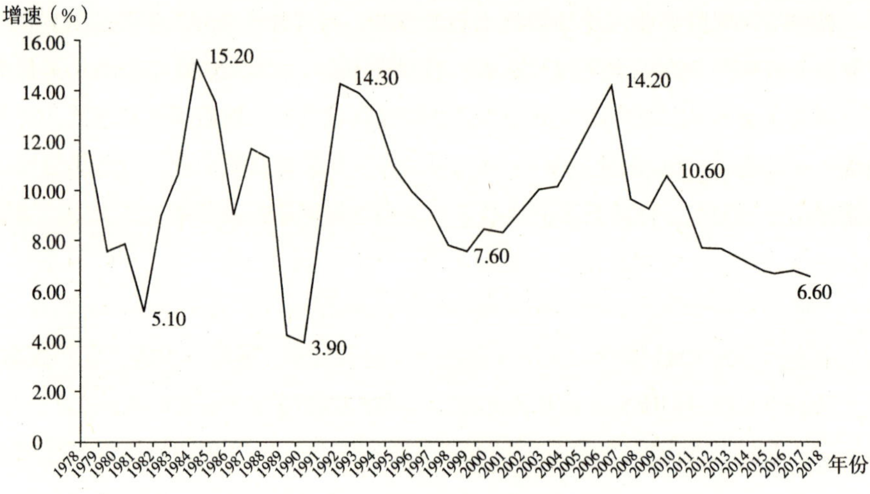

图 17–1　1978—2018 年中国通货膨胀调整后的年平均 GDP 增速

资料来源：Wind。

前面讲的是长期趋势。那么新冠肺炎疫情在短期内会给中国带来什么冲击？对中国来说，最大的问题恐怕在服务业。制造业还好，但服务业受到的影响、冲击会比较大。

我给大家分享几组数据，2003 年中国发生“非典型性肺炎”疫情，第一季度服务业的增速超过 7%，第二季度疫情暴发，服务业的增速降到 2% 左右，疫情过去之后又回到 7% 左右，所以从全年来看，服务业还在继续增长。就像物流行业一样，“摔了一跤”之后，“拍拍身上的尘土”，起来一看没什么事，就又继续往前走了。

需要现场服务的行业遭遇的麻烦就大了。我在 2020 年 2 月调研过深圳最繁华的一个商场。每天的正常客流量在 5 万人左右，而 2020 年 2 月尽管 40% 的店铺都开门营业了，但商场的客流量基本上每天只有 4000 ～ 5000 人。所以新冠肺炎疫情对实体经济造成的影响是非常大的。

我相信休闲服务业，比如购物中心的业绩，有可能在 2020 年第二季度有所反弹。那消费行业会不会受很大影响？我觉得不会。大家 2020 年春节是不是囤了很多米和面？所以有一些生活必需品的销量会先上升，然后再平滑下降。有些消费行业可能会出现报复性反弹，比如餐饮业、旅游业和酒店业。这种报复性反弹能够在一定程度上弥补全年的业绩下滑。但有些产值失去了就是失去了，所以 2020 年中国的 GDP 增长压力还是蛮大的。

中国大陆的 PMI 指数（采购经理指数）包括订单、雇员、上游采购等数据，代表我们的制造业和服务业的活跃程度。正常的荣枯线水平是 50% 左右。

中国大陆制造业的 PMI 指数在 2020 年 2 月突然降到了 35%，非制造业的 PMI 指数是 29.6%。上一次中国遭遇重击是什么时候？是美国次贷危机时。当时制造业的 PMI 指数降到了 38.8%，但是服务业基本没降。而这次制造业受的冲击不像服务业那么重，因为制造业的工人还是可以在工厂里戴着口罩继续工作的。新冠肺炎疫情又恰逢春节，这时的制造业开工率本来就低。但是服务业受到的重创是很明显的。

到 2020 年 3 月，我国的制造业其实在迅速回暖中。我请朋友做了沿海六大发电集团日耗煤量的曲线图。用 2020 年的数据与 2018 年和 2019 年的数据做对比，正常年份六大煤电集团的日耗煤量在 70 万吨左右，而 2020 年大概是 50 万吨，相差 20 万吨。这说明企业的开工率是不够的。2019 年整个中国制造业的全年产能利用率大概是 76%，所以实际上当前中国的制造业开工率严重不足。

在一切都在复苏的背景下，为什么我还说中小微企业会洗牌？我们在 2020 年 2 月 13 日和 14 日对 605 家企业做了问卷调查，问他们账上的资金还能支撑企业运转多少天？非常遗憾，有 51.4% 的企业告诉我们，账上的资金不够支撑企业运转 3 个月了。换句话说，只要 3 个月不盈利，可能有一半的企业就要破产了。

我们调查的不是一般的企业，这些企业的平均成立时间是 11 年，经历过不少风雨。新冠肺炎疫情暴发之后，地方政府开始给企业各种补贴，如减免租金或税费，延缓社保缴纳，希望企业能活下去。国家最担心中小微企业现金流耗尽后关门，那么届时留给社会的就是大量的失业人员。对社会来说，这是巨大的不稳定因素。如果复工的速度晚于预期，可能中小微企业就会洗牌。

在我们调查的企业中，头部企业账上的资金可以支撑 12 个月以上，还是安全的。未来在很多行业中，可能尾部和中部的企业会破产，把市场空间让给头部企业。纵向来看，目前的情况确实是我们过去 40 年里最困难的场景，比 1998 年和 2008 年要惨得多，但横向跟全世界比较，就会发现前途依然是光明的。

中国 2019 年人均 GDP 已经超过了 1 万美元，尽管人均可支配的收入只有 5000 美元左右。2019 年中国社会零售总额第一次超过美国。虽然中国有 13.9 亿人口，美国有 3.29 亿人口，一个中国人的花销只相当于 1/4 个美国人的花销，但是这意味着中国已经有世界上最大的消费市场。目前，世界人口主要集中在中等收入国家，而中国是世界供应链的核心。

到 2100 年，当世界人口达到 110 亿时，世界人口格局将会发生什么样的改变？由于中国的加持，非洲的基础设施不断完善，人口预期寿命提高，有可能在几大洲之中人口增量最大。所以，“一带一路”战略是非常正确的。我们的着眼点是未来的市场。大家要是有空可以去非洲看看，会发现非洲已经发生了巨大的改变。北大汇丰商学院有不少同学在非洲做生意，他们的反馈还不错。我们已经把和非洲合作的基础打得比较扎实。

未来各行业的发展及投资策略

中国未来增长最多的肯定还是消费行业。2019 年中国的 GDP 里，有超过一半来自固定资产投资，其中相当一部分是房地产，只有一小半来自消费行业。

但长期来看，稳定的、高收入的经济体的 GDP 增长主要还是来自消费行业。

以 1957—2007 年的美国为例，美国最赚钱的 15 只股票所属的行业基本上是日常消费品和卫生保健，如表 17-1 所示。

表 17-1　1957—2006 年美国回报率较高的股票

排名	1957 年的名称	2007 年的名称	1957—2006 年的回报率（%）	所属行业
1	飞利浦·莫里斯	阿里特里亚集团	19.88	日常消费品
2	雅培制药	雅培制药	15.86	卫生保健
3	克瑞公司	克瑞公司	15.47	工业
4	默克公司	默克公司	15.43	卫生保健
5	百时美公司	百时美施贵公司	15.43	卫生保健
6	百事可乐公司	百事有限公司	15.40	日常消费品
7	安美糖业公司	小脚趾圈公司	15.12	日常消费品
8	可口可乐公司	可口可乐公司	15.05	日常消费品
9	高露洁公司	高露洁公司	14.99	日常消费品
10	美国烟草	富俊名牌公司	14.92	非日常消费品
11	亨氏公司	亨氏公司	14.48	日常消费品
12	辉瑞制药	辉瑞制药有限公司	14.48	卫生保健
13	麦格劳·希尔图书公司	麦格劳·希尔公司	14.31	非日常消费品
14	先灵公司	先灵葆雅公司	14.22	卫生保健
15	美国箭牌糖类公司	箭牌糖类有限公司	14.15	日常消费品

我预先挑了美国比较著名的几只股票的长期收益作为展示。在 1997—2020 年这 23 年中，美国股票市值增长最慢的是英特尔，其次是微软，到 2020 年 3 月，微软的市值高居世界前 5 名，再次是巴菲特的最爱——可口可乐，之后是耐克和星巴克。耐克、星巴克和可口可乐都比英特尔强。当然，我这样讲是片面的，这些都是在 2007 年 iPhone 诞生以前的事。在 iPhone 诞生之后，我们把苹果加进去，就会发现所有其他行业的增长都比不过苹果。

但是在智能手机这个行业里，除苹果、华为、三星这三家公司挣钱外，大家看到过诺基亚的眼泪、爱立信的眼泪、摩托罗拉的眼泪和联想的眼泪吗？所以大家买消费股的中奖概率还是挺高的，尽管它不会跑得太快，但是如果大家买高科技股，中奖概率跟买彩票差不多。

如果看中国市场的头部企业，如安踏、海天味业、五粮液等消费行业企业在过去 10 年中的表现，相比耐克和可口可乐有过之而无不及。这背后的原因是中国有庞大的消费市场。

其实在过去 20 年里，有相当一部分机构的投资者在中国赚钱的主要方式是投资中国的基础消费业，也就是吃喝玩乐。下一波红利可能是人均收入增长带来的升级消费，比如保险。新冠肺炎疫情期间，平安保险获得的新客户为 500 万人。这在美国市场是一个大数目，但对 13 亿人口的中国而言就还好。平安保险代理人的线上晨会参会人数居然高达 130 万人，这个体量是惊人的。保险业将来注定会是一个很有前途的行业。

马斯洛需求层次理论认为，升级需求包括社交需求（见图 17-2）。微信、抖音和快手惊人的注册用户数形成了庞大的网络效应。流量的货币化也为这些公司带来了大量的广告收入。

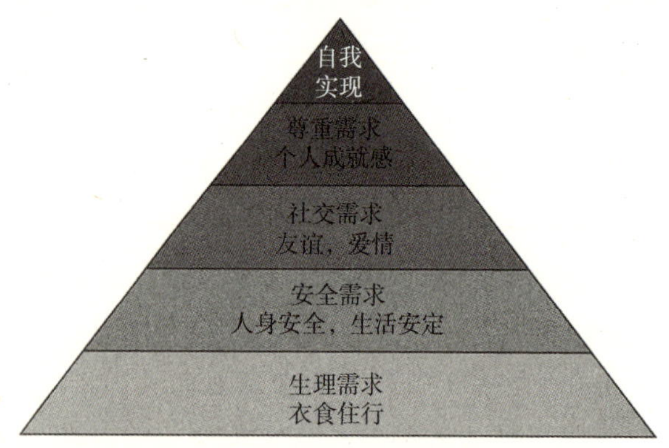

图 17-2　升级的消费

北大汇丰商学院的校友都知道，MBA、EMBA 和 EDP（Executive Development Programs，高级经理人发展课程）三大项目的同学基本上每年都会去沙漠或者戈壁参加商学院挑战赛。我们称之为自我实现，其实就是自虐。我们每年投入几百万做这件事情，其实就是升级消费。复星集团前 CEO 梁信军先生来北大汇丰商学院做讲座时说过，他认为未来中国的投资方向大概有三个主题：快乐、健康、富足。

未来中国经济发展的一个大趋势是服务业将成为主导。中国目前的就业人口在三个产业中的分布大概是平均的，农业人口占 1/3，服务业人口占 1/3，工业人口占 1/3。在产出贡献率方面，工业占 38% ～ 40%，服务业占 53% ～ 54%，农业占 6% ～ 7%。而美国的绝大部分就业人口分布在服务业。

未来中国的发展方向是制造业比例不断下降。我们当然不希望下降得太快，因为服务业毕竟需要制造业的支撑。我们未来大的投资方向肯定是服务业，但究竟哪些是有质量的服务业？我相信通过这次新冠肺炎疫情的检验，大家应该可以看出来哪些服务业的韧性是比较强的。在这次疫情中，如牙科、美容美发等休闲服务业遭遇了重创，虽然我说过 2020 年第三季度会反弹，但是这些服务业的增长有限。中国真正发展快的服务业是互联网，还有房地产。如果中国 2020 年下半年要拉动 GDP 的话，毫无疑问肯定会重视房地产发展。我相信大家都看到各地区在释放房地产利好的信号，我就不多说了。

除服务业外，还有哪些产业值得我们关注？我们拿美国标准普尔 500 指数的成分股，也就是市场的幸存者来看。每个市场在编指数的时候都是“嫌贫爱富”的。比如 1896 年道琼斯工业平均指数，刚编制的时候只有 12 只成分股，活到 2020 年的只有通用电气。通用电气在 2018 年也被移出了指数成分股，因为通用电气不再是一只牛股了，所以凡是在指数成分里占据一席之地的，肯定都是还不错的行业。标准普尔 500 指数在 2000 年出现过科技股泡沫，在泡沫过去之后，科技股陷入低潮，现在科技股开始收复失地。总体而言，通过标准普尔

500 指数来看，驱动美国经济发展的主要还是科技。

高科技企业周期与标准普尔 500 指数成分股中的科技股比例变化非常相似。而科技股往往“赢者通吃”，输家占绝大多数。当科技被触发的时候会出现大量模仿者，最高峰的时候中国曾经有 5000 个团购网站，以前还有各种颜色的共享单车、各种各样的叫车服务公司。等到尘埃落定，外卖软件除了美团就只有饿了么，而出行就主要靠滴滴了。

我个人认为，旧一轮的科技革命已经到了顶点，很难再有创新；新的科技领域，像 AI、机器人、自动化等正在重新起步，所以，现在世界贸易的格局、各国的博弈格局有点像零和博弈。一旦新一轮科技革命爆发，就有可能产生一些正和博弈，那时候世界才可能会平衡。我觉得“互联网 +”未来在中国肯定是赢家。这次新冠肺炎疫情倒逼了“互联网 +”的发展。我国正在大力发展的工业机器人也可能受益于新冠肺炎疫情。富士康在疫情之下遇到了大困难，因为工人不能上班，但如果工厂里没有人，全部都是机器人在工作，那可能就是富士康的优势，实际上富士康一直在研发机器人。

以往在过年前后，京东和淘宝的搜索量代表的购物需求随着大批人员返乡而急剧下降。而 2020 年出现新冠肺炎疫情后的这两三个月，淘宝和京东的搜索量反而激增，京东的股价也相应地一直在上升。这次京东证明了重资产模式的价值。在新冠肺炎疫情期间，大家发现只有京东物流送达的时间是最稳定的，而拼多多就显得韧性不足，因为他们没有自己的物流。这是“互联网 + 消费”的场景。

将来我们的消费习惯会不会发生改变？大家可以从网络药房的崛起来看。2020 年 1 月 21 日，武汉还没宣布封城之前，我赶紧在一家网上药店下单买了 100 个口罩，到 2020 年 3 月 6 日还没用完，因为我后来很少出门。大家过去在网上买药会有各种各样的心理障碍，而这次新冠肺炎疫情期间管不了那么多了，叮当快药、健客网、1 药网、京东和天猫成了我们获取口罩和药物的主要来源。

新冠肺炎疫情帮助大家克服网上买药的心理障碍之后，网络药房和网络医院的崛起是可以预见的。比如，“好大夫”在2020年流量暴增，“好大夫”还推出了一个免费看病程序。过去很多网络医院最大的障碍是不能接入医保，现在医保被迫接入网络医院了。以前很多很难打破的壁垒，都被新冠肺炎疫情给打破了，这是一些游戏规则的长期改变。等新冠肺炎疫情结束之后，有关部门会不会不认可网络医疗？有可能。但不管怎么说，网络医疗的崛起是大趋势。

大家在新冠肺炎疫情期间有没有在网上买过菜？我们过去买菜经常去菜市场，但如果大家愿意接受在网上买菜，就会发现很不错，这也是一种消费习惯的改变。

还有网络办公，过去我们觉得办公肯定要在办公室里，要不然没有气氛，怎么跟同事互动？现在我们发现，其实网络办公也不错，网络办公最大的赢家是钉钉，还有企业微信。特别是钉钉，用户的爆发式增长是最惊人的，钉钉的进化动力特别强，这回确实打了一个翻身仗。

总结这么多，我想告诉大家的是，未来如果你要投资一个行业的话，投什么？投“互联网+”场景，我不是工科博士，看不懂某个自动化公司究竟有没有前途。但我相信肯定有赢家出现，比如大疆科技等。如果你要投资科技行业，记得这个行业永远是赢家通吃，老大占七成市场份额，老二占二成，老三和之后的企业占一成甚至更少。我说的科技行业是TMT（数字媒体产业，Technology，Media，Telecom），这其中最大的赢家只有三家。这个行业远不如消费行业那么兼容并包，一旦有先发优势，后面的很难追上。

精彩问答

Q： 2020年2月以来，A股大幅度上涨，随后美股有点下调，短期内A股会不会大幅度回调？

A： 国际资金最近一直在流入中国，但主要是流入债市，因为A股估值过高。我并不认为目前A股的价值跟价格是相符的。所以2020年2月A股有没有可能出现大幅度回调？我觉得没有可能。但我想说的是A股不值得长期持有，我要是不想持有一只股票一年的话，我就一天都不会持有它。请注意中国股票和A股是两回事，中国股票确实有投资价值。全世界最大的股权主权财富基金，也就是挪威主权财富基金，大概在整个中国的概念股上投资了将近2500亿人民币，不少了。但是大概只有三四百亿是A股，其余全是港股和美股。

Q： 能谈谈汽车行业和银行业的未来走势吗？

A： 目前大家对汽车行业流传着非常乐观的态势。因为我们的可选消费，也就是非必需消费，在2020年春节期间遭遇重创。2019年春节期间，第一季度的社会零售总额占全年的25%，但是2020年春节的零售总额比上年相差甚远，所以各个地方开始放松汽车限购。

我相信汽车行业可能会迎来短暂的好转，但是长期来看，中国汽车行业没有全面的竞争力。按照美国的经验，高峰时期可能有两三百甚至近千家汽车企业，但现在美国还有几家汽车企业？只剩通用、福特、克莱斯勒、特斯拉，或者说赢家通吃。中国的汽车企业有多少家？1000多家，实际上各个地方政府都有自己的动力把汽车行业按地方市场分割。如果一旦展开完全竞争，我相信能存活的中国汽车企业不会太多。目前，这些汽车企业的竞争实际上是一个低水平竞争。大家打价格战，谁也挣不了太多钱，所以我觉得汽车行业需要产业政策的调整。

中国整个银行业，在新冠肺炎疫情暴发前，基本上处在被低估的水平，股票价格是低于每股净资产的。市场认为银行的坏账并没有真实地体现在报表上。我们新一轮的经济刺激，可能会带来新的坏账。所以我觉得如果大家要挑一些有特定定位的银行去做投资的话，是可以的，像招行、平安和微众这些以个人消费为主要方向的银行可能还不错。其他走传统价格竞争老路的银行不一定会有长期竞争优势。

Q： 房地产走势怎么样？2020 年是买房的好时机吗？

A： 从本质上来说，房地产价格是一种货币现象，跟流动性有关。但如果是自住，你什么时候需要就什么时候买。因为从长期来看，房价永远是在涨的。

本文根据作者 2020 年 3 月 6 日在北大汇丰商学院创讲堂的演讲整理而成，经作者审阅并授权发布。

主编伴读

2020年年初，新冠肺炎疫情暴发。北大汇丰商学院创讲堂被迫停止所有线下活动。在北大汇丰商学院素有“男神”之称的欧阳良宜教授，欣然接受了我们的邀请，在2020年3月6日，首播了线上创讲堂节目，自此开启了线上创讲堂的新品类！

欧阳老师以他幽默的演讲风格，数据的收集、引用和解读，帮助广大创讲堂观众抚平了焦虑、提振了信心、看到了希望。欧阳老师在演讲中，分享了大量的一手和二手数据，并对未来进行了分析和预判。欧阳老师收集和整合的数据，让我们跨越了时间线和空间线，产生了一种鸟瞰的感觉。

美国大流感经济数据、中外宏观经济指数、人口数据、“非典型性肺炎”期间中国服务业增速数据、中国人均GDP变化、中国GDP结构、美国各行业高增长股票数据等，欧阳老师将数据连点成线、整合数据，帮助创讲堂的观众审时度势，透过数据看到本质，从而增加了更多的笃定感。

第 18 章

连接全球，探索国际合作的机会与选择

肖 耿
北京大学汇丰商学院金融实践教授，
北京大学海上丝路研究中心主任

2020 年，新冠肺炎疫情肆虐中国、韩国、意大利及美国，并触发全球股灾及油价崩溃。危机正考验中美两个大国及全球的经济、金融、供应链、社会以及地缘政治治理模式。应对危机的政策将如何影响中美关系，以及我们未来的生活方式与营商环境？如何从复杂的大系统角度来反思中国增长模式的优势与短板，以及与全球合作的机会与选择？2020 年 3 月 20 日，肖耿在北大汇丰商学院创讲堂为我们分享了未来国际合作的机会和选择。

大家都非常关心新冠肺炎疫情，在我看来，它实际上就是“第三次世界大战”，只不过这次是对新冠肺炎疫情宣战。这场战争应该是对人类命运共同体的一次非常严峻的挑战。

新冠肺炎的感染人数呈几何级数上升，这个速度是非常可怕的，如果全球不能团结起来，阻止、减慢乃至消灭新冠肺炎疫情，它对人类的影响就印证了比尔·盖茨几年前的警告：未来能够使几百万、上千万人死亡的事情，不是传统的战争，而是病毒。

在新冠肺炎疫情开始阶段，确诊人数呈几何级数上升，而我们对付病毒的所有方法都是压低它的峰值。我们用各种方法，比如隔离，使峰值来得晚一点，让医院的医务人员和医疗器械不会因超载而崩溃，目的是在整体上降低感染的人数和损失。

在武汉第一波新冠肺炎疫情来临时，病毒非常符合迅速自然扩散的规律，但到最后阶段，我们靠人为干预，硬是把疫情压下来了。很可惜，武汉为世界争取到的时间、经验和教训，没有被海外（特别是欧洲国家、美国）珍惜。他们没有认真应对人类的公敌——新型冠状病毒，因此，截止到 2020 年 3 月，海外感染的人数已经超过中国，死亡人数也超过了中国。

我们看看中国是如何赢得“武汉保卫战”的。在第一波疫情冲击过来的时候，整个武汉，特别是医疗系统几乎崩溃了。我们采取了一些非常及时的隔离措施，但是当时还没有方舱医院，人们主要是居家隔离。这就导致后来 80% 的感染都源自家庭。后来我们总结了经验教训，迅速建立了方舱医院。方舱医院建成之后，经过大约 20 天的艰苦奋斗，武汉基本上控制住了新冠肺炎疫情。

中国能够在武汉成功控制住新冠肺炎疫情，并在全国范围内基本上实现没有本地感染，最主要依靠的就是中国的大系统体制。这个大系统体制在危机到来的时候，特别是战时非常有用。尤其重要的就是可以动员全国力量支援武汉，当时共有 4.2 万多名医务人员支援湖北。这代表在武汉的医疗系统及经济、社会各方面由于受到冲击而几乎崩溃的时候，全国的应急系统立刻启动，并正常运转。

另外，亚洲的中国、日本、新加坡、韩国都积极采取戴口罩的防御措施。这次的病毒有无症状传染的特殊情况，戴口罩非常重要。可惜，美国、欧洲等很多地区当时并不认同戴口罩，导致许多中国留学生也不敢戴。

这次新冠肺炎疫情造成全球关门隔离，跨国人流基本消失了，物流与资金流也受到了冲击，并导致 2020 年 3 月的股灾及相关的金融市场危机，这是所有人都没有想到的。按照我们应对“非典型性肺炎”的经验，受新冠肺炎疫情影响的经济与金融危机应该很快就会过去。但是，这次美国、日本、欧洲基本上全部崩盘。就连在过去几年持续增长、好像不会停的道琼斯指数，在 2020 年也突然崩盘了。

欧洲在 2020 年之前的 5 年里经历了一系列危机，并没有持续增长的泡沫，但是在 2020 年股指剧烈下跌，比美国下跌得还厉害。处于美国和欧洲之间的日本股指也下跌了，这是大家都没有想到的。在这么短的时间内，美国股市 4 次熔断。韩国和马来西亚市场也受到了很大的影响。唯一比较稳定的只有上海和深圳股市。中国在 2020 年之前的 5 年内，一直在执行维稳、去杠杆，以及很多供给侧改革措施，基本上没有高增长泡沫。

受到海外市场影响的中国香港股市，有一些增长和泡沫，但不是很多。总之，中国内地和香港的股市到 2020 年 3 月都大致稳定，这是很不容易的，背后的主要原因是中国在这次危机中，虽然早期有湖北武汉等地方系统的崩溃，但是全国的应急系统启动之后，还是非常有效地快速地控制住了新冠肺炎疫情。

除新冠肺炎疫情和股市大跌这两件事情外，当时还出现了原油价格崩溃的情况。这里有中东地区产油国和俄罗斯，以及其他地缘政治的复杂因素影响，也反映出了人们对全球经济前景的悲观情绪，就连过去一直上涨的黄金指数在 2020 年 2 月和 3 月也是下降的。各类指数同时下跌的主要原因是有很多投资者需要斩仓来补充资金，需要变卖手上的各类资产来维持其较高的杠杆率。

人民币在2015年之前是非常稳定的，2015年之后有过短暂的贬值，又有过逐渐的回升及波动，目前基本上稳定在1美元兑7元左右人民币。除市场相对稳定外，中美两方面也都不希望汇率有大的波动。

2020年2月至3月有很多外资从A股撤出，但2019年外资都在流入。当市场风险迅速上升的时候，很多投资者需要变卖资产来补充资金，A股的很多资产就被变卖了。但是，我觉得外资流出是短期的，一旦疫情稳定后，环顾全球市场，中国的资产就会变得越来越有吸引力，不仅有未来长远增长的潜力，而且还有一些避险的功能。未来可能会有一些资金流入中国市场，不一定是美国、欧洲、日本的资金，很可能是新兴市场的资金。中国需要进一步开放，让新兴市场的避险资金及长期投资资金更方便地进入中国市场。

2020年3月，东方财富发布了全球股指下降幅度比较图。其中，俄罗斯的跌幅将近40%，而跌幅最小、表现最好的就是上证指数和深证成指，大概跌了6%～8%。这反映了我们目前面临的全球基本形势和市场状况。

美国股市也经历过几次有代表性的崩盘，最严重的一次就是20世纪30年代的“大萧条”。我们目前遇到的疫情冲击，有可能是百年一遇的危机。现在的问题是，我们的应对措施能不能比美国20世纪30年代“大萧条”时的应对措施更有效？

20世纪30年代的“大萧条”不是病毒造成的，当时有很多人为因素，历史学家对此做了很多研究。如果将新冠肺炎疫情与20世纪30年代的“大萧条”比的话，危机可能才刚开始，而“大萧条”延续了十几年。疫情造成的股指初始跌幅和“大萧条”时的初始跌幅比，速度更快。问题是，这次危机到底会造成什么影响？

病毒本身应该不至于造成全球经济大衰退，但是有一个很大的不确定因素就是美国的股市。美国的标准普尔 500 指数在过去 10 年里一直上升，其中肯定有创新公司的贡献，美国最伟大的公司都是通过股市融资来支持创新的。而且美国全民，甚至全世界的投资者都在为美国的上市公司分散风险，最后创造出一批优秀的企业，如微软、谷歌、亚马逊等数不清的科技与互联网公司。

但是，我们也不可否认，美国公司经常通过买自己的股票来维持股价。特别是一些科技与互联网龙头公司，他们的钱太多了，不仅花钱做研究、买入小公司、分红，还不断买自己的股票，让股价可以涨得更高，这与公司利用股票来激励员工的机制有关。可受新冠肺炎疫情影响，一些公司可能不一定有钱继续买自己的股票来支撑股价了。如果这个过程中断，那么未来很多公司的股价就有可能挤泡沫式地崩溃。

这次疫情造成的美国金融危机的痛点在哪里？在 2008 年全球金融危机之后，代表美国家庭的居民部门杠杆率迅速下降，表明美国的家庭比较稳健，而代表美国政府的政府部门杠杆率在不断提高，甚至居高不下。这次美国宣布进入紧急状态，向市场提供了很充足的流动性资金，这就使得未来美国政府的杠杆率会越来越高，包括采用零利率及量化宽松政策。

还有就是美国非金融企业部门的杠杆率也在提高。这是目前股市最大的痛点，因为政府杠杆是长期的，短期内政府不会破产违约。但是企业债务的增加会导致三角债，因为从 2020 年 2 ～ 3 月的经济情况来看，很多企业很快就会没有现金流了。市场再跌就会触发次生危机效应。美国 2008 年以后增加了很多金融监管的要求，但是在目前的金融危机中，这些要求会导致企业拼命地去维护其资产负债表平衡，容易导致恐慌性的抛售及严重的流动性短缺。

新冠肺炎疫情、原油市场崩溃，以及股票和债券市场崩溃，都需要通过“大水漫灌”的方式来止血。这正是美国政府 2020 年 3 月在做的，即政府直接购买企业的股票、债券、票据等资产。从历史来看，这些“大水漫灌”的货币政策在短期内还是可以阻止市场恐慌与崩溃的。

但是接下来的次生经济危机就非常麻烦了。首先是全球经济衰退，疫情暴发之后，基本上从国际货币基金组织（International Monetary Fund，IMF）到世界银行，再到各家金融机构，都预测全球经济衰退。但是我觉得他们的估计可能还是过分乐观了，因为这次除供应链断裂、失业率上升外，还有总需求的下降，以及整个需求结构的变化，而这些都不是马上可以改变的，因为企业受到冲击以后需要重组，产业结构也要做调整，可能需要超过 1 年的时间，而且还会触发很多社会问题，也就是各国内部的政治和社会矛盾加剧。

特别是美国 2020 年 11 月要大选，国内经济衰退与政治和社会矛盾很容易触发国际地缘政治冲突。这是有传统的，美国及其他一些国家，在国内政治冲突加剧的时候，政客很可能通过地缘政治方面的事件来转移国内民众的注意力。所以，中国在这个时候会面临很大的挑战。

中美是全球最大的两个经济体，中美之间现在还有很多经贸往来，不太可能有持续的热战，也不会有持续的冷战，因为冷战要有持续及完全的隔离与脱钩，但可以有“凉战”。“凉战”也是非常危险的，“凉战”是全方位的、综合国力的竞争，涉及面非常广，包括从贸易到供应链、科技、信息、媒体、投资、外交、军事，当然也包括公共卫生、国家安全各个方面。

大国之间的竞争实际上在新冠肺炎疫情到来之前就已经开始了，当时主要是贸易战。贸易战是所有大国竞争中最容易解决的，因为贸易是互惠互利的，也就是说，贸易战只要开打，就会两败俱伤；只要停战，就会双赢。这就是为什么中美两国 2020 年 1 月签署了一份贸易战的停战协议，这是中美第一阶段的贸易协议。

对于其他方面的竞争，中美两国的领导人如何处理，就考验中美两国的智慧了。可惜在中美凉战的情况下，全球治理的缺失不可避免。因为全球治理的任何重大问题都需要中美合作。比如，人类命运共同体目前就面临新冠肺炎疫情的威胁，常规来说，国际组织包括联合国、G20这些重要的决策协调机构，应该已经开了好多次首脑会议来应对这个威胁，可惜到2020年3月20日为止，我们都没有看到G20的首脑通过电话或网络来协调应对新冠肺炎疫情全球危机。很遗憾，我们看到的只是G7（七国集团）西方小团体在一起开会，而在应对新冠肺炎疫情的公共卫生措施方面，需要类似世界卫生组织这类全球性机构来协调。这本应是一个绝好的机会来调整改善全球治理的结构和框架。

另外，我们已经进入全球化非常深入的时代，其中最重要的就是连接全球企业的供应链。全球制造业的供应链有三个最重要的节点，其中最大的是中国，其次是美国，然后是德国。我们面临的挑战是不能让中国与全球供应链脱钩，完全脱钩对中国甚至全球来说，损失及受到的影响是非常大的。

全球供应链为什么重要？因为全球供应链实际上把生产制作过程中的各个环节切割开来，使每个任务、零部件、生产阶段都可以在全球以最低的成本、最高的质量，以分布式的方式开展制作。这就导致竞争可以在不同的层次存在，包括可以更充分地利用发展中国家的低技术劳动力及其他各种资源。

这种全球合作提高生产效率的供应链能够成功的关键在于交易成本在全球迅速下降，包括运输及通信成本越来越低，导致分工越来越细，这在整体上对全球发展是非常有帮助的。但是，这个全球化的核心机制现在受到了威胁，因为美国的一些鹰派分子希望将中国排除在全球供应链之外，特别是排除在高新技术领域之外。他们认为中国想争夺国际领导地位，是美国的头号竞争对手。

为什么在过去相当长一段时期里，中美关系整体上是不错的，但最近几年出现了问题？贸易其实只是个借口，很重要的一个原因是我国的经济规模越来越大。2014年，按购买力平价计算，中国的GDP已经与美国的GDP平起平坐了。

这就导致中国买什么什么涨，中国卖什么什么跌，即中国对全球市场的价格、规则及结构开始有影响了。

美国哈佛大学的教授格雷厄姆·艾利森（Graham Allison）写过一本关于中美会不会开战的书，这本书的影响力非常大。书里的观点是美国按购买力平价计算的 GDP 在 2004 年时还比中国大很多，所以当时美国没有感受到来自中国的威胁。到 2014 年，国际货币组织评估后发现中国与美国按购买力平价计算的 GDP 已经旗鼓相当，按照预测，到 2024 年中国将会显著超过美国。

按购买力平价计算的 GDP 大小为什么重要？因为这是测量一个国家能买多少飞机、航母等实物的指标。因此，美国的精英对中国的看法发生了显著变化，但这个规模的变化几乎是不可逆的，除非中国未来不再增长。

在社会稳定方面，中美都有各自的问题，但是我认为美国的问题其实比中国更严重，包括社会的贫富差距及族群的割裂，但美国的社会问题客观上加剧了美国对中国的敌意。在过去 20 年里，美国底层有 90% 的人的财富是没有增加的，甚至还减少了。在美国只有顶层 0.1%，以及接下来 9.9% 的高层贵族，获得了显著的财富增加。所以从社会整体来看，大部分美国老百姓非常愤怒，但是他们不知道为什么愤怒。当一些政客希望将这种愤怒引向对中国的仇恨时，中美关系就非常危险了。

所以中国面临的一个挑战是如何让美国的老百姓看清并真正理解中国社会是什么样的，为什么中国对美国没有威胁，为什么中国的廉价产品实际上有利于美国 90% 的老百姓。中国经过 100 年的发展开始接近中等收入水平了，这是很不容易的。但中国未来面临的挑战会更严峻。比如中等收入陷阱，虽然这个说法不一定科学，但确实反映了当老百姓的收入达到一定水平后，会有更多的诉求与追求。如何让老百姓更幸福地生活，这个挑战会越来越大。

另一个挑战就是国际关系中经常提到的修昔底德陷阱，即一个老牌强国与一个崛起大国之间的较量会不会引起战争。其实这个说法本身没有太多逻辑，但确实引起了美国许多精英对来自中国的威胁的警惕。

其实，中国还面临一个挑战，就是所谓的金德尔伯格陷阱。金德尔伯格认为，美国在第二次世界大战的时候，没有承担维持国际秩序的责任，从而导致了混乱。现在哈佛大学的教授约瑟夫·奈（Joseph Nye）提出中国应该承担一定的国际责任，因为国际秩序应该是由强国大国来维护的。但是现在的情况非常微妙，因为世界银行原行长罗伯特·佐利克（Robert Zoellick）曾要求中国做负责任的利益相关方，但当中国提出“一带一路”倡议时，美国的鹰派又觉得中国是在布局全球霸权，试图改变游戏规则。

还有一个气候变化方面的挑战，与新冠肺炎疫情的挑战非常类似。因为气候变化是对全人类的威胁，只是它来得比较慢，而新冠肺炎疫情来得非常快，使我们有些措手不及。实际上，气候变化可能隐藏着非常严峻的长期挑战。

另外，海外经济学家预测中国高增长的窗口正在关闭。因为全球各个经济体最终的可持续增长率一般在 2% 上下，美国的 2% 已经持续了上百年。中国在赶超阶段的增长率可以很高，但是最终也会降下来，现在我们正面临增长率迅速下降的阶段。按照估算，到 2036 年以后，中国的经济增长率能够维持 2% 就不错了。也就是说，我们的窗口期就是现在这十几二十年。

中美应该如何应对大国之间的竞争？我提出必须考虑与平衡的三个方面：国家安全、人民幸福、国际秩序。这三个方面有时候是矛盾的。国家安全利益是每个国家都不会牺牲的，这就导致国家安全的影子成本会不断上升，双方都要投入大量资源来维护国家安全。这是中美之间产生矛盾的一个非常重要、非常危险，又无法消除的原因，双方都必须保障自己国家的安全。

但是在追求人民幸福生活方面，中美有很多共同语言，我觉得中国在提高人民幸福生活水平上有很大的潜力和影响力。而我为什么强调这点？因为我们需要让自己还有全世界人民真正理解甚至欣赏中国是如何不断提高人民幸福生活水平，并控制新冠肺炎疫情的。

国际秩序也是不能忽略的重要方面，包括“一带一路”、各自的自由贸易区及国际货币金融秩序等。因为中国太大了，任何国际秩序的崩溃和改变，都会对中国造成直接的、巨大的影响。作为一个大国，中国没有办法推卸维护与改善国际秩序的责任。

过去40年我们一直在想着怎么赚钱，怎么增加财富。通过这次新冠肺炎疫情，我们应该意识到，首先需要保障的是人民身体健康与家庭幸福。国家安全和国际秩序最终也是为人民幸福这个目标服务的。这次新冠肺炎疫情会改变我们很多的思维方式、生活方式，以及未来的全球治理方式。

实际上新冠肺炎疫情与股灾在考验中美这两个大系统，还有全球这个大系统。但中美的体制都是大系统，都有学习功能。比如美国人不戴口罩，但我相信他们最终还是要戴的。

这次新冠肺炎疫情实际上给我们提供了一个非常好的机会，去思考中美如何合作、全球如何合作。但是，在合作能够真正实现之前，双方一定会不断地竞争博弈，甚至可能发生很多“公地悲剧”。但是人类社会的历史就是这样，人们不吃点苦头难以回头。所以，我们要有两手准备，一是尽可能保护自己，真正提高自己的竞争实力；二是需要超脱一些，要考虑到人类命运共同体，我们真正的敌人是病毒。

本文根据作者2020年3月20日在北大汇丰商学院创讲堂的演讲整理而成，经作者审阅并授权发布。

主编伴读

肖耿老师用“第三次世界大战”来形容人类共同面临的全球性新冠肺炎疫情的挑战，现在看来一点也不为过，甚至是带有预见性的。从新冠肺炎疫情开始，最先遭受冲击的是各国的医疗卫生系统，之后逐步蔓延到经济、金融、供应链、企业经营，最后到与每个人都休戚相关的日常生活。

肖耿老师提出应对中美大国竞争应该考虑与平衡三个方面：国家安全、人民幸福、国际秩序。作为个人，我们感受最深的是人民幸福。在新冠肺炎疫情肆虐、全球告急、中美竞争加剧的今天，我们目睹了一次次天灾和人祸，但是一场场民间的线上跨国会议、一个个满载货物的集装箱、一批批援助物资，让我们看到了全球人民对于幸福生活的追求与信仰。正如贾雷德·戴蒙德在一次采访中所说的：“对于人类面临的全球性危机，我有 49% 的悲观和 51% 的乐观。悲观在于人类还缺少对全球性危机的普遍共识，缺少全球共同身份的认同及对于危机的准确评估。但经历过重重苦难的人类史告诉我们，人类的聪明才智总能让我们化险为夷，渡过难关。”

在人类最终可以建立跨国家、跨民族的合作以应对全球性的挑战前，我们无可避免地会面临各国间的竞争与博弈。虽然现在世界各国还站在不同的角度看待全球性的挑战，但有一点我们是相信的——“我们都希望自己可以少吃点苦头”。

后　记

自 2018 年 9 月 5 日下午，在北大汇丰商学院的 501 教室，创讲堂迎来了首场讲座以来，北大汇丰创讲堂已经成功举办超过 50 期分享会，邀请到多个领域的顶尖创业者、企业家、投资人前来分享，为粤港澳地区的创业者及在校师生提供了最佳商业实践案例、创业热点趋势和企业成长故事，也发展成为粤港澳大湾区规模最大、举办频次最稳定的创新创业主题系列讲座品牌。

北大汇丰商学院创讲堂由北大汇丰商学院创新创业中心主办，北大汇丰商学院管理实践教授、创新创业中心主任陈玮发起创办，北大汇丰商学院创新创业中心李宏锴、张雅娅、刘月宁具体负责运营工作。

创讲堂得以持续、顺利举办，还要感谢哈尔滨工业大学的伍映吉，清华大学的奚鑫威，北京大学的朱媛、邵文静、李卓遥等同学，他们在会务组织、学生宣传等各个环节提供了有力的支持。

本书从提出创意到整理编辑，再到与每位演讲者修改确认，经历了很长一段时间。在这个过程中，要感谢北大汇丰商学院院长海闻老师的持续指导并拨冗作序；北大汇丰商学院创新创业中心刘月宁博士为本书的整理编校做了大量的工作。同时，也衷心地感谢北大汇丰商学院金融研究院本力老师、北大汇丰商学院公关媒体办公室曹明明老师为本书出版提供的支持和建议。

北大汇丰商学院创新创业中心是北京大学汇丰商学院设立的专注于培养创新创业人才，整合企业、政府、学术资源，推动创新创业生态发展，集教学、研究、创业服务为一体的综合性机构。中心不断引进全球领先的创新创业资源，通过举办公益性创新创业主题讲座、创业课程、国际创新创业大赛等，不断建设健全以创新创业方法论为核心的创业赋能生态。

未来，北大汇丰商学院创新创业中心以及创讲堂将持续引入国际创新创业思想、方法与资源，助力粤港澳大湾区成为世界级的创新创业热土！

更多讲座与创新创业咨询可添加创新创业中心公众号。

未来，属于终身学习者

我这辈子遇到的聪明人（来自各行各业的聪明人）没有不每天阅读的——没有，一个都没有。巴菲特读书之多，我读书之多，可能会让你感到吃惊。孩子们都笑话我。他们觉得我是一本长了两条腿的书。

———查理·芒格

互联网改变了信息连接的方式；指数型技术在迅速颠覆着现有的商业世界；人工智能已经开始抢占人类的工作岗位……

未来，到底需要什么样的人才？

改变命运唯一的策略是你要变成终身学习者。未来世界将不再需要单一的技能型人才，而是需要具备完善的知识结构、极强逻辑思考力和高感知力的复合型人才。优秀的人往往通过阅读建立足够强大的抽象思维能力，获得异于众人的思考和整合能力。未来，将属于终身学习者！而阅读必定和终身学习形影不离。

很多人读书，追求的是干货，寻求的是立刻行之有效的解决方案。其实这是一种留在舒适区的阅读方法。在这个充满不确定性的年代，答案不会简单地出现在书里，因为生活根本就没有标准确切的答案，你也不能期望过去的经验能解决未来的问题。

而真正的阅读，应该在书中与智者同行思考，借他们的视角看到世界的多元性，提出比答案更重要的好问题，在不确定的时代中领先起跑。

湛庐阅读 App：与最聪明的人共同进化

有人常常把成本支出的焦点放在书价上，把读完一本书当作阅读的终结。其实不然。

时间是读者付出的最大阅读成本

怎么读是读者面临的最大阅读障碍

“读书破万卷”不仅仅在“万”，更重要的是在“破”！

现在，我们构建了全新的“湛庐阅读”App。它将成为你“破万卷”的新居所。在这里：

- 不用考虑读什么，你可以便捷找到纸书、电子书、有声书和各种声音产品；
- 你可以学会怎么读，你将发现集泛读、通读、精读于一体的阅读解决方案；
- 你会与作者、译者、专家、推荐人和阅读教练相遇，他们是优质思想的发源地；
- 你会与优秀的读者和终身学习者为伍，他们对阅读和学习有着持久的热情和源源不绝的内驱力。

下载湛庐阅读 App，
坚持亲自阅读，
有声书、电子书、阅读服务，
一站获得。

CHEERS

本书阅读资料包

给你便捷、高效、全面的阅读体验

本书参考资料

湛庐独家策划

- ✔ 参考文献
  为了环保、节约纸张，部分图书的参考文献以电子版方式提供
- ✔ 主题书单
  编辑精心推荐的延伸阅读书单，助你开启主题式阅读
- ✔ 图片资料
  提供部分图片的高清彩色原版大图，方便保存和分享

相关阅读服务

终身学习者必备

- ✔ 电子书
  便捷、高效，方便检索，易于携带，随时更新
- ✔ 有声书
  保护视力，随时随地，有温度、有情感地听本书
- ✔ 精读班
  2~4周，最懂这本书的人带你读完、读懂、读透这本好书
- ✔ 课　程
  课程权威专家给你开书单，带你快速浏览一个领域的知识概貌
- ✔ 讲　书
  30分钟，大咖给你讲本书，让你挑书不费劲

湛庐编辑为你独家呈现
助你更好获得书里和书外的思想和智慧，请扫码查收！

（阅读资料包的内容因书而异，最终以湛庐阅读App页面为准）

图书在版编目（CIP）数据

科创大时代 / 陈玮主编 . -- 北京 : 中国财政经济出版社 , 2022.5
ISBN 978-7-5223-1318-4

Ⅰ. ①科… Ⅱ. ①陈… Ⅲ. ①技术革新－研究 Ⅳ. ① F062.4

中国版本图书馆 CIP 数据核字 (2022) 第 056749 号

责任编辑：贾延平　　责任校对：胡永立
封面设计：张永辉　　责任印制：张　健

科创大时代
KECHUANG DASHIDAI

中国财政经济出版社 出版
URL：http://www.cfeph.cn
E-mail:cfeph@cfemg.cn

社址：北京市海淀区阜成路甲28号　邮政编码：100142
营销中心电话：010-88191522
天猫网店：中国财政经济出版社旗舰店
网址：https://zgczjjcbs.tmall.com
天津中印联印务有限公司印装　各地新华书店经销
成品尺寸：170mm×230mm　16开　21.25印张　331 000字
2022年5月第1版　2022年5月天津第1次印刷
定价：99.90元
ISBN 978-7-5223-1318-4
（图书出现印装问题，本社负责调换，电话：010-88190548）
本社图书质量投诉电话：010-88190744
打击盗版举报热线：010-88191661　QQ：2242791300